现代农业与乡村地理丛书

农村土地整治模式与机制研究

陈秧分　刘彦随　著

国家自然科学基金重点项目（41130748）
国家自然科学基金青年项目（41101165）
联合资助

科学出版社
北　京

内 容 简 介

我国农户生计多样化与乡村空间异质化日渐显著。深入研究城乡转型背景下的农村土地整治问题，对于厘清当前农村土地整治争辩焦点，助推乡村地域重构与城乡协调发展具有重要意义。本书梳理了农村土地整治代表性学术观点，归纳总结了国内外城乡转型进程中农村土地整治的经验模式，理论解析了农村土地整治的合理性与可行性，尝试探索了当前农村土地整治的宏观背景与现实格局，并选择山东省作为典型案例，在诊断农村空心化程度、分析农村土地整治适宜区域、评价典型模式成败得失的基础上，提出了农村土地整治的管控机制与相关政策建议。

本书适合土地经济与管理领域、资源与环境经济领域的研究者，大专院校土地管理、农林经济管理等相关专业的教师和研究生，以及政府相关管理部门人员阅读和参考。

图书在版编目（CIP）数据

农村土地整治模式与机制研究/陈秧分，刘彦随著. —北京：科学出版社，2017.3

（现代农业与乡村地理丛书）

ISBN 978-7-03-051736-4

Ⅰ.①农… Ⅱ.①陈… ②刘… Ⅲ. ①农村–土地整理–研究–中国 Ⅳ.①F321.1

中国版本图书馆 CIP 数据核字(2017)第 025615 号

责任编辑：朱海燕 丁传标 / 责任校对：何艳萍
责任印制：徐晓晨 / 封面设计：图阅社

科学出版社出版
北京东黄城根北街 16 号
邮政编码：100717
http://www.sciencep.com
北京厚诚则铭印刷科技有限公司 印刷
科学出版社发行 各地新华书店经销
*
2017 年 3 月第 一 版 开本：787×1092 1/16
2020 年 9 月第四次印刷 印张：9 3/4
字数：230 000
定价：79.00 元
(如有印装质量问题，我社负责调换)

《现代农业与乡村地理丛书》编辑委员会

丛书序一

中国“三农”（农业、农村与农民）问题的产生与发展，具有特殊的基本国情和特定的历史背景。新中国成立以来，国家推行工业化、城市化优先发展战略，无论是从产业发展、投资政策，还是从资源分配、社会福利方面，都表现出明确的“城市倾向”，甚至不惜牺牲农业、农村与农民的利益，以致“三农”问题日益激化和城乡差距不断拉大，其主要根源是我国长期以来实行特殊的工农、城乡“双二元”结构的管理体制。新时期要落实科学发展观和全面建设小康社会，无疑其最艰巨、最繁重的任务在广大农村。因此，大力发展现代农业，建设新农村，实现统筹城乡发展，正成为推进中国现代化建设的重要切入点，也为中国地理学者面向国家战略需求，拓展专业领域的创新研究提出了新的机遇和挑战。

自新中国成立到20世纪90年代中期，本着“地理学为农业生产服务”的宗旨，地理学科的广大科研人员热衷于从事农业地理或与农业地理相关的一些专业。由地理学者联合攻关、集体完成的“中国农业资源综合调查”、“全国农业综合区划”与“中国土地利用”等一系列国家重点项目，充分展示了地理学界的团结向上、开拓进取的精神风貌，这些成果受到了国家相关部门的认可和省市政府的欢迎。此后，由于社会发展的变化，地理学科的分化，特别是城市化发展、资源环境保护，以及旅游业快速兴起等原因，不少地理研究单位和高等院校地理系纷纷改名换姓，成立了转向研究这些热门课题的新专业，使很多研究者分散到不同领域，关注不同产业和不同部门，因而放松了对农业地理和乡村发展的全面研究，国内农业与乡村地理研究开始进入低潮期。改革开放以来，农村实行家庭联产承包责任制，农业剩余劳动力转入乡镇企业工作或转向城市打工，从事农业生产的劳动力主体弱化、农村教育落后、农村环境恶化、农民增收与农业增效困难、农村经济滑坡问题日益凸显，使农业与乡村发展面临更为严峻的挑战。中国农业与乡村地理学研究和农业、乡村发展近乎“同命相连”，这一状况逐渐引起了政府管理部门与学术界有识之士的格外关注。

进入21世纪，党中央、国务院对“三农”工作予以高度重视。特别是党的“十六大”以来，坚持以邓小平理论和“三个代表”重要思想为指导，深入贯彻科学发展观，把解决好“三农”问题作为全党工作的“重中之重”，贯彻“多予、少取、放活”和“工业反哺农业、城市支持农村”的方针，实施统筹城乡协调发展方略。2004年1月，《中共中央国务院关于促进农民增加收入若干政策的意见》下发，是在阔别18年之后，“中央1号文件”再次回归“三农”，至今已连续制定了5个指导农业与农村工作的“中央1号文件”，不断巩固、完善、加强了中央支农、惠农和新农村建设政策。相信随着国家解决“三农”问题一系列配套政策的出台，以及国家综合实力的不断增强，我国农业与农村经济发展中面临的突出矛盾一定能够得以破解，我国农业与农村发展必将迈进全面、稳定、协调发展的良性轨道。

然而，中国农业与乡村地理的学科发展毕竟还是经历了 10 多年的低迷期，当前在机构设置、专业研究和人才队伍等方面还不能适应新时期的国家战略需求和学科发展需要。我认为，中国地理界过去重视农业研究，今后还应更认真地研究农业与乡村发展问题。地理学具有为农业服务的优良传统，新时期地理学更要为“三农”服务，这样既可以发挥学科优势，又能在生产实践中促进学科发展。可喜的是，中国科学院地理科学与资源研究所于 2005 年率先成立了“区域农业与乡村发展研究中心”，2006 年恢复成立了“农业地理与农村发展研究室”；中国地理学会于 2007 年成立了“农业地理与乡村发展专业委员会”。还有一些高校地理系也重视加强了有关农业地理与乡村发展方面的研究机构和专业课程建设。由于有了这些平台的引领和支持，近些年农业地理与乡村发展领域的全国性年度学术会议开始步入正常化。同时，一批农业地理与乡村发展专业的中青年学者相继申请到了有关领域的国家自然科学基金重点或面上项目、中国科学院重要方向性项目、国家科技支撑计划课题及省部级的科研项目。因此，总体上说，农业地理与乡村发展又有了一个良好的开端，但学科建设与人才培养仍任重而道远。

为了展示我国现代农业与乡村地理学领域新的研究成果，由中国地理学会农业地理与乡村发展专业委员会、中国科学院地理科学与资源研究所区域农业与乡村发展研究中心和科学出版社发起，联合国内农业与乡村地理学界专家共同策划了《现代农业与乡村地理丛书》，争取在近 5 年内陆续出版。这在学术上无疑是对中国农业与乡村地理研究的一个阶段性促进和总结，也可与 20 世纪 80 年代初由科学出版社出版的《中国农业地理丛书》等著作相响应，从而完善和推进对中国农业与乡村地理的系统研究。

我十分乐意把这套集学科发展、理论创新与实践总结为一体的《现代农业与乡村地理丛书》推荐给从事地理学、农学、经济学，以及城乡规划、区域发展等领域的专家学者、研究生和管理工作者，期望这套书的出版能够引起更多的专家学者特别是地理工作者对国内“三农”问题研究的密切关注，并欢迎大家投入到这个前景广阔的研究领域中来，精诚合作，共同努力，把中国农业地理与乡村发展的学术研究提高到一个新的发展阶段。

中国科学院资深院士

中国地理学会名誉理事长 吴传钧

2008 年春节于中关村

丛书序二

中国是世界著名的文明古国、农业大国。国以农为本，民以食为天。世界人口大国若不能首先解决好吃饭问题，就不能实现国泰民安。中国的“三农”（农业、农村、农民）问题本质上是一个立体的乡村地域系统可持续发展问题。新中国成立特别是改革开放以来，伴随着快速工业化、城镇化发展，中国传统体制下的“三分”（城乡分割、土地分治、人地分离）弊端日益暴露，“三差”（区域差异、城乡差距、阶层差别）问题不断加大，这些都成为困扰当代中国“三转”（发展方式转变、城乡发展转型、体制机制转换）战略和全面建设小康社会的重要难题，也是中国城乡二元结构背景下“重城轻乡”、“城进村衰”和农村空心化、主体老弱化、乡村贫困化不断加剧的根源所在。

伴随着全球城市化、经济一体化的持续推进，无论是经济发达国家，还是较发达的发展中国家都经历了“乡村振兴”“乡村重构”过程。英美等先行工业化国家是在基本实现工业化、城市化的阶段，为了解决城市发展中诸如市域人口高度集中的问题而推进乡村建设。如20世纪60年代美国的“示范城镇建设”、英国的“农村中心村建设”、法国的“农村振兴计划”等。这些国家通过在农村社区大规模推进基础设施建设，盘活利用农村土地资源与资产，改善农村生产和生活条件，并采取补贴政策，吸引人口回到农村，以解决农村人口过疏化问题。以日、韩为代表的工业化后发国家，在其工业化、城市化进程中出现乡村资源迅速流入非农产业和城市，导致农业和农村出现衰退，城乡发展差距日益扩大，同时在国家具备了扶持农村发展经济实力的情况下，适时推进了农村振兴与建设运动。如20世纪70年代韩国的“新农村运动”、日本的“村镇综合建设工程”等。可见，不同国家、不同地区的乡村重建道路有所差异。中国人口众多，农村底子薄、农业基础差、农民竞争弱。因此，新农村建设与农村发展不可能照搬发达国家完全依赖政府强大财政供给或者农村剩余劳动力全部转移的转型路子，同时也应尽量避免部分拉美国家城市贫困和农村衰败并存的“陷阱”局面。

中国现代地理学的奠基人、中国科学院原副院长竺可桢先生反复强调：地理学为国民经济建设服务，主要是为农业生产服务。著名地理学家吴传钧院士指出：农业是自然再生产与经济再生产的交叉过程，农业与地理环境的关系非常密切，地理学要为“三农”服务，地理学者应特别关注农业与农村发展的问题。过去的半个多世纪，在老一辈地理学家周立三、黄秉维、吴传钧院士的带领下，地理学者主持完成了“中国农业资源综合调查”“全国农业综合区划”“中国土地利用”等一系列国家重大项目，为国家和地区经济建设做出过具有基础性、战略性的重要贡献。吴传钧院士主编的《中国农业地理丛书》《中国人文地理丛书》等系列著作，在国家相关规划与决策中产生了深远影响，既发挥了人文地理学的学科优势，也培养了一大批农业地理与乡村研究专业人才，在实践中彰显了乡村地理学者站在学科前沿和面向国家战略需求开展创新性研究的重要价值。

进入 21 世纪，适应加入 WTO 后农业国际竞争的新形势，以及十六大以来“五个统筹”和“社会主义新农村建设”的新战略，中国现代农业与乡村发展研究开启了新阶段，面向国家战略需求的现代农业与乡村地理学迎来了新机遇，着眼于中国农业战略、农区发展、新型社区、新农村建设等一大批重点项目与成果成为人文地理学创新研究的新亮点。然而，由于中国“三农”问题之多、程度之深、解决难度之大史无前例，快速工业化、城镇化进程中暴露出来的一系列农村发展突出问题及其深层次矛盾还远未解决，有的甚至呈现加剧的趋势。着眼推进新型城镇化、城乡发展一体化、美丽乡村建设、农村“一二三产业”融合战略，中国现代农业与农村发展面临的新难题、新课题、新问题，亟须深入研究、系统探究、试验示范，创新和发展中国特色现代乡村地理学理论体系、学科体系、技术体系。

中国乡村地理学的传统研究侧重于乡村聚落地理（或称村落地理）、农业地理和土地利用问题。随着快速工业化、城镇化发展，中国农村地区以“五村”（无人村、老人村、空心村、癌症村、贫困村）为特征的“乡村病”问题日益凸显，成为推进新农村建设、培育农村新业态和统筹城乡发展面临的突出问题。与城市区域相对应，现代乡村地理学的研究领域应定位于乡村地域系统，深入探究复杂的乡村区域地理问题和城乡融合发展难题，特别要关注前沿领域“十个”研究主题，即乡村地域系统演化机理与过程、乡村系统功能多样性及其可持续性、乡村转型发展与空间形态重构、城乡土地配置与土地制度创新、城乡发展一体化与等值化、现代乡村新业态与经营新机制、乡村化（ruralization）与新型村镇建设、乡村地域文化与生态文明建设、现代乡村治理体系与减贫发展、农业地理工程与农村信息化。

振兴全球农村和发展现代农业，也是世界性难题和重大课题。中国当首先致力于实施“农村全面振兴计划”，系统推进农村兴人、兴地、兴权和兴产业，有效激发农村活力、能力、动力和竞争力。现代乡村地理学者，务必抢抓机遇，担当时代重任，面向国家需求，深入基层实践，协力创新现代地理学理论、方法与技术，并加强与工学、管理学、社会学、经济学、环境科学等相关学科交叉融合，着眼于现代农业与乡村发展的科学问题提炼、现实问题梳理和战略问题探究，科学推进以根治“乡村病”、建设新村镇、培育新业态、创建新机制为导向的乡村转型重构与城乡一体化发展理论、模式、技术、制度与政策综合研究。

为了充分发挥乡村地理学科优势、加快现代乡村地理学发展，更好地适应新时期国家战略需求，中国地理学会农业地理与乡村发展专业委员会、中国科学院地理科学与资源研究所区域农业与农村发展研究中心，率先倡导并组织专业队伍，研究并出版该领域的最新成果，瞄准现代农业与乡村发展的时代特色、区域特点、创新机制和科学途径，为推进新时期城乡协调发展和新农村建设奠定理论与方法论基础，为加强国内同行之间的学术交流，积极投身中国农业与乡村发展领域的创新研究提供重要基础和共享平台，更好地发挥地理学服务“三农”决策的国家思想库作用。

《现代农业与乡村地理丛书》拟分期撰写出版。将陆续出版《中国新农村建设地理论》《中国乡村社区空间论》《中国乡村地域经济论》《中国乡村转型发展与土地利用》《城乡转型地理学理论与方法》《空心村综合调查与规划图集》《农村空心化过程及其资源环境效应》《农村土地整治模式与机制研究》《空心村综合整治理论与技术》《新型村镇建设与农村发展》《城乡建设用地统筹配置机理与模式》等著作。

在项目研究、选题策划、专家论证、组织撰写与出版过程中得到了国家自然科学基金委员会、中国科学院、教育部、科技部、中国地理学会、国际地理联合会（IGU）、中国科学院地理科学与资源研究所、中国科学院大学、北京师范大学、河南大学等单位领导和专家的大力支持与指导，科学出版社朱海燕、赵峰、杨帅英、丁传标同志为丛书的编辑与出版付出了辛勤劳动。借此我谨代表中国地理学会农业地理与乡村发展专业委员会和丛书编辑委员会，表示最衷心的感谢和诚挚的敬意！

借此良机，我真诚期望有越来越多的国内外高等院校、科研院所，以及从事地理学及其相关专业研究的专家学者，能够更加重视和支持中国农业地理、乡村地理学专业领域的学科成长、人才培养、平台建设、国际合作！真诚欢迎各位领导、专家学者也为进一步完善和提高《现代农业与乡村地理丛书》的撰写与出版水平，多加批评、多予指导，献计献策！

国际地理联合会（IGU）农业地理与土地工程委员会 主席
中国地理学会农业地理与乡村发展专业委员会 主任
中国科学院地理资源所区域农业与农村发展研究中心 主任

2017年春节于北京

前 言

改革开放以来，我国农村人口大量涌入城镇。见证农民收入增长、农房更新、基础设施改善的同时，乡村凋敝、精英流失、农田撂荒、污染加重、学校撤并等报道也时常见诸报端，引人深思。2010 年 11 月 2 日，《新京报》发表《多省撤村圈地 意在土地财政》的报道，进一步触发了笔者思考：传承了几千年的以农耕半径为基础的散居型村落形态，是集中还是分散？保留发展、迁移安置还是城镇化整理？农村土地整治是否适宜？如何顺利推进？恰逢课题组陆续获得国家自然科学基金重点项目（41130748）、国家自然科学基金青年项目（41101165）、中国博士后科学基金（20110490566）等相关课题资助，遂以城乡转型背景下的农村土地整治为主题开展研究分析。

全书共分 7 章，大致遵循“文献述评—模式探索—理论解析—宏观分析—典型案例”的研究路线。具体而言，本书梳理了农村土地政策的演变历程，评述了农村土地整治的相关文献，研究了农村土地政策对农村土地整治的具体规定以及各方对农村土地整治的态度与争议焦点；归纳总结了国内外应对城乡转型发展的实践探索，以及农村土地综合整治的相关模式，揭示了发挥农村土地整治适宜性与规避农村土地整治失宜性的主要策略；解析了城乡转型进程中以生产要素非农化为主导的农村要素流动与乡村发展的相互关系，以及农村土地整治的公平与效率问题，探讨了农村土地整治的合理性与可行性；分析了中国城镇化、工业化与城乡收入差距关系，城镇化超前滞后程度与进城落户适宜区域，以及全国农村土地整治的适宜类型，厘清了开展中国农村土地整治的宏观背景；分析了山东省农村空心化发展情况与农村土地整治进展，从公平与效率视角评估了通过社区建设推进土地整治的典型案例，探讨了城乡转型进程中山东省农村土地整治的适宜模式与对策机制。从理论到实践、从宏观到微观，力争通过多学科理论、现代技术方法与实地调研考证，解答城乡转型背景下的农村土地整治是否合适、如何合理推进这一科学命题与现实问题。

本书写作过程中得到中国科学院地理科学与资源研究所区域农业与农村发展研究团队，以及山东省国土资源厅、德州禹城市、淄博桓台县、潍坊青州市等单位领导的大力支持；部分研究成果已发表在“Journal of Geographical Science”《地理学报》《地理研究》《中国土地科学》《经济问题探索》等刊物，得到了编辑部老师以及匿名审稿专家的宝贵建议；作者参阅了大量的文献资料，从中受益颇多。在此，一并表示崇高的敬意和衷心的感谢。

本书初稿在 2012 年 5 月即已完成。因深感问题复杂，迟迟未提交出版。近年来，作者进一步开展了粮食安全、空心村治理、农民进城落户、农村土地政策等方面的研究，发现这些内容均与城乡转型进程中的农村土地整治密切相关，加之乡村凋敝、农田撂荒等“三农”问题仍未得到根本破解，对该议题的责任和压力与日俱增，遂重新修改、润色，提交出版，希望书中相关观点和内容能为学术界和决策部门提供一定参考。考虑数据可获得性，并兼顾前后协调的需要，作者更新了部分文字、数据。受时间、知识等诸方面限制，书中定有许多尚待完善之处，恳请同行专家学者提出宝贵的意见和建议！

目　　录

第1章 绪　　论

1.1　城乡转型背景下的农村土地整治深受关注

1.1.1　中国城乡进入转型发展关键阶段

中国自古以农立国。受农业生产技术落后、交通工具条件较差、农民劳动技能较低、耕地资源匮乏等因素约束，长期以来农民农业耕作半径相对较小，数以亿计的农村人口分散分布在 960 万 km^2 的广袤国土上。直至 20 世纪中期，农业依然是国民经济的主要部门、农民依然占据全国人口的绝大多数、农村聚落依然数量多而规模小。

新中国成立以来，尤其是 20 世纪 80 年代以来，随着改革开放的不断深入、经济结构的加快调整，农民农业生产效率显著提高，农村剩余劳动力大量流向城市与非农产业领域，农业产业结构、农村就业结构、农民收入结构以及城乡空间关系发生深刻变化（图 1.1~图 1.4）。其中，农业产值占国民经济的比例已由新中国成立初期的半壁江山（50.5%）减少为 2010 年的 10.1%，2014 年已进一步下降为 9.2%；第一产业就业比例由新中国成立初期的 83.5%锐减至 2010 年的 36.7%，到 2014 年，该比例已减少为 29.5%；农业经营收入占农民人均纯收入的比例由 1990 年的 66.4%降至 2010 年的 37.7%，并呈现进一步下降趋势；乡村人口占总人口的比例由 1978 年的 82.08%减少为 2010 年的 50.1%，2014 年进一步降至 45.2%。

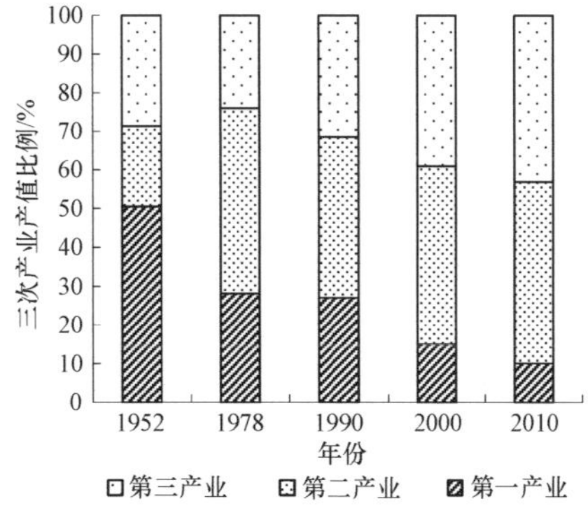

图 1.1　中国主要年份三次产业产值结构

就业非农化、居住城市化、收入非农化、农村空心化，中国城乡进入转型发展的关键阶段，传承了几千年的以农耕半径为基础的散居型村落形态已经走到了十字路口，是集中还是分散？保留发展、迁移安置还是城镇化整理？农业主导、农工并重还是均衡发展？迫切需要加强科学研究与决策支撑。

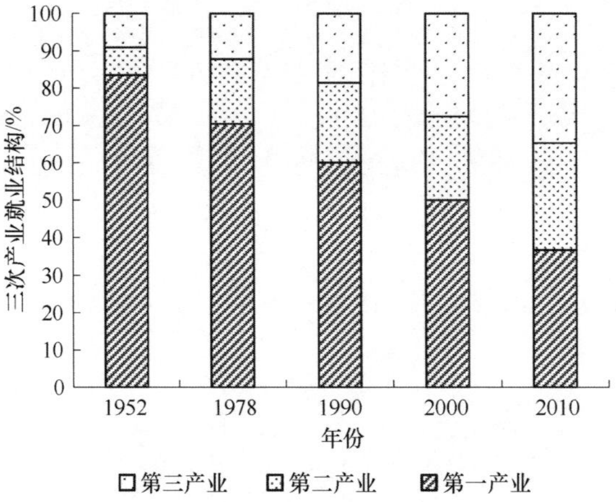

图 1.2　中国主要年份三次产业就业结构

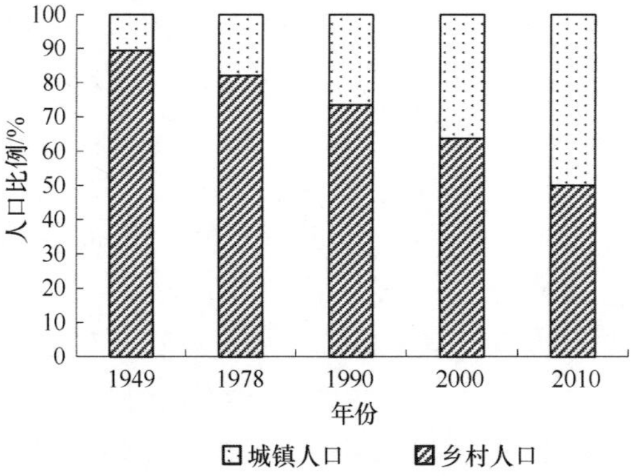

图 1.3　中国主要年份城乡人口结构

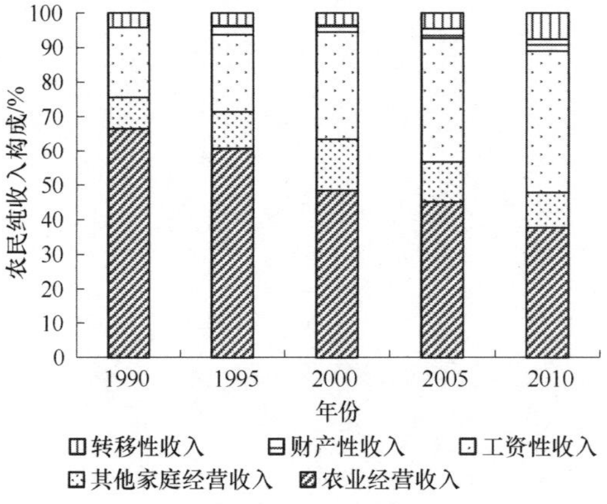

图 1.4　中国主要年份农民纯收入结构

1.1.2　农村空心化带来严重的社会经济问题

农村空心化发展直接影响国家粮食安全、新农村建设与统筹城乡发展目标（刘彦随等，2011），具体如下：

（1）土地资源闲置与废弃。近年来，我国农村人口以年均 1000 多万的规模涌入各级城镇，城市发展用地压力渐趋加大，与此同时，农村人口转移并未与农村居民点用地缩减相挂钩（李裕瑞等，2010），在分批推进城镇化背景下，全国空心村整治潜力超过 1 亿亩①（刘彦随等，2011；Liu et al.，2013），人口稠密且外出就业现象较多的传统农区，其资源闲置尤为严重（Li et al.，2014），表明经济发展用地压力与土地资源闲置浪费现象并存。

（2）农业生产与农村发展困境。随着农民生产、生活日益脱离农业生产与农村土地，农业生产与农村发展面临人口老龄化、劳动者素质下降等诸多现实难题，中国农村基本无剩余劳动力、农业劳动力存在结构性短缺已成为经济发展新常态（张兴华，2013），空心化农村难以养活整个中国（吴秋余，2012），也无力促进农村内生发展。

（3）村庄基础设施配置难题。村庄基础设施属于公共物品，一定的人口规模是其供给、配置前提。大量人口离开农村土地，直接的结果是低级中心点职能由高级中心点所取代，基础设施服务半径扩大，这与当前散居型村落形态构成直接冲突。以教育为例，据《农村教育布局调整十年评价报告》，2000~2010 年，我国农村平均每一天消失 63 所小学、30 个教学点、3 所初中，几乎每过一小时就要消失 4 所农村学校。对 10 省份农村中小学的抽样调查显示，农村小学生学校离家的平均距离为 5.4 km，农村初中生离家的平均距离为 17.47 km，农村中小学大量撤并，带来了农村家庭教育负担加重、低龄寄宿大幅增加、辍学率增加等诸多社会问题（李新玲，2012）。城乡发展转型进程中农村空心化带来的问题日益严重，而当前中国仍处于快速城镇化阶段，随着数以亿计的农村人口继续脱离农业土地，乡村景观破碎化、异质化与复杂化将会愈加明显（Ellis et al.，2009），由此带来的社会经济问题，需要未雨绸缪、有的放矢地加以调控。

1.1.3 农村土地整治成为各界争辩焦点

农村土地整治成为合理利用土地资源、扎实推进新农村建设、重构乡村空间统筹城乡发展的重要突破口（刘彦随，2011）。2010 年中央一号文件明确提出“有序开展农村土地整治”工作，并列入国家“十二五”规划纲要。国土资源部适时启动了“城乡建设用地增减挂钩”“万村土地整治”示范工程，并先后与全国 24 个省市签订了“城乡建设用地增减挂钩”试点协议，与 10 个省市签订了整体推进农村土地整治示范工程协议，由中央与地方财政共同投入、整体推进农村土地整治工作（徐绍史，2009）。从各地业已开展的农村土地整治与新农村建设工作看，尽管取得了村庄环境美化、基础设施改善等显著效果，同时也因为违背农民意愿、不顾农业生产节律强拆强建、“只见新屋，不见新村”而受到广泛质疑，农村土地整治的必要性、可行性、实施途径等领域成为各界争辩的焦点。农村土地整治是否适宜？存在何种问题？如何推进？已有研究提出了各种观点，但尚未取得一致意见，需要加强综合研究（陈秧分和刘彦随，2011）。

---

① 1 亩≈667m^2。

1.2 城乡转型背景下的农村土地整治研究意义重大

中国正处于快速城镇化与快速工业化发展的“双中期”阶段。随着未来2亿多农民工进城定居和农村人口老龄化高峰期的到来，一方面，大规模的城镇建设用地需求将对耕地保护构成强劲压力；另一方面，农村空心化将加速蔓延、加剧发展，直接导致土地资源浪费、乡村产业衰退与人居环境恶化。迫切需要以农村土地整治为抓手，实现保障耕地红线、落实占补平衡指标、统筹城乡土地配置、扎实推进社会主义新农村建设等宏观战略目标。面对这一新形势与新需求，前瞻性地研究城乡转型进程中的农村土地整治问题，具有以下三个方面的重要研究意义。

（1）本书注重微观农户行为决策与村镇群体的整体优化，所揭示与论证的主要理论观点、适宜模式和政策主张，能够为当前新农村建设、农村土地整治工程、各省市“迁村并居”“城乡建设用地增减挂钩”等具体实践提供科技指导。

（2）本书以农村土地整治模式与机制为核心研究对象，但农村土地整治目标并不局限于简单的整治增地，而是一个涵盖保障耕地红线、统筹城乡土地配置、扎实推进社会主义新农村建设的系统工程，所提对策对于中国农村应对空心化挑战，进而构建内生发展模式具有实践价值。

（3）本书将GIS与空间分析法等现代先进方法应用于农村土地整治领域，所采用的研究思路、具体方法与政策主张，对于耕地保护、土地流转等相关科学研究具有启发、借鉴或参考价值。

1.3 本书总体研究框架

1.3.1 研究目标

农村土地整治是破解城乡发展转型进程中农村空心化问题的重要途径。本书面向农民改善自身生产生活条件的真实需求，以及地方政府推进农村土地整治的强劲动力，集成应用地理学、经济学、社会学与管理学的相关学科理论与方法，深入研究城乡转型进程中农村土地整治是否适宜、存在何种问题、如何科学推进等关键问题，研究提出切实反映主体意愿、体现生计演变规律、实现村镇群体整体优化的农村土地整治模式与机制，为乡村转型与城乡统筹发展，以及新农村建设、农村土地整治示范工程、各省市迁村并居、村庄整治等具体实践工作提供科技指导。

1.3.2 主要内容

根据研究目标，本书主要研究内容包括以下五个部分，分别对应本书的第2章至第6章（图1.5）。

（1）农村土地整治的文献述评。分析农村土地整治相关政策的演变历程，梳理农村土地整治的经典文献与代表性学术观点，研究提炼农村土地整治的适宜性与失宜性，包括农业生产节律、农民真实意愿、整治收益分配等方面，为开展经验借鉴、理论解析、宏观分析以及山东省案例研究奠定基础。

（2）农村土地整治的经验借鉴。归纳总结国内外城乡转型进程中农村土地整治的经验策略，重点研究发挥农村土地整治适宜性与规避农村土地整治失宜性的主要策略，包括试点区域选择、整治建设时序、土地发展权配置等方面，为理论解析农村土地整治模式并应用于山东省案例提供依据。

（3）农村土地整治的理论解析。基于文献述评与经验借鉴研究结论，应用管理学、经济学、地理学等相关学科理论与方法，解析城乡转型进程中以生产要素非农化为主导的农村要素流动与乡村发展关系，研究农村土地整治模式与机制中需要重点关注的环节，包括农村土地整治适宜区域遴选、资源配置公平与效率协调途径等方面，为宏观分析和山东省案例研究提供理论支撑。

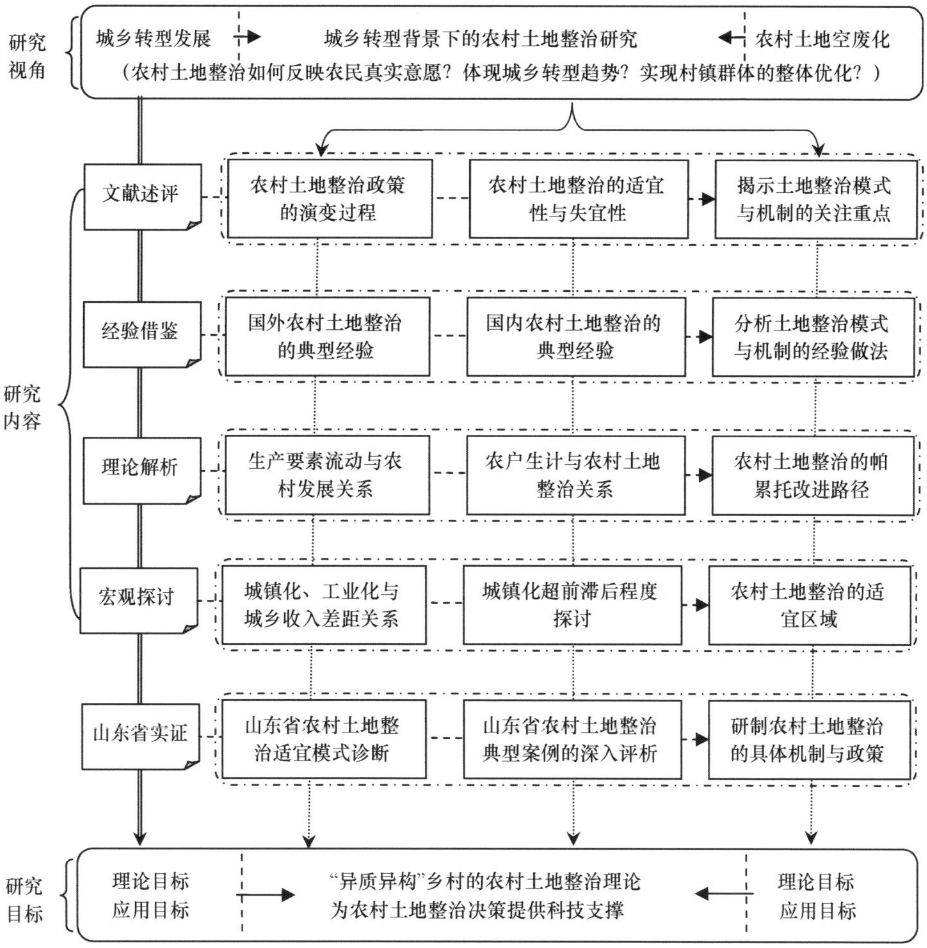

图 1.5 研究目标与内容

（4）农村土地整治的宏观探讨。探讨与农村土地整治紧密相关的农村空心化程度，城镇化超前滞后程度，城镇化、工业化与城乡收入差距关系，以及农村土地整治的适宜类型，从总体上把握农村土地整治的宏观背景，为因地制宜、有序推进农村土地整治工作提供参考依据。

（5）农村土地整治的山东省案例。以文献述评、经验借鉴、理论解析、宏观探讨为指导，选取区域差异显著、经济相对发达的东部沿海省市山东省为研究案例，深入分析城乡发展转型进程中山东省农村土地整治的适宜模式，认真评价案例模式的成功与得失，进而着眼当前城乡发展转型态势以及农村土地整治中存在的现实问题，设计农村土地整治的具体管控机制。

1.3.3 研 究 方 法

（1）人文实证调查分析。以县域为单元，针对与农村土地整治有关的村庄用地状况、农民非农转移就业情况、家庭收入状况、宅基地利用情况、村庄建设意愿等问题设计调查问卷，采用分层随机抽样法选取典型村庄进行调查，获取第一手研究资料。

（2）定性与定量研究相结合。农村土地整治涉及多种复杂因素，有些需要通过定性分析的方式加以阐释，如传统风俗、思想观念、生活习惯等方面的问题。对于能进行定量分析的问题，尽量采取定量研究方法，以确保研究结果的科学性与精确性，本书涉及的主要定量研究方法包括 GIS 空间分析方法、成本收益分析法、计量分析法等。

（3）专家咨询与研讨。报告撰写过程中注重专家咨询与研讨，以集成地理学、经济学、社会学等多学科知识与方法，协助判断农村土地整治的合理性、重构方法、实践模式等各个方面，尽量提高农村土地整治模式与机制的科学性与可行性。

1.3.4 课题支撑与实地调研

本书得到刘彦随研究员主持的国家自然科学基金重点项目“中国城乡发展转型的资源环境效应及其优化调控研究”（41130748）的特别支持。此外，本书是课题组长期跟踪农户生计、城乡转型、新农村建设、农村空心化、农村土地整治等研究领域的连续研究成果，也得到了国家自然科学基金青年项目“农户生计多样化的乡村空间响应及其动态适应研究：以山东省禹城市为例”（41101165）、国家“十二五”科技支撑重点项目“空心村综合整治的关键技术研究与示范”、中国博士后科学基金“城乡转型进程中农村土地整治模式与机制研究：以山东省为例”（20110490566），中国科学院知识创新工程重大项目课题“土地整理、耕地优化配置与新农村建设研究”（KSCX-YW-09）等课题的联合支撑，相关的主要课题信息如表 1.1 所示。

在系列课题资助下，课题组成员先后多次赴山东省、北京市、陕西省等地开展了农村土地整治相关调研，共计调查了山东等省市几十个县（市、区）的近 5 万宗宅基地、6500 余位农户的相关信息，收集了调研区域的统计年鉴以及其他相关文件资料，并与调研区域建立了良好的合作关系，这为作者理解城乡转型进程中农村土地整治模式与机制，以及相关部分实证研究奠定了坚实的基础（表 1.2）。

表1.1 课题组主持的农村土地整治相关课题

序号	项目名称	项目类型
1	中国城乡发展转型的资源环境效应及其优化调控研究：以环渤海地区为例	国家自然科学基金重点项目（41130748）
2	农户生计多样化的乡村空间响应及其动态适应研究：以山东省禹城市为例	国家自然科学基金青年项目（41101165）
3	空心村综合整治的关键技术研究与示范	国家“十二五”科技支撑重点项目
4	城乡转型进程中农村土地整治模式与机制研究：以山东省为例	中国博士后科学基金（20110490566）
5	土地整理、耕地优化配置与新农村建设研究	中国科学院知识创新工程重大项目课题（KSCX-YW-09）
6	中国乡村发展研究报告：农村空心化及其整治策略	中国科学院地理资源所自主创新项目
7	快速城镇化进程中农村空心化及其资源环境效应研究	中国科学院知识创新工程重要方向性项目（KZCX2-EW-304）
8	“陕西省渭河流域高标准农田建设重大工程”项目建议书、可行性研究报告、专题报告与实施方案	陕西省国土资源厅招投标项目
9	“陕西省延安市治沟造地土地整治重大工程”项目建议书、可行性研究报告、专题报告、典型设计、实施方案编制	陕西省国土资源厅招投标项目
10	大都市边缘区“空心村”现象及成因分析	中国科学院研究生社会实践项目（0727601185）

表1.2 课题组有关农村土地整治的部分调研情况

调研时间	调研地点	调研内容
2008年9月	山东省禹城	实地调测山东省禹城市伦镇牌子村的空心化情况
2008年12月	山东省禹城、茌平	实地考察禹城市房寺镇邢店村、伦镇牌子村、茌平振兴街南八里村、五里村等地的空心化情况、农业生产状况及农民整治意愿
2009年2月	山东省禹城、牟平、桓台	实地调测三个县市的农村空心化情况及农民整治意愿，并与政府部门座谈
2009年7月	北京市海淀、门头沟、昌平	实地考察大都市边缘区门头沟龙泉镇龙泉雾村、海淀上庄镇梅所屯村、昌平百善镇泥洼村等地的农村空心化情况
2011年3月	山东省诸城、青州、寿光、安丘、桓台	实地考察诸城农村社区化、青州南张楼村城乡等值化试验等的建设情况
2011年7月	陕西省富平、澄城、白水、合阳、蒲城、大荔	实地考察陕西省渭南市农村空心化特征、农业生产情况及农民整治意愿
2011年11月	山东省禹城	实地考察房寺镇邢店社区、陈寨社区、市中街夏季社区等地的农村社区化建设进展情况，并与市、镇、村相关人员开展座谈
2012年5月	陕西省延安各县市	考察陕西省延安市农村空心化特征、农业生产情况及农民整治意愿

第 2 章　农村土地整治的文献述评

本章将分析农村土地整治政策的演变历程，梳理农村土地整治的经典文献与代表性学术观点，研究提炼农村土地整治的适宜性与失宜性，包括农业生产节律、农民真实意愿、整治收益分配等方面，为开展经验借鉴、理论解析以及山东省案例研究奠定基础。

2.1　农村土地整治相关政策演进

改革开放以来，我国社会经济领域取得巨大成就。农村土地及相关政策相应调整，成为推动社会经济发展的重要力量。按照关注重点与具体措施，可划分为农村土地政策改革初始阶段（1978~1984 年）、农村土地政策改革纵深迈进阶段（1985~2002 年）、城乡土地统筹配置与发展阶段（2003 年以来）三个阶段，各个阶段都出台了农村土地整治相关政策措施，成为推动当前农村土地整治工作的主要依据（陈锡文等，2008；陈秧分，2013）。

2.1.1　农村土地政策改革初始阶段（1978~1984 年）

安徽省凤阳县小岗村的“包产到户”实践，拉开了我国农村土地政策改革序幕。中央从 1980 年开始，积极支持和推动农村经营体制改革。1982 年中央一号文件首次肯定了包产到户、包干到户的“双包体制”。1983 年中央一号文件从理论上强调家庭联产承包责任制“是在党的领导下中国农民的伟大创造，是马克思主义农业合作化理论在我国实践中的新发展”。1984 年中央一号文件决定延长土地承包期，规定土地承包期一般应在 15 年以上，农户“可以经集体同意，由社员自找对象协商转包，但不能擅自改变向集体承包合同的内容。”自此，家庭联产承包责任制基本形成并在全国范围内得以推广。与此同时，农村建房用地开始受到关注，要求合理布局、节约用地，并严格制止出租、买卖和擅自转让行为（表 2.1）。

该阶段农村土地政策改革属于典型的“自下而上”诱致性制度变迁模式，政策特征及其对农村土地整治工作的可能影响包括：①在保留土地集体所有的基本前提下，农民基于承包合同获得集体土地的使用权、收益权和有限制的土地流转权，农民的农业生产积极性显著提高，数以亿计的农民得以从传承数千年的“面朝黄土背朝天”的农业生产模式中解放出来。农民对农业生产与农村土地的依赖性开始出现分化，这是我国农村空心化出现的根本原因，同时，也是开展农村土地整治工作的基本前提。②农村宅基地管理工作开始受到重视，一定程度上改变了乡村建设中存在的自批自用土地、随意扩大宅

表 2.1　1978~1984 年农村土地整治相关政策

时间	部门及文件名	主要内容
1981 年	国务院《关于制止农村建房侵占耕地的紧急通知》	①农村建房用地，必须统一规划，合理布局，节约用地。②重申农村社区土地归集体所有。③分配给社员的宅基地、自留地（自留山）和承包的耕地，社员只有使用权，既不准出租、买卖和擅自转让，也不准在承包地和自留地上建房、葬坟、开矿、烧砖瓦等
1982 年	国务院《村镇建房用地管理条例》	①要求各省级政府对村镇建房用地限额和省、地、县三级具体审批权限等问题做出规定，并督促所属县级人民政府及时订出具体宅基地面积标准，抓紧进行村镇规划（规划可先粗后细，首先解决合理布局、控制用地问题），迅速建立起村镇建房审批制度。②建设新村和改造旧村腾出耕地用于农业生产的，可免征农业税三年到七年。③建房或建设用地超出批准数量的，批准后占而不用的，限期将土地退回集体。④出卖或出租建房用地的，限期将土地退回集体，没收全部所得款项，并处以罚款
1983 年	中共中央《当前农村经济政策的若干问题》	①联产承包制采取统一经营与分散经营相结合的原则，使集体优越性和个人积极性同时得到发挥。②农民逐渐富裕以后，适当改善居住条件是好事，但要做好规划，严格控制占用耕地建房
1984 年	中共中央《关于一九八四年农村工作的通知》	①延长土地承包期，一般应在十五年以上。②鼓励土地逐步向种田能手集中。③自留地、承包地均不准买卖，不准出租，不准转作宅基地和其他非农业用地

基地以及买卖、租赁土地等不良现象（徐珍源等，2009），但因为该阶段实行城乡土地分割、用地部门分散的多头管理体制，加之并无科学的村镇建设规划、具体的宅基地建设标准等法律法规依据，导致农民收入改善背景下的农村无序建房、违规占地等不良现象仍然较为普遍，这成为后来全国农村空心化发展的重要原因。

2.1.2　农村土地政策改革纵深迈进阶段（1985~2002 年）

1984 年我国粮食产量达到历史高位，第一次出现全国性的“卖粮难”现象；同时，随着农民收入快速增加，农村建设用地规模失控和乱占滥用耕地现象日益严重（徐珍源等，2009）。受此影响，我国农村土地政策改革开始向纵深发展（表 2.2）：①在农用地管理层面，1986 年《中华人民共和国民法通则》首次确立了农村承包经营户的法律地位；1993 年《中华人民共和国宪法》修正案纳入了家庭承包经营体制，随后的《中华人民共和国农业法》明确规定了承包方权利与义务；1998 年修订的《中华人民共和国土地管理法》界定了土地承包经营权的权利主体，并将承包期限延长至 30 年；2002 年全国人民代表大会常务委员会正式通过《中华人民共和国农村土地承包法》。该阶段农用地管理政策创新的主要趋势，是开始强调稳定家庭联产承包责任制，赋予农民长期而又稳定的土地使用权。②在农村集体建设用地管理层面，主要的政策措施包括出台了《村镇建房用地管理条例》，推行了农村建设用地占用审批制度，明确了“一户一宅”且不得超过规定面积标准的宅基地使用制度，实施了对乱批乱用土地行为的政府与审批人进行追究的惩罚制度，禁止了集体建设用地的经营性房地产开发以及非农业建设转让、出租行为，开始推行了农村宅基地有偿使用试点工作。

该阶段农村土地政策改革属于典型的“自上而下”推进农村土地制度创新模式，政策特征及其对农村土地整治的可能影响包括：①在维持土地集体所有的基本前提下，通过稳定土地承包关系、扩大土地承包经营权利、建立有效的农地流转机制等多种途径，激励农民根据预期成本与收益优化利用土地资源，进而推动农业与农村发展。其“增人不增地，减人不减地”的做法，赋予了农民稳定而又明晰的土地产权，一定程度上促成了农地利用效率的提高，但同时也带来了公平与效率的双重损失，主要包括农村非农就业人口的农地耕作效率问题，以及村庄新增人口的耕地资源保障问题。推行农村土地整治，是破解上述问题的可能途径。②农村集体建设用地相关政策有助于规范农村建设用地利用行为，但是，该阶段“一户一宅”且不得超过规定面积标准的宅基地使用制度并未得到严格执行，宅基地有偿使用制度并未取得预期的政策效果（徐珍源等，2009），农村宅基地盘活退出机制缺乏，农村居民点用地大幅扩张，进一步加剧了农村空心化发展。

表 2.2　1985~2002 年农村土地整治相关政策

时间	部门及文件名	主要内容
1985 年	城乡建设环境保护部《村镇建设管理暂行规定》	①村镇居民使用宅基地，应遵照国家《村镇建房用地管理条例》的有关规定，严格审批制度。②村镇居民使用宅基地和建设单位使用规划区范围内的土地，必须经建设主管部门核定建设项目的建址和用地范围，并办理用地手续。严禁任何部门、单位和个人在村镇规划区范围内擅自占地建设，或直接购买、租赁和变相购买、租赁集体土地用于建设，或将自留地用于建设
1986 年	中共中央、国务院《关于加强土地管理、制止乱占耕地的通知》	①要坚决纠正目前乡镇建设中自批自用土地、随意扩大宅基地以及买卖、租赁土地等错误做法。今后，无论哪里发现乱批乱用土地的问题，都要追究当地政府和审批人的责任。②各地要尽快制订和完善土地利用总体规划和城市、村镇建设规划，有关部门和地方要抓紧制订各类企业、事业、公共设施和农村宅基地的用地标准
1986 年	《中华人民共和国土地管理法》	①任何单位和个人不得侵占、买卖或者以其他形式非法转让土地。土地使用权可以依法转让。②国家为公共利益的需要，可以依法对集体所有的土地实行征用。③农村和城市郊区的土地，除由法律规定属于国家所有的以外，属于农民集体所有；宅基地和自留地、自留山，属于农民集体所有。④农民集体所有的土地由本集体经济组织的成员承包经营，从事种植业、林业、畜牧业、渔业生产。土地承包经营期限为三十年。⑤在土地承包经营期限内，对个别承包经营者之间承包的土地进行适当调整的，必须经村民会议三分之二以上成员或者三分之二以上村民代表的同意，并报乡（镇）人民政府和县级人民政府农业行政主管部门批准。⑥农村村民一户只能拥有一处宅基地，其宅基地的面积不得超过省、自治区、直辖市规定的标准
1990 年	国务院批转国家土地管理局《关于加强农村宅基地管理工作请示的通知》	①进行农村宅基地有偿使用试点，强化自我约束机制。②选择经济基础较好，耕地资源紧张的县、乡、村，有组织、有步骤地进行试点。③确定宅基地有偿使用收费标准时，对在规定用地标准以内的，既要体现有偿原则，又要照顾群众的经济承受能力，少用少交费，多用多交费；超标准用地的，应规定较高的收费标准；对级差收益较高地段，收费标准要适当提高。④建立和完善土地使用费管理制度。宅基地使用费要本着“取之于户，收费适度；用之于村，使用得当”的原则，实行村有、乡管、银行立户制度。专款专用，主要用于村内基础设施和公益事业建设，不得挪作他用
1993 年	中共中央、国务院《关于当前农业和农村经济发展的若干政策措施》	①在原定的耕地承包期到期之后，再延长三十年不变。②提倡在承包期内实行“增人不增地，减人不减地”的办法
1997 年	中共中央、国务院《关于进一步加强土地管理切实保护耕地的通知》	①村镇建设要集中紧凑、合理布局，尽可能利用荒坡地、废弃地，不占好地。在有条件的地方，要通过村镇改造将适宜耕种的土地调整出来复垦、还耕。②农村居民的住宅建设要符合村镇建设规划。有条件的地方，提倡相对集中建设公寓式楼房。农村居民建住宅要严格按照所在的省、自治区、直辖市规定的标准，依法取得宅基地。农村居民每户只能有一处不超过标准的宅基地，多出的宅基地，要依法收归集体所有。③严禁耕地撂荒。对于不再从事农业生产、不履行土地承包合同而弃耕的土地，要按规定收回承包权。鼓励采取多种形式进行集约化经营。④除国家征用外，集体土地使用权不得出让，不得用于经营性房地产开发，也不得转让、出租用于非农业建设
1999 年	国务院办公厅《关于加强土地转让管理严禁炒卖土地的通知》	①农村居民点要严格控制规模和范围，新建房屋要按照规划审批用地，逐步向中心村和小城镇集中。中心村和小城镇建设要合理布局，统一规划，不得随意征、占农用地。②农民集体土地使用权不得出让、转让或出租用于非农业建设。③农民的住宅不得向城市居民出售，也不得批准城市居民占用农民集体土地建住宅。④禁止以征用方式取得农民集体土地进行“果园”“庄园”等农林开发
2002 年	《中华人民共和国农村土地承包法》	①承包期内，发包方不得收回承包地。②承包期内，发包方不得调整承包地。③承包人应得的承包收益，依照继承法的规定继承

2.1.3　城乡土地统筹配置与发展阶段（2003 年以来）

2003 年我国人均 GDP 达到 1090 美元，正式进入以城带乡、以工促农的新阶段。在此背景下，中央自 2004 年起连续多年颁布了有关“三农”问题的中央一号文件，其中 2004 年的中央一号文件奠定了农村土地政策改革的基本框架，包括土地征用制度、耕地保护制度、集体非农建设用地流转等方面；2005 年中央一号文件强调控制非农建设占用耕地、加强宅基地规划和管理、鼓励开展土地整理和村庄整治；2006 年中央一号文件要求落实最严格的耕地保护制度、加快征地制度改革、推进村庄整治；2007 年中央一号文件提出切实控制农用地转为建设用地规模、坚持农村基本经营制度、规范土地承包经营权流转；2008 年中央一号文件要求全面落实耕地保护责任制、继续推进征地制度改革试点、规范征地程序；2009 年中央一号文件要求建立健全土地承包经营权流转市场、实行最严格的耕地保护制度和最严格的节约用地制度；2010 年中央一号文件明确提出有序推进农村土地管理制度改革、出台扶持“三农”的用地政策、强调稳定和完善农村基本经营制度；2012 年中央一号文件要求加快修改土地管理法，完善农村集体土地征收有关条款，健全严格规范的农村土地管理制度，农村土地政策渐趋细化。2013 年中央一号文件要求全面开展农村土地确权登记颁证工作，加快推进征地制度改革。2014 年中央一号文件要求完善农村土地承包政策、引导和规范农村集体经营性建设用地入市、完善农村宅基地管理制度、加快推进征地制度改革。2015 年中央一号文件要求全面推进农村人居环境整治，稳步推进农村土地制度改革试点。此外，相继实施了以《中华人民共和国农业法》（2004 年）、《农村土地承包经营权流转管理办法》（2005 年）、《物权法》（2007 年）为代表的相关法律法规（表 2.3）。

表 2.3　2003~2015 年农村土地整治相关政策

时间	部门及文件名	主要内容
2004 年	国务院《关于深化改革严格土地管理的决定》	①要按照控制总量、合理布局、节约用地、保护耕地的原则，编制乡（镇）土地利用总体规划、村庄和集镇规划，明确小城镇和农村居民点的数量、布局和规模。②鼓励农村建设用地整理，城镇建设用地增加要与农村建设用地减少相挂钩。③禁止擅自通过“村改居”等方式将农民集体所有土地转为国有土地。禁止农村集体经济组织非法出让、出租集体土地用于非农业建设。④改革和完善宅基地审批制度，加强农村宅基地管理，禁止城镇居民在农村购置宅基地
2004 年	中共中央、国务院《关于促进农民增加收入若干政策的意见》	①严格区分公益性用地和经营性用地，明确界定政府土地征用权和征用范围。②完善土地征用程序和补偿机制，提高补偿标准，改进分配办法，妥善安置失地农民，并为他们提供社会保障。③积极探索集体非农建设用地进入市场的途径和办法
2005 年	国土资源部《关于规范城镇建设用地增加与农村建设用地减少相挂钩试点工作的意见》	①挂钩周转指标专项用于项目区内建新地块的面积规模控制，并在规定时间内用拆旧地块复垦出来的耕地面积归还，归还的耕地面积数不得少于下达的挂钩周转指标。②以规划控制建新拆旧规模，引导城乡用地布局、结构调整。③尊重群众意愿，维护集体和农户土地合法权益。④挂钩周转指标按照“总量控制、封闭运行、定期考核、到期归还”的原则进行管理。⑤通过开展土地评估、界定土地权属，按照同类土地等价交换的原则，合理进行土地调整、互换和补偿。根据“依法、自愿、有偿、规范”的要求，创新激励机制，探索集体建设用地流转，促进挂钩试点工作

续表

时间	部门及文件名	主要内容
2005 年	中共中央、国务院《关于进一步加强农村工作提高农业综合生产能力若干政策的意见》	①坚决实行最严格的耕地保护制度，切实提高耕地质量。②控制非农建设占用耕地，确保基本农田总量不减少、质量不下降、用途不改变，并落实到地块和农户。③搞好乡镇土地利用总体规划和村庄、集镇规划，引导农户和农村集约用地。④加强集体建设用地和农民宅基地管理，鼓励农村开展土地整理和村庄整治。⑤加快推进农村土地征收、征用制度改革。⑥尊重和保障农户拥有承包地和从事农业生产的权利，尊重和保障外出务工农民的土地承包权和经营自主权。承包经营权流转和发展适度规模经营，必须在农户自愿、有偿的前提下依法进行，防止片面追求土地集中
2006 年	中共中央、国务院《关于推进社会主义新农村建设的若干意见》	①抓紧制订将土地出让金一部分收入用于农业土地开发的管理和监督办法。②坚决落实最严格的耕地保护制度，切实保护基本农田，保护农民的土地承包经营权。③各级政府要切实加强村庄规划工作，安排资金支持编制村庄规划和开展村庄治理试点。④稳定和完善以家庭承包经营为基础、统分结合的双层经营体制，健全在依法、自愿、有偿基础上的土地承包经营权流转机制，有条件的地方可发展多种形式的适度规模经营。⑤加快征地制度改革步伐，按照缩小征地范围、完善补偿办法、拓展安置途径、规范征地程序的要求，进一步探索改革经验。⑥完善对被征地农民的合理补偿机制，加强对被征地农民的就业培训，拓宽就业安置渠道，健全对被征地农民的社会保障
2007 年	《物权法》	①为了公共利益的需要，依照法律规定的权限和程序可以征收集体所有的土地和单位、个人的房屋及其他不动产。征收集体所有的土地，应当依法足额支付土地补偿费、安置补助费、地上附着物和青苗的补偿费等费用，安排被征地农民的社会保障费用，保障被征地农民的生活，维护被征地农民的合法权益。征收单位、个人的房屋及其他不动产，应当依法给予拆迁补偿，维护被征收人的合法权益；征收个人住宅的，还应当保障被征收人的居住条件。②耕地的承包期为三十年。土地承包经营权人依照农村土地承包法的规定，有权将土地承包经营权采取转包、互换、转让等方式流转。③宅基地使用权人依法对集体所有的土地享有占有和使用的权利，有权依法利用该土地建造住宅及其附属设施。④征收单位、个人的房屋及其他不动产，应当依法给予拆迁补偿，维护被征收人的合法权益；征收个人住宅的，还应当保障被征收人的居住条件。对失去宅基地的村民，应当重新分配宅基地。但宅基地等集体所有的土地使用权，不得抵押
2007 年	中共中央、国务院《关于积极发展现代农业扎实推进社会主义新农村建设的若干意见》	①合理引导农村节约集约用地，切实防止破坏耕作层的农业生产行为。②加大土地复垦、整理力度。按照田地平整、土壤肥沃、路渠配套的要求，加快建设旱涝保收、高产稳产的高标准农田。③坚持农村基本经营制度，稳定土地承包关系，规范土地承包经营权流转，加快征地制度改革
2008 年	中共中央、国务院《关于切实加强农业基础建设进一步促进农业发展农民增收的若干意见》	①各地要切实稳定农村土地承包关系，认真开展延包后续完善工作，确保农村土地承包经营权证到户。坚决防止和纠正强迫农民流转、通过流转改变土地农业用途等问题，依法制止乡、村组织通过“反租倒包”等形式侵犯农户土地承包经营权等行为。②切实保障农民土地权益。对未履行征地报批程序、征地补偿标准偏低、补偿不及时足额到位、社会保障不落实的，坚决不予报批用地。严格农村集体建设用地管理，严禁通过“以租代征”等方式提供建设用地。城镇居民不得到农村购买宅基地、农民住宅或“小产权房”。开展城镇建设用地增加与农村建设用地减少挂钩的试点，必须严格控制在国家批准的范围之内。依法规范农民宅基地整理工作
2009 年	中共中央、国务院《关于 2009 年促进农业稳定发展农民持续增收的若干意见》	①稳定农村土地承包关系，稳步开展土地承包经营权登记试点，把承包地块的面积、空间位置和权属证书落实到农户。②建立健全土地承包经营权流转市场。土地承包经营权流转，不得改变土地集体所有性质，不得改变土地用途，不得损害农民土地承包权益。③实行最严格的耕地保护制度和最严格的节约用地制度。从严控制城乡建设用地总规模，从规划、标准、市场配置、评价考核等方面全面建立和落实节约用地制度。抓紧编制乡镇土地利用规划和乡村建设规划，科学合理安排村庄建设用地和宅基地，根据区域资源条件修订宅基地使用标准。农村宅基地和村庄整理所节约的土地，首先要复垦为耕地，用作折抵建设占用耕地补偿指标必须依法进行，必须符合土地利用总体规划，纳入土地计划管理。④农村土地管理制度改革要在完善相关法律法规、出台具体配套政策后，规范有序地推进
2009 年	国土资源部《关于促进农业稳定发展农民持续增收推动城乡统筹发展的若干意见》	①对需要流转的农用地，要尽快完成集体土地所有权确权登记工作，并与土地承包经营权流转做好登记发证衔接；对需要流转的集体建设用地，要重点开展集体所有权和使用权确权登记，特别要开展集体经营性用地的认定和确权，为集体建设用地流转提供条件。②在全国范围内启动“万村整治”示范工程建设，以村为单位，按照“农民自愿、权属清晰、改善民生、因地制宜、循序渐进”的要求，开展土地整治活动，实行“全域规划、全域设计、全域整治”。③各地在集体建设用地出让转让等流转活动中，要按照“初次分配基于产权、二次分配政府参与”的原则，出台和试行集体建设用地有偿使用收益分

续表

时间	部门及文件名	主要内容
2009 年	国土资源部《关于促进农业稳定发展农民持续增收推动城乡统筹发展的若干意见》	配办法。研究建立集体建设用地有偿使用有关税费征缴和分配办法，保障集体土地所有权人和使用权人在集体建设用地有偿使用和流转等活动中的土地权益。④严格划定农村居民点扩展边界，合理确定宅基地数量、布局和用地规模，创造条件，编制好村级土地利用规划，引导农民住宅相对集中建设，促进自然村落适度撤并
2010 年	国务院《关于严格规范城乡建设用地增减挂钩试点 切实做好农村土地整治工作的通知》	①以促进农业现代化和城乡统筹发展为导向，以增加高产稳产基本农田和改善农村生产生活条件为目标，以切实维护农民权益为出发点和落脚点，坚决扭转片面追求增加城镇建设用地指标的倾向，坚决制止以各种名义擅自开展土地置换等行为。②凡涉及城乡建设用地调整使用的，必须纳入增减挂钩试点。必须坚持局部试点、封闭运行、规范管理、结果可控，未经批准不得擅自开展试点或扩大试点范围。③严禁突破挂钩周转指标。科学编制农村土地整治规划，合理安排增减挂钩试点的规模、布局和时序。④严禁盲目大拆大建和强迫农民住高楼。要与地方经济社会发展水平和农业产业发展相适应，与城镇化进程和农村人口转移相协调，遵循城镇发展规律，区分城镇规划区内、城乡结合部、空心村和闲置宅基地等不同情况，因地制宜，量力而行，循序渐进。要尊重农民意愿并考虑农民实际承受能力，防止不顾条件盲目推进、大拆大建。严禁在农村地区盲目建高楼、强迫农民住高楼。⑤严禁侵害农民权益。开展增减挂钩试点，必须举行听证、论证，充分听取当地农村基层组织和农民的意见。涉及土地调整互换使用的，未征得农村集体组织和农民同意，不得强行开展增减挂钩试点。必须按照明晰产权、维护权益的原则，合理分配土地调整使用中的增值收益。要明确受益主体，规范收益用途，确保所获土地增值收益及时全部返还农村，用于支持农业农村发展和改善农民生产生活条件，防止农村和农民利益受到侵害。⑥大力推进以高产稳产基本农田建设为重点的农田整治
2010 年	中共中央、国务院《关于加大统筹城乡发展力度进一步夯实农业农村发展基础的若干意见》	①土地出让收益优先用于农业土地开发和农村基础设施建设；耕地占用税税率提高后，新增收入全部用于农业；严格执行新增建设用地土地有偿使用费全部用于耕地开发和土地整理的规定。②稳定和完善农村基本经营制度，完善农村土地承包法律法规和政策，加快制定具体办法，确保农村现有土地承包关系保持稳定并长久不变。③有序推进农村土地管理制度改革。坚决守住耕地保护红线，建立保护补偿机制，加快划定基本农田，实行永久保护。加快农村集体土地所有权、宅基地使用权、集体建设用地使用权等确权登记颁证工作。④有序开展农村土地整治，城乡建设用地增减挂钩要严格限定在试点范围内，周转指标纳入年度土地利用计划统一管理，农村宅基地和村庄整理后节约的土地仍属农民集体所有，确保城乡建设用地总规模不突破，确保复垦耕地质量，确保维护农民利益。⑤按照严格审批、局部试点、封闭运行、风险可控的原则，规范农村土地管理制度改革试点
2012 年	中共中央、国务院《关于加快推进农业科技创新 持续增强农产品供给保障能力的若干意见》	①落实现有土地承包关系保持稳定并长久不变的政策。按照依法自愿有偿原则，引导土地承包经营权流转，发展多种形式的适度规模经营。②加快推进农村地籍调查，2012 年基本完成覆盖农村集体各类土地的所有权确权登记颁证，推进包括农户宅基地在内的农村集体建设用地使用权确权登记颁证工作。③加快修改土地管理法，完善农村集体土地征收有关条款，健全严格规范的农村土地管理制度
2013 年	中共中央、国务院《关于加快发展现代农业进一步增强农村发展活力的若干意见》	①抓紧研究现有土地承包关系保持稳定并长久不变的具体实现形式，完善相关法律制度。坚持依法自愿有偿原则，引导农村土地承包经营权有序流转，鼓励和支持承包土地向专业大户、家庭农场、农民合作社流转，发展多种形式的适度规模经营。②全面开展农村土地确权登记颁证工作。③加快推进征地制度改革。依法征收农民集体所有土地，要提高农民在土地增值收益中的分配比例，确保被征地农民生活水平有提高、长远生计有保障。加快修订土地管理法，尽快出台农民集体所有土地征收补偿条例。完善征地补偿办法，合理确定补偿标准，严格征地程序，约束征地行为，补偿资金不落实的不得批准和实施征地。改革和完善农村宅基地制度，加强管理，依法保障农户宅基地使用权。依法推进农村土地综合整治，严格规范城乡建设用地增减挂钩试点和集体经营性建设用地流转。农村集体非经营性建设用地不得进入市场
2014 年	中共中央、国务院《关于全面深化农村改革加快推进农业现代化的若干意见》	①完善农村土地承包政策。稳定农村土地承包关系并保持长久不变，在坚持和完善最严格的耕地保护制度前提下，赋予农民对承包地占有、使用、收益、流转及承包经营权抵押、担保权能。在落实农村土地集体所有权的基础上，稳定农户承包权、放活土地经营权，允许承包土地的经营权向金融机构抵押融资。有关部门要抓紧研究提出规范的实施办法，建立配套的抵押资产处置机制，推动修订相关法律法规。切实加强组织领导，抓紧抓实农村土地承包经营权确权登记颁证工作，充分依靠农民群众自主协商解决工作中遇到的矛盾和问题，可以确权确地，也可以确权确股不确地，确权登记颁证工作经费纳入地方财政预算，中央财政给予补助。稳定和完善草原承包经营制度，2015 年基本完成

续表

时间	部门及文件名	主要内容
2014 年	中共中央、国务院《关于全面深化农村改革加快推进农业现代化的若干意见》	草原确权承包和基本草原划定工作。切实维护妇女的土地承包权益。加强农村经营管理体系建设。深化农村综合改革，完善集体林权制度改革，健全国有林区经营管理体制，继续推进国有农场办社会职能改革。②引导和规范农村集体经营性建设用地入市。在符合规划和用途管制的前提下，允许农村集体经营性建设用地出让、租赁、入股，实行与国有土地同等入市、同权同价，加快建立农村集体经营性建设用地产权流转和增值收益分配制度。有关部门要尽快提出具体指导意见，并推动修订相关法律法规。各地要按照中央统一部署，规范有序推进这项工作。③完善农村宅基地管理制度。改革农村宅基地制度，完善农村宅基地分配政策，在保障农户宅基地用益物权前提下，选择若干试点，慎重稳妥推进农民住房财产权抵押、担保、转让。有关部门要抓紧提出具体试点方案，各地不得自行其是、抢跑越线。完善城乡建设用地增减挂钩试点工作，切实保证耕地数量不减少、质量有提高。加快包括农村宅基地在内的农村地籍调查和农村集体建设用地使用权确权登记颁证工作。④加快推进征地制度改革。缩小征地范围，规范征地程序，完善对被征地农民合理、规范、多元保障机制。抓紧修订有关法律法规，保障农民公平分享土地增值收益，改变对被征地农民的补偿办法，除补偿农民被征收的集体土地外，还必须对农民的住房、社保、就业培训给予合理保障。因地制宜采取留地安置、补偿等多种方式，确保被征地农民长期受益。提高森林植被恢复费征收标准。健全征地争议调处裁决机制，保障被征地农民的知情权、参与权、申诉权、监督权
2015 年	中共中央、国务院《关于加大改革创新力度加快农业现代化建设的若干意见》	①全面推进农村人居环境整治。有序推进村庄整治，切实防止违背农民意愿大规模撤并村庄、大拆大建。②稳步推进农村土地制度改革试点。在确保土地公有制性质不改变、耕地红线不突破、农民利益不受损的前提下，按照中央统一部署，审慎稳妥推进农村土地制度改革。分类实施农村土地征收、集体经营性建设用地入市、宅基地制度改革试点。制定缩小征地范围的办法。建立兼顾国家、集体、个人的土地增值收益分配机制，合理提高个人收益。完善对被征地农民合理、规范、多元保障机制。赋予符合规划和用途管制的农村集体经营性建设用地出让、租赁、入股权能，建立健全市场交易规则和服务监管机制。依法保障农民宅基地权益，改革农民住宅用地取得方式，探索农民住房保障的新机制。加强对试点工作的指导监督，切实做到封闭运行、风险可控，边试点、边总结、边完善，形成可复制、可推广的改革成果

2.1.4 农村土地整治相关政策演进特征

我国农村土地政策演变取得了令人瞩目的经济成效，初步形成了以工促农、以城带乡的制度框架。具体而言，调控目标由注重农业生产与农民增收转向耕地保护、现代农业发展、城乡统筹等综合目标；调控地类由强调农业用地转向农业用地与非农用地并重，尤为重视土地征用、宅基地管理、集体非农建设用地流转等纵深领域；在调控方式上，由侧重调控土地资源本身，转向通过优化城乡统筹背景下的主体行为来实现土地资源的最优配置与利用。农村土地承包经营权确权登记工作稳步推进，土地承包经营权流转机制日趋完善，农村土地使用权逐渐实现长期化、资本化与物权化，为有效推进农业土地流转与现代农业发展奠定了较为坚实的政策基础。同时，要求积极探索集体非农建设用地进入市场的途径和办法，并对城乡建设用地增减挂钩实践中可能出现的建新拆旧规模、农民土地权益保护、农村土地整治适宜性等方面进行了具体规定，是当前农村土地整治工作的主要政策依据。

从政策执行效果看，我国农业生产长期停滞不前的局面被打破。各地农业现代化进程有序推进，尤其是推进城乡土地统筹配置与发展以来，粮食产量实现了历史罕见的连年增产现象，由 2003 年的 4.31 亿 t 增加为 2014 年的 6.07 亿 t，年均增产达到 3.16%。农民收入也引来快速增长，2003~2010 年年均递增 10.0%。传统的村镇土地粗放利用方式得到较为有效的抑制，2003~2010 年耕地面积年均减少 0.3%，显著低于 1996~2003 年耕地面积减少速度（0.7%）；农村“人减地反增”的局面开始出现逆转，农村居民点面积在 2008 年达到 2.48 亿亩历史高峰后开始有所减少，逐渐成为农民进城落户、新农村建设与农民增收的重要资本。

2.2　农村土地整治的主要学术观点

农村土地整治工作已在相关试点县（市）先行推进，其必要性、可行性、实施途径等领域仍是各界争辩的焦点所在（涂重航，2010；陈秧分和刘彦随，2011）。农村土地整治是否适宜？存在何种问题？如何推进？已有研究提出了各种观点，但尚未取得一致意见。本节将客观评价农村土地整治相关内容，以厘清解决问题的可行思路，为当前农村土地整治工作提供政策参考。

2.2.1　农户生计类型与演变

农户作为农村经济的微观基础，通常按照非农收入占总收入的比例、非农劳动力投入占总劳动力投入的比例划分农户（生计）类型（周婧等，2010）。大量研究关注了发展中国家的农户兼业现象（Smithers et al，2005），及其对农业土地利用行为（Ishemo et al.，2006）、乡村扶贫（Rigg，2006）等方面的影响。研究成果发现了生计多样化的共同规律性（Ashley and Maxwell，2001）、影响因素的错综复杂性（Holden et al.，2004），及其与土地利用活动的密切相关性（Bradstock，2006；McCusker and Carr，2006；钟太洋和黄贤金，2007）。中国的农户生计转型现象同样得到了学术界的积极关注，一定程度上佐证了中国农户生计多样化的存在性、演进的阶段性、主体的差异性及其对乡村社会结构、经济结构、土地利用等方面影响的深刻性（阎建忠等，2009；周婧等，2010；Chen et al.，2010），成为驱动中国乡村发展与土地利用变化的主导动力。此外，农户理论模型与实证方法得到系统研究，涌现出了组织与生产学派、理性小农学派、历史学派等三个学派观点，广泛应用了贝克尔经典模型、Barnum 和 Squire 的农场户模型、合作博弈模型等农户行为决策分析模型（艾利思，2006；翁贞林，2008）；国内则结合中国国情与具体实证研究，对西方农户行为理论进行了有益深化与创新（郑风田，2000；徐勇和邓大才，2006），并涌现出了大量农户视角的应用研究，涉及农户生产决策（王春超，2009）、土地利用行为（钟太洋和黄贤金，2007）、耕地保护（陈秧分等，2010）等众多研究领域，其中一个重要的趋势是，地理学、资源科学等地学领域学者关于农户行为的研究得到明显加强，如李小建（2009）以农户与地理环境相互作用为切入点，系统研究农户农业生产活动、工商业活动、务工活动和居住活动的空间理论问题；乔家君（2008）基于大量农户调查数据，探讨不同空间尺度村域经济差异及其发展型式。

2.2.2　乡村空间形态与重构

乡村空间是各学科（尤其是地理学者）长期关注的研究对象。早在 19 世纪 20 年代，德国地理学家杜能即描述并研究了包含田块、土地利用、乡村道路、村落等在内的乡村景观格局（杜能，1997）；随后，法国地理学家白兰士、德孟雄、白吕纳等学者用历史的方法研究了乡村聚落的类型、分布、演变及其与农业系统的关系（梅尼埃，1999）。随着农村城镇化与工业化进程的快速推进，乡村地区景观格局发生了显著变化，发展中国家逐步改变传统的杜能圈层式乡村空间格局；发达国家则在经历农村空心化阶段后，由农业生产功能主导空间逐步转向文化、社会、农业生产等综合空间（赵之枫，2001；Hall et al.，2004；周婧等，2010）。在此背景下，农村土地整治策略受到广泛关注（Benthem，1993；Pašakarnis and Maliene，2010；Huang et al.，2011），地理、农业与乡村发展的相互关系得到重新审视（Kilkenny，2004），聚落地理的研究内容获得系统总结（金其铭，1989）。基于遥感与土地利用数据、典型调查等资料，众多学者探讨了不同尺度农村居民点的变化特征（Tian et al.，2007；Fang and Liu，2008；Long et al.，2009a），识别了不同类型区域乡村空间的演变规律（张小林，1999；郁枫，2006；雷振东，2009），诊断了乡村聚落演变的主要类型及其形成机制（赵之枫，2001；邢谷锐等，2007），研究了农村空心化发展及其演变机理（程连生等，2001；刘彦随等，2009）。主要的研究方法包括空间分布特征中应用的 Voronoi 图 CV 值方法（刘仙桃等，2009）、GIS-SDA 方法（闫庆武和卞正富，2008），村庄土地利用变化情景预测中应用的 CA 模型（Deadman et al.，1993）、CA-Markov 模型（姜广辉等，2009）等。研究发现，乡村空间演替日益受到农业生产技术进步、交通基础设施建设、人口城乡迁移等因素的影响（Kilkenny，2004；Fang and Liu，2008），中国传统的空间高度分散、民居极为密集的“择田而居”式村落形态正逐步瓦解，乡村景观呈现破碎化、异质化与复杂化（Ellis et al.，2009），空间重构成为重要方向（Long et al.，2009b；Liu et al.，2010）。

鉴于农户生计多样化影响乡村空间形态（Xu and Tan，2001；刘奇，2007；刘彦随等，2009），部分学者开始深入研究农户兼业行为与居民点用地形态变化的相互关系（吴旭鹏等，2010；周婧等，2010）、不同生计阶段乡村聚落空间结构的演变模式与形成机制（范少言，1994）。也有学者从农户主体视角审视乡村空间重构决策（Palmer，1988；韩俊等，2010；刘彦随，2010），但仍需强化农户、村域尺度的微观研究（李君和李小建，2008），避免不顾农民利益盲目推进村庄整治的短视行为（涂重航，2010）。对此，各学科基于自身优势深入研究了乡村（空间）重构路径，其中，社会学者通常在揭示乡村社会特征、演变趋势与转型规律的基础上提出治理对策（李增元，2009）；经济学者侧重关注农村住房消费、宅基地使用权流转、收益分配、产业结构升级等方面，注重效率与公平（石忆邵，2007）；建筑与规划学者侧重布局结构、公共服务设施规划、道路交通规划、基础设施规划、住宅设计、绿化景观规划等具体建设层次（王富更，2006）；地理学者研究乡村社会经济活动及其所处的地理环境之间的相互关系，进而提出村镇体系和空间结构优化方案（范少言和陈宗兴，1999；刘彦随等，2009）。主要的研究方法包括村庄合并调整中应用的聚类分析法（管驰明等，2008）、最小限制因子法（朱雪欣等，2010），农村居民点合理规模测算中应用的耕作半径法（金其铭，1989）、位序-规模法则（Sonis and Grossman，1984），中心村选址与调控对策中应用的层次分析法（吴得文等，2010）、生态足迹与可持续发展指标（Bernadette et al.，2009）等。

2.2.3　农村土地整治效益与质疑

农村土地整治的增地潜力巨大，典型县域调测表明，其可净增耕地率为 13%~15%，全国可节约耕地达上亿亩（刘彦随等，2011），其中优质农田超过 5000 万亩（党国英，2010），通过整治可适时补充耕地、提升土地产能。同时，以土地整理复垦和城乡建设用地增减挂钩为平台，通过优化农村土地利用结构和布局、改善农村公共基础设施条件和人居环境，一方面可以引导资金与技术要素向农村转移，实现农业生产规模经营、维护国家粮食安全、提升土地利用价值、保障农民利益、激活农村内需、完善农村治理，找准农村改革效率与公平的合理节点（吴海洋，2009；党国英，2010；刘彦随，2010，2011）；另一方面，可以促进城乡土地资源与基础设施的统筹配置和优化利用，使当前低效利用的农村土地由潜在的社会财富转变为统筹城乡发展、推进农村城镇化和建设社会主义新农村的重要资本（吴海洋，2009；郑凌志，2009），引领未来我国城乡土地配置和统筹城乡发展的方向（Long et al.，2012）。农村土地整治聚焦到了中国城镇化和新农村建设的双轮驱动，在农民意愿强烈、农民内部分化的情景下，适时推进空心村整治和旧村改造的条件已经基本成熟（党国英，2010；刘彦随，2011；Liu et al.，2014）。事实上，农村土地整治工作实施十多年来已经取得了显著的成绩，1997~2009 年全国依法批准的建设占用耕地 4000 余万亩，通过土地整治即补充了耕地 4500 多万亩，既实现了耕地占补平衡，也改善了农村生产生活条件、促进了新农村建设、拓展了城乡经济发展空间、促进了城乡统筹发展（《中国土地》编辑部，2010）。

也有学者认为，农民市民化是一个长期过程，在“工作在城市、保障靠农村”的城乡二元体制依然存在、农民并未完全脱离农业生产的现实条件下，村庄合并实现资金、资源、人才等方面的优势互补，最终达到农业发展、农民增收、农村稳定目标，只是美好愿望（洪巧俊，2008）。强制农民集中居住，必将影响农业生产、增加农民生活成本，大规模推进农村土地整治的条件并不成熟（洪巧俊，2008；韩俊等，2010；郑风田，2010）。尤其是当前中国城市土地粗放利用现象仍然十分突出（郑伟元，2008）、农民权利救济设计仍然存在缺陷（陈会广等，2009），需要谨慎体量农村土地整治增地的必要性，优先促使地方政府合理、集约地使用城市土地资源（陈锡文等，2010）。事实上，由于地方政府同为农村土地整治政策的制定者与实施者，农村土地整治实践容易偏离增减挂钩以统筹城乡发展、推进城乡建设用地节约集约利用的政策初衷，成为地方政府廉价获取土地指标、维持土地财政的重要手段（涂重航，2010；陶然和汪晖，2010；张远索和王锡锌，2010），农村土地整治的合理性有待斟酌（陆希刚，2008）：第一，一些地方擅自开展城乡建设用地增减挂钩试点或扩大试点范围，擅自扩大挂钩周转指标规模，侧重整治区位条件较好、增值潜力较大的村庄，而不愿整治废弃多年的“空心村”，农村土地整治对象出现偏差（《中国土地》编辑部，2010；刘彦随，2010）；第二，一味追求腾退村庄用地、建设安置高楼，较少考虑乡村长远发展以及生产便民、生活利民因素，农村土地整治目标与整治方式出现偏差（《中国土地》编辑部，2010；刘彦随，2010）；第三，违背农民意愿强拆强建，安置补偿标准欠缺合理（郑风田，2010），城乡土地置换收益中即便做得较好的地区也仅是40%用于新建村庄的基础设施建设，剩下的60%由政府和农民对分（陈锡文等，2010），农村土地整治收益分配出现偏差。农村土地整治偏离预期路径，亟须从法律高度、政策层面进行适时的严格规范和引导。

即便政府所推崇的“宅基地换房”“土地换社保”等农村土地整治经验模式，也受到一定质疑。既然土地可以换社保，同样土地也应可以换取农民所真正需要的土地自由处置权与土地处置公平权（周虎城，2010）。作为政府发展城镇化所理应负担的成本，包括社会保障在内的农民搬迁建新居、耕地保护、医疗卫生教育等公共服务支出不应以占有农民承包地和宅基地合法权益为前提，人为制造新的不公平（陈锡文等，2010；侯大伟等，2010），“土地换社保”需要依据自愿原则谨慎实施（郑雄飞，2010）。此外，农村土地整治引发的土地权属调整、农民社区管理等问题，因为缺乏相关的制度与管理支撑，也受到相关学者的关注（《中国土地》编辑部，2010）。

2.2.4 农村土地整治模式与策略

空心村的形成和演化与不同区域城镇化发展、乡村人口变化及就业的空间动态密切相关（龙花楼等，2009），因此，需要因地制宜地推进农村土地整治工作（张秀智和丁锐，2009），主要包括城镇化引领型、中心村整合型和村内集约型三种模式（陈玉福等，2010）。农村土地整治比较成功的国际经验，如德国和日本的城乡土地整理置换、荷兰的土地改良、美国的西部荒地治理经验得到借鉴（吴次芳，2009）。在实践中涌现出了“脱离土地→就业结构变化→收入增加→生活跃迁→村落变容”的渐次变迁模式，也出现了“脱离土地+就业结构变化+收入增加+生活跃迁+村落巨变”的快速推进模式（章政，2005），但不同模式在保障农民利益、促进农村发展方面存在显著的差异（刘彦随，2008；张祎娴和王仲古，2008；张红星和桑铁柱，2010），应着力构建涵盖“一个机制（政府主导、国土搭台、部门联动、聚合资金、整体推进）、两大类型（农田整治和村庄整治相结合、重点开展农田整治）、三个集中（产业、居住、耕作）、四个目标（耕地增加、布局优化、要素集聚、用地节约）、五个环节（首先复垦为耕地等 5 个方面的村庄整治增地安排及其增值收益分配方案）”的农村土地整治模式（郧文聚和杨红，2010）。

农村土地整治的规划决策应从乡村地域社会经济发展中探寻村庄演进的根本动因，通过调整各要素的作用方向和强度，优化调控村庄各层次的空间形态，实现村庄空间形态的可持续性重构（王海兰，2005）。应恰当界分政府、市场与社会调控农业与农村发展的边界（郁建兴和高翔，2009），注重保护农民利益、降低交易成本（张红星和桑铁柱，2010），包括空间、组织、产业“三整合”（刘彦随等，2009），农村宅基地使用制度创新（杨一介，2007；欧阳安蛟等，2009），编制农村土地整治规划等具体策略。鉴于农村土地承载着为 9 亿农民提供社会保障的沉重的道义责任（温铁军，2006），在城市化条件不成熟、产业基础薄弱、政府财力不足、政策瓶颈较严重的情况下，切不可仅仅为了释放村镇建设用地潜能而强制推进空心村整治工作，导致出现类似南亚城市贫民窟、墨西哥农民游击队、巴西“无地农民运动”等严重后果（蒲方合，2009；党国英，2010；贺雪峰，2009），需要找准空心村调控时间节点（刘彦随等，2009）、明确政府责任与义务（陆希刚，2008）、构建农民获取城市土地价值增值机制（Lanchih，2008）、根本改变城市管理农村的现行制度（曹正汉，2007）。

2.3　农村土地整治的适宜性与路径选择探讨

2.3.1　农村土地整治的适宜性

（1）快速城镇化进程中相关主体的农村土地整治意愿强烈。农户生计多样化与乡村空间异质化是乡村发展的共有规律。研究表明，我国农民生产、生活日益脱离农业生产与农村土地，且农户生计转型存在显著的区域阶段性与主体差异性，并对乡村社会结构、经济结构、土地利用等多个方面造成了深刻的影响。随着城镇化的进一步推进，农村人口将持续减少，以宅基地闲置、废弃为主要特征的农村空心化问题将会愈演愈烈，这在一定程度上阻碍着新农村建设的深入推进。乡村空间重构聚集到了我国城镇化和新农村建设的双轮驱动，实施农村土地整治，有助于盘活农村土地资产，改善农民生产生活条件，拉动内需，进而带动区域经济发展，农民、政府、企业等相关主体的农村土地整治意愿较为强烈。

（2）农户生计转型后的乡村空间重构可望兼顾效率与公平。基于自身学科优势，经济学、社会学、地理学、建筑学等学科领域学者皆提出了具有建设性的乡村空间重构观点，在乡村社会治理、建筑规划设计、农村土地制度、村镇体系重构等方面，都在一定程度上考虑到了公平与效率，可为本研究如何兼顾公平与效率提供直接的参考借鉴。进一步地，赞成以农村土地整治为平台推进乡村空间重构的专家，强调农村土地整治可以维护国家粮食安全、提升土地利用价值、保障农民合法权益、激活农村内需市场、完善乡村治理，找准农村改革效率与公平的合理节点，甚至可以使当前低效利用的农村土地由潜在的社会财富转变为统筹城乡发展、推进农村城镇化和建设社会主义新农村的重要资本，引领未来我国城乡土地配置和统筹城乡发展的基本方向。即便质疑农村土地整治效益的专家学者，也承认随着务农人口的逐步减少，适时推进农村土地集中是合理的、必要的。因此，农户生计转型后的乡村空间重构可望兼顾公平与效率，是合理的、可行的。

（3）完善、细化与落实中央相关政策可有效规避现有问题。《中华人民共和国土地管理法》规定“国家鼓励土地整理”，“县、乡（镇）人民政府应当组织农村集体经济组织，按照土地利用总体规划，对田、水、路、林、村综合整治”。根据当前相关政策法规，农村土地整治包括田、水、路、林、村综合整治，以“因地制宜”“统筹安排”“土地利用规划”为指导依据，以增地稳粮、统筹城乡土地利用结构与布局为主要目标，要求“尊重群众意愿”“严格限定在试点范围”“确保复垦耕地质量”“节约后的土地仍属农民集体所有”“有偿供地所得收益要用于项目区内农村和基础设施建设”“维护集体和农户土地合法权益”。由此可知，农村土地整治相关政策、法规已对当前出现的违背农民意愿强拆强建、挂钩周转收益分配不均等可能问题进行了严格的规范。进一步提高中央政府决策的前瞻性，并在地方政府执行层面完善、细化与落实相关法规，可有效规避当前农村土地整治实践中可能存在的各种问题。

（4）有序推进农村土地整治应是解决问题的可行思路。近年来全国各地的农村土地整治工作取得了补充耕地资源、改善农村生产生活条件、助推新农村建设、促进城乡统筹发展等较为显著的社会经济绩效。同时，个别地区也存在片面追求城镇建设用地指标、违背农民意愿强拆强建、挂钩周转指标使用收益分配不规范等城乡土地配置政策探索中难以避免的现实问题。随着城乡转型发展的进一步深入，我国农村空心化问题将会愈加严重。面对农民改善自身生产生活条件的真实需求，以及地方政府推进农村土地整治的强劲动力，正视并着力化解实践中存在的各类矛盾，有序推进农村土地整治工作，应是解决问题的可行思路（陈秧分和刘彦随，2011）。

2.3.2　农村土地整治的路径选择

我国城市化进程远未结束，以保障耕地红线、落实占补平衡任务、提高农业综合生产能力为导向的村庄整治与新农村建设工作正在各地如火如荼地开展。尽管我国以工促农、以城带乡的制度框架正在逐步形成，同时，工业化城镇化占地压力与农民土地权益受损、农民进城难落户与农村土地闲置、现代农业发展导向下的耕地非粮化、农业低效益背景下的耕地撂荒与粗放利用等诸多问题仍然客观存在。乡村地域由“同质同构”逐步转向“异质异构”，对城乡生产要素的重新配置与集聚发展提出了全新要求。由分散走向集聚？由“自生自灭”转向“迁移安置”或者“城镇化整理”？

针对城乡建设用地增减挂钩与农村土地整治实践中可能存在的问题，2010 年 11 月 10 日国务院常务会议已经强调严格控制试点规模和范围，要求把维护农民合法权益放在首位；国土资源部也将着手修改相关文件，明确实施过程中禁止、允许以及应该注意的内容与环节。深入研究农村土地整治模式与机制，有助于避免农村土地整治成为城市剥夺乡村新的平台，以及今日建设的“中心村”成为明日的“空心村”，为此：①在理论层面，前瞻性地开展中国农村人口转移的过程与格局模拟，创新针对农村土地整治的重大理论研究，构建包括农村土地整治时点诊断、建设标准、决策机制、收益分配等在内的理论体系；②在经验层面，深入借鉴国际上应对此类问题的成功经验，并适时总结重庆地票、天津宅基地换房、嘉兴两分两换等经验模式，探索提炼农村土地整治途径与方向；③在实践层面，从不同区域实际出发，制定农村土地整治的战略规划与区域性指导细则，统筹协调与土地整治有关的整治时序、试点区域、宅基地置换、新房建设、土地再分配、农民生活就业等各个具体环节；④在制度层面，探究农村土地整治与城乡统筹、产业发展、新农村建设、耕地保护之间的契合点，探索以激励为主导的宅基地退出机制、兼顾公平与效率的农村集体土地制度、权责对等的财税体制、注重民生的政绩考核体制、强化公众参与的决策机制、城乡一体的规划与公共服务配套机制等相关制度安排，可使相关法律法规与会议精神落到实处（陈秧分和刘彦随，2011）。

第 3 章　农村土地整治的模式探索

本章将从实践经验与研究进展层面，归纳总结国内外城乡转型进程中农村土地整治的经验模式，重点研究发挥农村土地整治适宜性与规避农村土地整治失宜性的主要策略，包括试点区域选择、整治建设时序、土地发展权配置等多个方面，为理论解析农村土地整治模式并应用至山东省案例提供依据。

3.1　国际经验借鉴：德国村庄整理与乡村革新

快速城镇化进程中乡村衰落、农村空心化发展在国际上具有一定的普遍性。这些国家结合自身国情，探索制定了一系列旨在盘活村庄用地、促进城乡协调发展的政策措施，一定程度上解决了乡村发展滞后与农村空心化问题（李卫祥，2008）。本部分将以农村土地整治最为典型的德国为例，分析其村庄整理与乡村革新经验，为我国农村土地综合整治与优化配置提供经验借鉴。

3.1.1　实 践 背 景

第二次世界大战后，欧洲尤其是在德国①，农村发展问题较为突出，农村学校、医疗、道路等公共设施严重缺乏，城乡差距持续扩大，迫使农村人口大量涌入城市，加剧城市失业、社会治安、生存环境恶化等问题，城乡矛盾十分尖锐（邹勇文和汤慧，2006）。迫切需要探寻乡村地域的可行发展途径，通过增加农民收入以达到缩减城乡差距，进而实现城乡地域系统良性发展的目的。在此背景下，第二次世界大战后德国于 1953 年通过了侧重增强农业生产能力的《土地整理法》，以期通过专业的土地整理途径，降低农业生产成本、提高农业产量、增加农民收入，提升农业竞争力，同时，改善地方交通状况和改变乡村居民点布局，优化农民居住环境。该法案的实施达到了提升农业生产水平的目的，但也遭受了片面追求农业产量所导致的巨大环境代价，且随着国内粮食需求渐趋稳定，已难以通过依靠提高农业生产能力以增加农民农业收入。由此，德国政府于 1976 年重新修订了《土地整理法》，对土地整理和乡村更新模式进行了优化完善。

3.1.2　主 要 内 容

1. 整理类型

根据《土地整理法》，德国土地整理分为常规性土地整理、简化的土地整理、项目

① 第二次世界大战后，德国分裂为德意志民主共和国和德意志联邦共和国，此处主要介绍的是德意志联邦共和国的情况。

土地整理、快速土地合并和自愿交换土地等五种类型，各土地整理类型的目标、适宜对象、管理机构如表 3.1 所示。

表 3.1 德国土地整理类型

类型	目标与适宜对象	管理机构
常规性土地整理	改善农业和林业经济的生产和作业条件，并促进土壤改良和土地开发，适用于农田形状破碎、道路通行不便、水利设施不全、开发水平不足等耕作条件缺陷区域。为了实施村庄改造项目，也可将居民点纳入土地整理范围	上级土地整理机关批准立项
简化的土地整理	消除因基础设施建设对农田生产条件造成的负面影响，与更好实施住宅建设、自然保护、乡村景观保护等计划的需要，从缩短整理时间、减少土地浪费与降低整理成本等考虑出发进行简化土地整理，适用于已进行过土地整理并需要进一步完善，以及与道路等工程相联系的土地整理项目	由土地整理局批准立项
项目土地整理	为公路、铁路、水利等大型基础设施落实征地计划，将建设中的占用土地分摊给较大范围内土地所有者负担，并消除或减轻因项目建设导致的农业生产条件倒退	上级土地整理机关批准立项
快速土地合并	为尽快改善农村生产条件与实施自然保护、景观保护创造条件，对分散地块进行调整、归并与整合，特别是土地权属调整与土地合理补偿。适用于交通网络与水利设施完善的地区，只需对土地进行调整	由农村发展管理局批准立项
自愿交换土地	为改善农业土地利用条件而进行的快速、简化的合并农用地方法，不同土地所有者在自愿协商的情况下进行土地的简单交换，不需要进行土地生产条件改良等大型整理工程	由农村发展管理局批准立项

资料来源：联邦德国的乡村土地整理，http://bbs.3s001.com/thread-52168-1-1.html.

2. 整理阶段与经费来源

与细致分类相适应，德国土地整理的具体操作程序同样十分周密，大致可以分为项目规划与申请立项、明细产权归属与他项权利、制订具体方案与实施土地整理工程、项目核算验收与文件归档等四个阶段。通常，一个平均规模和难度的土地整理项目大致需要12~15 年的时间，期间会广泛吸纳公众，特别是土地所有者的参与，以便对具体整理工程进行合理的调整。同时，联邦政府与地方政府对土地整理项目的大力资金支持也是项目能持续进行并得以完成的重要保障，一个整理项目中，通常联邦政府承担 48%土地整理费用，地方政府承担 32%，土地所有者仅承担 20%，这可以极大地调动土地所有者与地方政府参与的积极性，能更广泛地通过土地整理来提升乡村整体生产能力与自然环境质量。

3. 补偿方法

德国土地整理补偿的最高标准，是每个参加者都有权要求价值相当的土地实物补偿，在投入土地整理的土地不能全部获得实物补偿的情况下，可考虑给予一定的货币补偿，货币补偿对象既包括投入整理的土地本身，同时也包括地上附着物。土地实物补偿以地产评估价值为依据，用于补偿的地块应尽可能便于利用。组织者需要协调全部参加者之间的土地利用和经营关系，考虑每个参加者原来被占用土地的用途、性质、土地登记、距离远近等方面的情况，权衡影响产量水平、使用性质、地产价值评估等各个方面的重要因素。参与者除了土地实物补偿，还可能获得一定的货币补偿，如放弃原有土地上的树木、放弃改为建设用地的机会、分得较差的耕地，等等。在检查某个参与者所获得的补偿是否与其他被占用的地产具有相同的价值时，通常把全部被占用的土地与全部补偿进行比较，在考虑扣除法律允许的项目占地外，全部土地补偿的交换价值必须与全部投入土地的交换价值相适应，且土地整理对全体参加者带来的共同利益不能用来弥补个别参加者的具体损失。每个参加者都有权要求得到等价的补偿，但任何人都不能要求用特定地块或特定位置的地块得到补偿。参加者无权要求补偿地块具有特定的性质，不能拒绝接受有少许误差或不足的补偿地块，不得提出单独增加某种特殊措施或设施的要求①。

3.1.3　巴伐利亚试验

德国的村庄整理与乡村革新最早是在巴伐利亚地区开始实施的。巴伐利亚州（以下简称“巴州”）是德国最大的农牧区，人口 1200 万，面积 7 万 km^2。该州曾是落后于北部各州的农业区，面临农村人口老龄化和随之而来的对公共服务的特殊要求、公共基础设施建设滞后、农业结构转型后富余人员无法消化、乡镇财政赤字严重等系列问题。在这种形势下，巴州着手调整甚至在一定程度上重新规划土地发展政策，包括城市和农村地区的政策。总体目标是为中心地区周围的居民区，以及为数众多的村庄、小村落及单个农庄提供等值的生活条件，从而实现各个地区具有等值的生活条件（中央党校访德代表团，2006）。

巴州的国土发展纲要明确提出了农村地区发展的主要原则：①确定不同阶段的中心地点，使之尽量为居民获得统一的商品和服务提供保障；②州政府的资金支持应尽可能为城市和乡村带来相等的利益；③农村发展主要是对农业、村民和村庄进行帮助，如加快农业结构调整；创造就近就业的机会；充分利用居住和交通用地；解决村镇的资金难题等。解决现存的农村结构方面的问题，主要是对农村发展的项目提供一些支持。

农业主管部门的农村发展项目包括相辅相成的两个方面，即土地整理和乡村革新。二者的法律基础都是联邦土地整理法。项目的强度取决于土地整治和农业管理所具备的各种条件。除建设项目之外，还包括村内地产和耕地的等值交换和整合，即通过土地整理将分散的小块土地进行合并，便于大型农业机械耕作；通过土地置换，将优等的土地用于生产，劣质的土地用于建设基础设施和工厂。从而使得农村用地更加符合经济发展的要求，既提高了土地的利用率和生产效率，又提高了农业生产的集约化和现代化水平。

为了在农村地区创造与城市等值的生活和工作条件，巴州采取“开发”和“保护”相结合的方式来推进乡村革新。所谓“开发”，即各地区根据未来发展和改善生活的需要，修建地区和乡村的基础设施，如乡村公路、供电供水及排污等系统；兴建中小学校、体育场馆及影剧院等文体设施。所谓“保护”，是指有效保护农村传统的社会生活环境和良好的自然生态环境。各地方政府在土地整理和乡村革新的过程中，注意保护古老的村庄文化，开展丰富多彩的农村文化生活；组织村民参与设计自己家乡的建设，强化人们的乡土观念；保护当地的历史文化遗产，发扬健康的地方民情风俗。根据统计，巴州农村地区现有各种博物馆 900 余个，各种剧院、剧场近百个。每年在乡间有近 114 万场文艺演出，观众达 500 余万人次。为了保护自然资源，巴州政府还先后规划出 2 个国家公园、528 个自然保护区和 510 个风景保护区，使保护面积达全州总面积的 29.18 %。此外，政府还经常组织以村或乡为单位的“环境竞赛”。多年来，巴州的经济虽然有了

① 资料来源：联邦德国的乡村土地整理，http://bbs.3s001.com/thread-52168-1-1.html.

巨大发展，但农村面积仍然保持在85%左右，其自然和人文资源均得到了很好的保护，为实现地区可持续性发展、缩小城乡差距、优化乡村生活质量等方面打下了良好的基础。

此外，巴州政府还广泛动员大公司到农村开办企业，给一部分富余农民提供新的劳动岗位。政府实行积极的产业引导政策，鼓励各地区根据自身的条件和优势发展多种经营方式，通过职业培训让农民改行从事其他职业，帮助农民开办小饭店、小旅社、供暖站、原料加工厂等各类中小企业。目前巴州有2/3 的中小企业扎根于乡间，其中巴州农业企业14万个（占全德的1/ 3左右）。许多企业开展多种经营方式，有56%企业的非农业收入高于其农业收入。为了扶助农民转变生产方式，政府还设立了专项资金，加大对农副业、农产品加工业以及农业科研的资助，并免费为农民提供技术支持。政府派出大批技术人员向农民提供免费咨询，动员农民保住自己的房舍和地产，用此作为信誉抵押，到银行申请贷款，开辟新的致富途径。目前，巴州农村的生活与城市已没有明显差异，甚至由于农村地区风景秀丽，空气新鲜，越来越多的人愿意生活在乡村（马克思·昆斯，1990；中央党校访德代表团，2006；叶齐茂，2008）。

3.1.4　德国村庄整理与乡村革新的主要经验

德国村庄整理与乡村革新实现了城乡等值化发展，其成功经验表明农村土地整治可取得改善农业生产条件、优化村庄人居环境、提高农民福利水平、实现农村内生发展等重要成效，可以推断，城乡发展转型背景下农村土地整治工作是适宜的、可行的。

结合当前国内农村土地整治实践中出现的主要问题，德国村庄整理与乡村革新的以下经验值得借鉴：①切实保障农民权益。城乡发展转型进程中乡村空间重构涉及政府、企业、村集体、农民等多个利益主体，协调与处理好不同主体的土地利用效益，关系土地优化配置工作能否顺利推进。德国政策制定与实施过程中切实加强了公众参与，补偿措施突出农民权益不受损，由此提高了土地整理与乡村建设项目的灵活性、科学性与可行性，因此也降低了政府自身的资金与管理压力。②突出乡村发展目标。德国土地整理与村庄革新以实现城乡等值化发展为目标，通过明确村庄功能与产业定位，有效推动农业与农村非农产业发展，政策制定与实施过程强调农村内生发展，注重农业增效、农民增收与农村增活力，而非单纯的以新增耕地指标为主要目标，容易调动地方政府尤其是广大农民的积极性，保障土地整理与村庄革新工作的顺利开展。

3.2　国内实践探索：从城乡等值化试验到地票交易

在政府推动与农民需求的交互作用下，国内部分地区结合自身情况，创新性地出台了一系列应对人口非农转移、农村空心化发展、推进农村土地优化利用的政策措施，并取得了一定的成效，同时也存在较多问题，一度成为各界争论的焦点（陈秧分和刘彦随，2011）。本部分以青州南张楼村城乡等值化试验、南海土地股份合作制、嘉兴两分两换实验、天津宅基地换房、重庆地票交易模式为例，介绍国内农村土地综合整治的主要经验。

3.2.1　青州南张楼村城乡等值化试验

1. 实践背景

20 世纪 80 年代末，随着改革开放的不断深入，我国城乡发展差距进一步扩大，大批农民涌入城市务工，农村许多土地出现荒芜，而大量人口无序涌入基础设施仍然较为落后的城市，造成了许多如第二次世界大战后德国一样的社会问题。农民为了追求幸福生活，是继续留在农村还是涌入城市，已成为 20 世纪 80~90 年代乃至当前中国许多农村农民面临的一个生存抉择问题（邹勇文和汤慧，2006）。1987 年山东省和德国巴伐利亚州结成友好省州关系，德国巴伐利亚州和赛德尔基金会共同确立了一系列援助项目，其中包括选择一个特定区域进行“巴伐利亚试验”，即将德国村庄整理与乡村革新做法应用至中国农村，证明“城乡生活不同但可以等值化”“在农村生活，并不代表可以降低生活质量”。位于山东省青州市西北部，处于寿光、昌乐、青州、临淄四县（区）交界处的南张楼村因为具有“不靠城、不靠海、没有大企业、不靠近交通要道、没有矿产资源、人多地少”等天然劣势，而成为中德城乡等值化试验基地，1988 年被确定为“中德土地整理与农村发展合作试验区”（袁祥生，2007）。

2. 主要内容

（1）编制村庄规划。项目初期，根据德方要求，在各级政府部门的援助下，按照 1∶1000 和 1∶2000 的比例制作南张楼村布局图和远红外线地图，以此作为村庄规划、土地整理的重要依据。在此基础上，德方派出专家对村庄实际情况进行为期 4 个多月的考察论证，在征求全村各方意见的基础上，制定出《南张楼村发展规划》。该规划将南张楼村按功能划分为四个区：村南工业区、村东大田区、村北文化教育区、村中生活区。生活区集中，人气旺盛、生活方便；教学区安静，不受干扰；大田区便于耕作和机械化操作；工业区工业用水、电、路等基础设施建设容易配套，有利于村办企业的发展。村庄规划的结果，不仅节约了土地，还使四个区相互配套、协调发展，促进了乡村经济的发展和村民生活水平的提高。

（2）进行土地整理。南张楼村原有可耕地 300 余 hm^2，由于土地高低不平，相距分散、零散，还有不少的废弃地，既不利于对土地的管理又不便于农田机械化操作。在德国专家指导下，南张楼村耗时 3 年，投资 400 余万元，削高、填洼、整平土地，改造荒湾、废坑，使可耕地增加到 420.6 hm^2。土地整理的结果，改变了耕地经营管理的理念：①每户土地全部集中在一起，方便了农民的劳作；②在耕地上去除原来的土渠和田间小路，提高了土地的使用率；③农业实现机械化操作，提高了劳动效率；④由于机械化作业发展，加快了农业基础设施建设步伐；⑤改变了过去传统的一家一户养猪、养鸡、养牛模式，让有养殖能力和经验的农户专门从事养殖业，既增加了农民收入又改善了村民住宅的卫生环境。

（3）促进乡镇企业发展。为合理转移从繁重的农业劳动中解放出来的剩余劳动力，南张楼村把通过土地整理新增的 150 亩非农用土地全部用来建立农村企业，德方帮助村里选项目，扶持发展农村中小企业。近年来，南张楼村在自己的工业园区内，集中建设了石油机械、纺织印刷、面粉加工、建筑安装、再生塑料回收等多家企业。这些企业为农民提供了一种特别的工作方式——白天进厂干活、下班下地种田，春耕和秋收时集中放长假。农田收益的提高和在村里企业就近工作，增加了南张楼村农民收入。

（4）培养农村实用人才。南张楼村城乡等值化试验突出培养建设新农村人才。德方对南张楼村的投资主要是教育的投资。村小学推行“双元制”教学，既学文化课，也学实用技术；将部分年轻人送到潍坊、青岛、上海、南京等城市的职业学校和大学学习，条件是毕业后必须回村里工作至少 6 年；根据村企业和村办企业的实际需要，为其举办各种短期实用技术培训班；建立电教中心和信息中心，帮助村民接受文化技术教育和培训（袁祥生，2007）。

3. 成效与问题

南张楼村的城乡等值化是一次有国外组织机构支持的村庄发展模式试验，旨在探寻一种不通过耕地变厂房、农村变城市的城乡等值化发展路径（李培，2007）。从实践效果看，2010 年全村耕地面积 6308 亩，比整治建设前增加了 2000 余亩，新增耕地通过机械化耕作直接增加了农民农业生产收益，使农民从繁重的农业生产活动中解放出来，而新增的非农用地指标以及由此培养的非农企业则为农业剩余劳动力就地转移提供了现实可能，农民同时获得工资收入。到 2013 年，全村经济总收入达到 8.2 亿元，人均纯收入 19 000 元，远高于全国、山东省、潍坊市的农村居民人均收入水平（表 3.2）。同时，村内工业区、大田区、文化教育区、生活区功能完善，分区规则，村民生活与工作环境均得到巨大改善。得益于发达的村域经济与良好的生活环境，南张楼村人口规模长期稳定在 4000 余人，基本上没有出现大规模的人口外出，这与许多地方因为人口外流出现的空心村形成了鲜明对比。可以说，南张楼村城乡等值化试验找到了不靠城、不靠海、不靠大企业、不靠交通要道、没有矿产资源、人多地少农村的一条内生发展路径，取得了巨大的成功。

表 3.2 南张楼村人均纯收入与潍坊、山东、全国城乡收入情况对比 （单位：元）

年份	南张楼村	潍坊		山东		全国	
		城镇	农村	城镇	农村	城镇	农村
2001	4 600	7 303	3 579	7 101	2 805	6 860	2 366
2003	5 080	8 317	3 921	8 390	3 150	8 472	2 622
2007	8 100	13 716	6 278	14 265	4 985	13 786	4 140
2009	10 900	17 267	7 695	17 811	6 119	17 175	5 153
2011	12 000	22 508	10 409	22 792	8 342	21 810	6 977
2012	18 000	25 818	11 797	25 755	9 446	24 565	7 917
2013	19 000	28 386	13 273	28 264	10 620	26 955	8 896

注：数据来源为李增刚（2015），其中城镇收入为城镇居民人均可支配收入，农村收入为农村居民人均纯收入。

需要说明的是，南张楼村城乡等值化试验也存在一些问题：①南张楼村内生发展更多的是依赖于非农企业而不是农业产业，如果没有这些非农企业，农民还是会选择进城打工，也就是说，这种模式主要适宜于城市郊区与主要交通干线沿线，对于传统农区，由于当地无法提供非农就业来实现就地城镇化，这种模式并不适宜；②南张楼村的成功，根本上得益于科学的发展理念，但实践上也离不开国外组织机构以及国内相关部门的大力支持尤其是资金支持，因此，也决定了南张楼村的城乡等值化发展模式难以简单的复制与推广。

3.2.2　南海土地股份合作制

1. 实践背景

南海区是广东省最早推行农村股份合作制的地区，同时也是全国农村土地制度改革的试验区。南海土地股份制改革试验始于 1992 年，当时邓小平南方讲话掀起了全国经济建设的新高潮，土地征用需求与日剧增，征地侵犯农民权益现象时有发生，同时，农民收入构成中来自于农业的份额大大降低，农村大量出现弃耕抛荒和重工轻农现象，农民获取农地非农收益功能的愿望非常强烈。为了既满足工业化对土地的需求，又保障农民对土地的收益权利，广东省南海市（现为佛山市南海区）在全市范围内逐步推行农村土地股份合作制，到目前为止，已遍及全区所有农村（蒋省三等，2010）。

2. 主要内容

（1）土地功能分区。为了配合农村工业化的快速推进，南海实施“三区”规划，即按土地主导功能划分为农田保护区、经济发展区和商住区，南海 55 万亩土地共计规划了 45 万亩的农田保护区、7.5 万亩的工业开发区、2.5 万亩的商住区，“三区”面积比例大约为 80∶15∶5。科学的功能分区有利于保护基本农田和实施城镇规划，使土地资源得到重新和有效利用，但随着经济发展水平提高，南海农田保护区实际所占的比例在不断地下降。

（2）土地作价入股。南海采取以土地经营权为中心的土地股份合作制，即将农村土地的所有权、承包权和使用权三权分离，各村集体将集体财产、土地和农民承包权折价入股，以社区农村户籍的农民为配股对象，并在股权设置、股份分配和股权管理上制定出具体章程，一切经营活动按章办理。各村的股份构成与股权设置具体方案存在一定的差异，但遵循一些共同的原则：①实施“人人有份”的制度安排，切实考虑集体经济组织合法成员的权利；②年龄成为集体组织成员股份分配差异的主要依据，体现每个成员对集体资产的贡献差异；③认真对待因为人口变动而带来的成员权变化，并在股权调整上得到及时体现；④针对有关计划生育、义务兵役政策和治安维护等村社管理需要，设置了一些集体成员获得股权和参与股份分配的附加条款；⑤村民享有的股份具有很强的福利性质，没有继承权，且不得转让、赠送、抵押与抽走。此外，针对“外嫁女不走”、“迁入人口多”“人口非转农”等实践过程中涌现出来的问题，从 1996 年开始，南海部分村社按照“固化股权、出资购股、合理流动”或“生不增，死不减”的原则，允许股权在社区范围内流转、继承、赠送、抵押。

（3）农民权益分配。土地股份合作制的推行改变了包产到户制度下农户直接使用土地、经营和支配土地收益的土地使用方式和收益分配模式，代之以集体经济组织管理、经营土地和支配土地收益的制度安排。村集体将集体财产及土地折成股份，把全村或全社的土地集中起来，由管理区（现行政村）或经济社（现村民小组）实施统一规划、管理和经营，配股对象以社区户口为准则确定，并根据不同成员的情况设置基本股、承包权股和劳动贡献股等多种股份，以计算不同的配股档次，按股权比例分红。农民的土地承包权演变成可以永久享有的股份分红权，既保留了家庭联产承包责任制的合理内核，同时又使农民有权享有土地在非农使用以后的级差增值收益。此外，地方政府税收增加，政府可以提供更多的公共服务，直接增加了农民福利水平（蒋省三等，2010；马健，2008）。

3. 成效与问题

南海用集体土地股份合作制来替代原来的农户家庭联产承包责任制，实现了农民土地权利由自然形态向资本形态的逐步过渡（表 3.3）。这种以土地资本化为特征的改革，推动了土地资源的合理流转，极大地促进了农村劳动力的有效转移和南海第二、第三产业的快速发展，同时，也保障了农民分享土地非农使用以后的土地增值收益，农村集体经济实力明显增强，村社公共服务供给能力显著提升，一定程度上实现了地方政府、社区与农民的共赢（蒋省三等，2010）。

表 3.3 南海农村土地产权改革的阶段和路径

时间	改革内容		农民所获得的财产权利
人民公社时期	村集体集土地所有权和使用权于一体		农民有产无权
家庭联产承包制时期	土地所有权与使用权分离		农民获得土地使用权、土地的处置权以及由此产生的土地收益权
土地股份制改革时期	转让权、处置权剥离		农民拥有对集体建设用地的处置权和转让权，部分实现与国有建设用地“同地同价同权”
	收益分配权确定	①清产核资、资产量化 ②股东身份界定 ③股权配置和股权流转	农民拥有了更多的收益分配权，并能分享到工业化和城市化的成果

注：资料来源于程宇（2013）。

同时，以集体土地推动农村工业化的发展模式也存在一些问题，包括：①南海土地股权合作制已经实施近 20 年，农村人口数量与结构发生显著变化，在股权“生不增，死不减”的原则下，这类变动人员的权益如何进行科学调整，如何实现合理保障？②集体自发的土地供给固然降低了企业进入成本，一定程度上促成了南海发达的民营经济，同时也使得区内产业层次相对底下，产业转型升级进展缓慢，农民土地股权收益持续增长乏力。③村委会和股份公司是农村集体土地流转的主要操作主体，由于缺乏长期、有效的监督管理机制，侵害农民土地权益的事件时有发生。进一步地，土地作价入股后，集体土地都主要是作为了非农业用途，由此也决定了南海土地股份化模式推广仅限于工业化快速发展、非农用地需求旺盛的城市周边地区，并不宜在传统农村地区加以广泛推广。

3.2.3 天津宅基地换房

1. 实践背景

天津是我国四大直辖市之一。近年来，随着天津市社会经济快速发展，尤其是滨海新区的加速开放、开发，近郊地区的土地级差效应日渐显现，土地升值空间不断增大。天津近郊区农民已经逐步脱离农业生产，部分转向工业和服务业，农民对农业生产与农村土地的依赖程度日渐降低，传统的村庄功能正在消失，土地资源闲置浪费严重（崔宝敏，2010），同时，农民对改善生存环境、提高生活质量具有非常强烈的愿望（崔丽娟，2010）。在此背景下，天津市于 2005 年开始启动了宅基地换房工作，并选择东丽区华明镇作为试点乡镇。该镇同时是国家发改委小城镇建设示范镇，位于滨海新区和市区之间。试点城镇南依“津汉公路”、空港物流加工区，北靠“北环铁路”，东临“华明新家园”和“东丽湖旅游度假区”，西接“华明经济功能区”。距离天津市中心 10 km，天津港 30 km，滨海国际机场 3 km，具有优越的区位优势。自 2005 年华明镇正式启动“宅基地换房”工作、2007 年启动村民搬迁以来，华明镇目前已有 12 个村、4.6 万农民先后搬入高水平规划建设的农民居住社区，同时，宅基地换房模式已推广应用到天津市其他区县（天津市发展和改革委员会调查组，2011）。

2. 主要内容

宅基地换房，是在国家现行政策框架内，坚持承包责任制不变、可耕种土地不减、尊重农民意愿的原则，高水平规划、设计和建设有特色、适于产业聚集的生态宜居新型小城镇。按照规定的置换标准，农民以宅基地换取小城镇的住宅，迁入小城镇居住。农民原有宅基地统一组织整理复耕，实现耕地占补平衡。在规划建设的新型小城镇，除了规划农民还迁住宅小区外，还要规划出一块可供市场开发出让的土地，通过土地出让获得的收入，平衡小城镇的建设资金。通过宅基地换房，实现农民向城镇集中，工业向产业园区集中，农业向设施农业集中，农民由第一产业向第二、第三产业转移，明显改善农民的居住环境，提高文明程度，实现城镇化发展（天津市发展和改革委员会调查组，2011）。

以华明示范镇为例，主要包括以下六个步骤：①房屋普查、建立档案。由城建规划部门进行房屋普查和测量，建立房屋档案。同时，由村民委员会成立工作小组，进行村民认定，确定村民数量。②规划建设。东丽区政府组织编制小城镇建设总体规划和土地整理复耕规划，报上级政府审批。③组建融资主体。由东丽区政府负责组建天津市东丽区滨丽小城镇建设开发投资有限公司作为投资主体，按照市场化原则，负责小城镇融资、建设、整理复耕、签订协议等事宜。④村民申请。镇政府制定换房政策和标准，村民根据政策和标准自愿提出搬迁、换房申请，提交宅基地换房申请的户数达到全村 90%以上后，村委会和镇政府签订合同，开展小城镇建设。⑤实施换房。根据“宅基地换房”的政策内容，换房根据房屋有效面积，遵循每一平方米主房可置换一平方米商品房，每两平方米附房可置换一平方米商品房的标准。村民居住原面积超出后分配面积部分，给予村民货币补偿。⑥土地复垦。农民搬迁后，对原宅基地整理复耕，复耕出的土地用于归还小城镇建设占用的土地挂钩周转指标（崔丽娟，2010）。

3. 成效与问题

天津市华明镇的“宅基地换房”模式成为 2010 年上海世界博览会唯一的农村城市化题材案例，取得了城乡土地集约、农村环境改善、缩小城乡差距等显著效果，对于发达地区农村加快推进城镇化、改善村庄居住环境、显化农村土地价值、解决小城镇建设资金与土地指标约束等方面具有积极意义，对天津市乃至全国其他省份的小城镇建设均具有一定的参考价值。然而，从天津市“宅基地换房”实践进展来看，仍然出现了失地农民就业不足、农民生活观念与生活方式转变滞后于居住方式转变等现实问题，且由于宅基地换房被置换出来的建设用地指标与具体的地块相捆绑，天津市“宅基地换房”模式仅仅适用于城市周边地区，具有一定的局限性（何邕健等，2011；周立群和张红星，2011）（表 3.4）。

表 3.4　天津宅基地换房模式中政府与农民的得失

主体	得失
农民	①得到小城镇居住小区内与原有住房面积相等的楼房以及一笔补偿金。 ②得到政府所承诺的社保、医保以及城镇就业机会，但这取决于政府作为，尤其是城镇就业机会，政府很难保障。 ③失去了宅基地。 ④通常也会失去曾经赖以生存的农业土地，即便得以保留，也因耕作半径过大、农资无法存放等原因，而难以从事农业经营
政府	①得到了大片土地，可以立刻转化为商业用地，并获得土地转让收益。 ②建设小城镇需先付出很多资金，还要安置农民，为农民提供医保社保

注：根据凤凰网评论整理 http：//news.ifeng.com/opinion/specials/zhaijidi.

3.2.4　嘉兴两分两换实验

1. 实践背景

嘉兴市是浙江省三大省级综合配套改革试点之一，在实施城乡一体化建设规划、推行城乡合作医疗制度、取消农业和非农业户口等方面走在浙江省乃至全国的前面。2008 年全市人均 GDP 超过 7500 美元，三次产业结构比例达到 5.8∶59.8∶34.4，农村劳动力非农就业比例、非农收入比例均超过 80%，城乡居民收入比仅为 1.95∶1，且市内海宁、桐乡、平湖、嘉善、海盐 5 个县市都已进入全国百强县名单，统筹城乡经济发展的基础良好。与此同时，嘉兴市城市化率仅为 45.2%，60 余万农户散居在全市 13 000 多个自然村，户均宅基地面积达到 0.96 亩（为全省的 2.5 倍）。一方面，农民自建房散乱、农村宅基地和自建房屋闲置等问题长期得不到解决，由于每年存在超万亩的建设用地缺口，不少地方自 20 世纪 90 年代以来就停止了农村宅基地审批，有关宅基地的社会矛盾时有发生；另一方面，由于农村居民点散、大、乱，基本公共服务向农村延伸和覆盖的成本巨大，且容易造成重复建设与资源浪费。在此背景下，2008 年 5 月浙江省嘉兴市启动实施了以“两分两换”优化土地使用制度为核心的统筹城乡就业、社会保障、户籍制度、居住证管理、涉农工作管理体制、村镇建设管理体制、农村金融体制、公共服务均等化体制、规划管理体制在内的“十改联动”，率先在全国开展了“两分两换”的土地使用制度改革（陆文林，2009）。

2. 主要内容

所谓两分两换，是指按照“土地节约集约有增量，农民安居乐业有保障”的总体要求，以“农业生产经营集约、农村人口要素集聚、切实提高农民生活水平和生活质量”

为根本目标，将宅基地与承包地分开，搬迁与土地流转分开，以承包地换股、换租、换保障，推进集约经营，转换生产方式；以宅基地换钱、换房、换地方，推进集中居住，转换生活方式。

项目实施坚持政府主导、各部门积极参与、农民自愿、因地制宜、科学规划、严保耕地、稳步推进的基本原则，具体实施过程包括三个阶段：首先，由试点镇政府出资成立投资公司作为“两分两换”模式的实施主体，该公司在政策允许的范围内向省政府申请建设用地指标以安置搬迁农民，并以未来新增建设用地指标的收益为担保向银行融资以获得首期搬迁资金。其次，在农民自愿的基础上灵活地实施“两分两换”改革办法，宅基地和房屋可以置换自建排屋、货币补偿或者有产权证的公寓房；承包地流转也基于自愿，流转方式可以是自主转租或通过经济合作社长租给投资公司。最后，土地置换完成后，对于宅基地由投资公司进行复耕，并以节约的耕地换取等比例或略有折扣的建设用地指标，对于承包地则由投资公司代表政府统一招商，出租给农业投资企业（李学军和李飞，2010）。

3. 成效与问题

嘉兴两分两换实验试图通过置换农村宅基地，让农民更好地分享城市化成果，同时破解经济建设中遇到的土地指标瓶颈。从试点建设进展来看，嘉兴两分两换实验确实在一定程度上取得了盘活闲置农村宅基地、拓展城镇发展空间、显化农民土地资产、促进农业规模经营、改善村庄人居环境、加速城市化进程等积极成效。同时，作为一项政府推动的制度创新工程，大规模置换宅基地以及将被征地农民纳入社会保障仍需具备一定的前提，包括宅基地置换与社会保障资金投入、农民对农业生产与农村土地的依赖性降低，等等。事实上，尽管嘉兴市实行两分两换已经具备了相对良好的经济基础条件，政策实践过程中仍面临着巨大的资金压力（国家土地督察上海局，2009；扈映和米红，2010），且一项针对嘉兴市 300 余位农民的调查结果发现，村民普遍认为“两分两换政策是好的，关键是执行不好”，只有 5.1%的农民认为两分两换后收入会增加，3.9%认为两分两换会使生活“很好”（方芳和周国胜，2011），同时，两分两换实验还面临着农民身份及附着其上的权利、乡村集体资产管理主体及经营风险、农民利益重新调整等一系列难题（扈映和米红，2010）。

3.2.5　重庆地票交易

1. 实践背景

随着城乡一体化进程加快，重庆市面临城市建设用地供不应求、农村土地资源浪费严重、“空心村”大量出现等现实问题。2007 年 5 月，重庆被国家批准成为统筹城乡综合配套改革实验区，要求积极探索统筹城乡发展途径。2008 年 11 月 17 日，《重庆农村土地交易所管理暂行办法》（渝府发〔2008〕127 号，以下简称“暂行办法”）经市政府常务会议通过。同年 12 月 4 日，由政府出资的非营利性事业法人机构正式挂牌成立，即重庆农村土地交易所，主要从事地票交易。“暂行办法”中对农村土地交易所的交易范围、交易方式、资格条件、权益保障等各个环节，做了较为详尽的设计与规定，截至 2010 年 6 月，重庆土地交易所已举行地票交易会 13 场，成交地票 1448 hm^2，单位面积成交金额约 164. 25 万元/hm^2（王婧等，2011）。

2. 主要内容

所谓地票是指包括农村宅基地及其附属设施用地、乡镇企业用地、农村公共设施和农村公益事业用地等农村集体建设用地，经过复垦并经土地管理部门严格验收后产生的指标。重庆地票运行模式主要包括以下七个阶段。

（1）规划布局。《暂行办法》规定，市国土资源行政主管部门依据土地利用总体规划、城镇规划，编制城乡建设用地挂钩专项规划，确定挂钩的规模和布局，经市人民政府批准后实施。

（2）立项申请。经村集体三分之二成员或三分之二成员代表同意，闲置的农村宅基地及其附属设施用地、乡镇企业用地、农村公共设施和公益事业用地等农村集体建设用地可以成为立项申请的标的，区县土地行政管理部门同意后，可以组织复垦。有其他稳定居所，而且有稳定工作或稳定生活来源的村民也可申请复垦耕地。复垦整理新增的耕地继续由原宅基地农民承包经营；自己不经营的，可再次流转，获得相应收入。

（3）土地管理部门验收。村集体或村民复垦土地经土地管理部门严格验收后，腾出建设用地指标，并由市土地行政主管部门向土地使用权人发给相应面积的地票。

（4）地票交易价格确定。在综合考虑开垦费、新增建设用地土地有偿使用费等因素的基础上，市土地行政主管部门制定全市统一的城乡建设用地挂钩指标交易基准价格，供交易双方参考。

（5）土地交易所交易。重庆市农村土地交易所是开展地票交易的的固定场所。所有法人和具有独立民事能力的自然人，均可通过公开竞价购买地票。地票交易总量实行计划调控，原则上不超过当年国家下达的新增建设用地计划的 10%。

（6）地票交易收益分配。除缴纳少量税费外，绝大部分归农民家庭所有。耕地、林地的承包经营权交易收益，全部归农民家庭所有。农村集体经济组织获得的土地收益，主要用于农民社会保障和新农村建设等。

（7）地票兑现。地票作为城市建设用地指标凭证，在城镇使用时可以纳入新增建设用地计划，增加等量城镇建设用地，并在落地时冲抵新增建设用地土地有偿使用费和耕地开垦费，在符合土地利用总体规划和城乡总体规划，办理征收转用手续，完成对农民的补偿安置。征为国有土地后，通过“招、拍、挂”等法定程序，取得城市土地使用权（孙进国，2010）。

重庆地票交易的基本流程如图 3.1 所示，具体有如下主要特点：①自上而下推进。政府设定挂钩范围，经村集体三分之二成员或三分之二成员代表同意，闲置的农村宅基地及其附属设施用地、乡镇企业用地、农村公共设施和公益事业用地等农村集体建设用地可以成为立项申请的标的；②市场交易机制。在允许挂钩的范围内采取市场竞争的方式，拆旧区和建新区有多方主体参与，挂钩指标的交易价格相对合理（周立群和张红星，2011）；③地票交易收益分配。已分配地票收益的 40%直接用于被拆迁农户的房屋补偿和购房补助，30%用于集体经济组织补偿和复垦，30%作为提取的耕地保护基金和土地整治资金留存在区县政府管理使用（董祚继等，2010）。

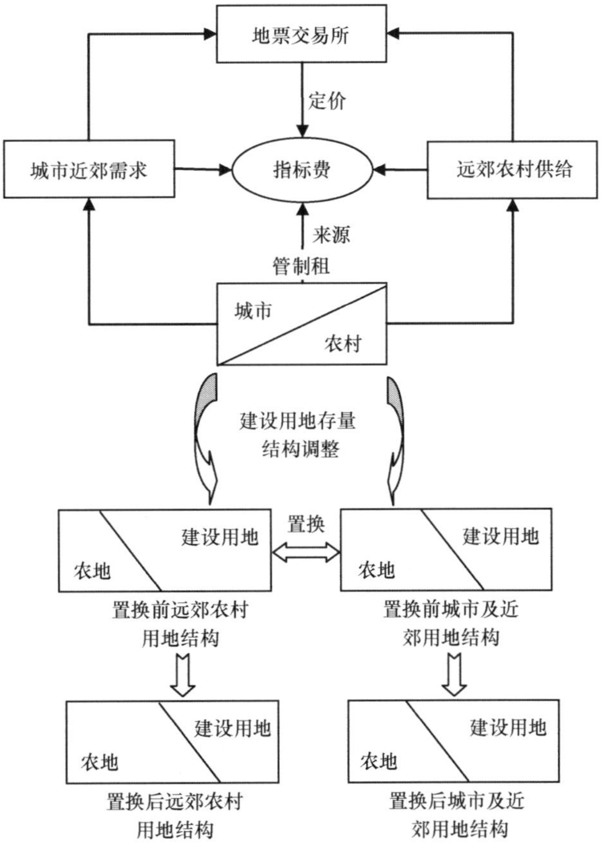

图 3.1　地票交易的基本流程

根据程世勇（2010）、周立群和张红星（2011）绘制。

3. 成效与问题

重庆地票交易模式被北京大学国家发展学院院长周其仁认为是全国首创的制度设计，在农村土地制度改革方面具有重大的政策创新意义。该模式通过建设用地指标在城市与农村之间的交易，推动解决了“城市发展扩张缺乏空间、农村建设用地闲置”的现实困境，同时，指标交易扣除复垦成本后的收益，一方面可以为农民进城落户提供社保、医疗、教育等资金方面的必要支持，缓解政府的资金压力；另一方面，可以增加农户特别是偏远农区农民的财产性收入，为农民改善生计提供资金支持，对于解决进城农民的宅基地处置、助推户籍制度改革、推进城乡统筹发展等方面均具有积极意义。当然，政策执行过程中也存在失地农民收益有限、部分企业购买地票动机不纯导致较长时间内指标不“落地”、落后地区发展权转移、耕地占补平衡侧重数量忽视质量、地票供给远大于需求等一系列问题，仍需要进一步的创新与规范（章铮，2013；土哲，2014；路乾，2016）。

3.2.6 国内农村土地整治实践的几点启示

国内各地结合自身实际情况，创新性地探索了一系列应对城乡转型的土地优化配置途径与措施，在传统农区城乡等值化试验、发达地区土地资本化、城郊农村空间重构、城乡土地置换等方面取得了重要进展，可为转型发展期我国农村土地综合整治与优化配置工作提供有力借鉴。针对五种模式的主要特征、实际成效与存在问题，可得出以下几点重要启示（表 3.5）。

表 3.5　农村土地整治经验模式比较

模式类型	适宜区域	主要做法	补偿方式	创新之处	存在问题
德国村庄整理与乡村革新	5 种土地整治类型各有明确的适宜区域，详见表 3.1	通过土地整理与乡村革新的方式，为中心地区周围的居民区，以及为数众多的村庄、小村落及单个农庄提供等值的生活条件	每个参加者都有权要求价值相当的土地实物补偿，在投入土地整理的土地不能全部获得实物补偿的情况下，可考虑给予一定的货币补偿，货币补偿对象既包括投入整理的土地本身，同时也包括地上附着物	土地整理与乡村革新相结合，证明农村地区同样可以创造与城市等值的生活和工作条件	由于广泛吸纳并有效保障公众参与，一个平均规模和难度的土地整理项目会需要 12~15 年的时间，效率相对较低
南张楼村城乡等值化试验	传统农区（试点区域）	严格的村庄规划、推进土地整理、促进乡镇企业发展、培育农村人才	新增土地按比例分配给村民，农民同时获得农业与村内非农就业收入	德国村庄整理与乡村革新的中国实验，强调农村内生发展	需要有大量的资金支持，且农村内生发展主要依赖的是村庄非农企业而非农业，难以简单复制、推广
南海土地股份合作制	工业化快速发展地区	采取以土地经营权为中心的土地股份合作制，即将农村土地的所有权、承包权和使用权三权分离，各村集体将集体财产、土地和农民承包权折价入股，统一规划、管理和经营，社区农民以股权获取收益	根据不同成员的情况设置基本股、承包权股和劳动贡献股等多种股份，计算不同的配股档次，按股权比例获取分红	自下而上与自上而下相结合，既保留了家庭联产承包责任制的合理内核，同时又使农民有权享有土地在非农使用以后的级差增值收益	区域产业转型升级缓慢、农民土地股权收益增长乏力，且仅适宜于工业化快速发展、非农用地需求旺盛的城市周边地区
天津宅基地换房	城市周边区域	按照承包责任制不变、可耕种土地不减、尊重农民意愿的原则，建设有特色、适于产业聚集的生态宜居新型小城镇。按照规定的置换标准，农民以宅基地换取小城镇的住宅，迁入小城镇居住。农民原有宅基地统一组织整理复耕，实现耕地占补平衡。在规划建设的新型小城镇，通过规划一块可供市场开发出让的土地，平衡小城镇的建设资金	根据房屋有效面积，每一平方米主房可置换一平方米商品房，每两平方米附房可置换一平方米商品房的标准。村民居住原面积超出后分配面积部分，给予村民货币补偿	自上而下推进，在国家现行政策框架内以农民宅基地换取农民进城落户资本，通过整治增地平衡建设支出，同时保障经济发展用地需求	该模式仅适用于城市周边地区，且存在农民难长久就业安置、整治补偿仅限于地上附着物、农民生活成本上升等问题
嘉兴两分两换实验	经济发达地区	将宅基地与承包地分开，搬迁与土地流转分开，以承包地换股、换租、换保障，推进集约经营，转换生产方式；以宅基地换钱、换房、换地方，推进集中居住，转换生活方式	农民用宅基地和房屋置换自建排屋、货币补偿或者有产权证的公寓房；承包地自愿流转，可以自主转租或通过经济合作社长租给投资公司，获取租金收入	自上而下推进，创新性地将宅基地搬迁与承包地流转相分开，推进农业生产经营集约、农村人口要素集聚与农民生活水平和生活质量提高	适宜于经济实力较雄厚地区，资金压力较大，且存在农民身份及附着其上的权利、乡村集体资产管理主体及经营风险、农民利益重新调整等一系列难题

续表

模式类型	适宜区域	主要做法	补偿方式	创新之处	存在问题
重庆地票交易	经济相对发达地区与落后传统农区	将宅基地等集体建设土地通过专业化复垦机构进行复垦，并通过有关部门严格验收，形成地票。将地票拿到农村土地交易所进行公开拍卖交易，在购得地票后，通过“招拍挂”等法定程序取得城市国有建设用地使用权，办理征地手续，完成对农民的补偿安置，最终在城市取得土地使用权	除缴纳少量税费外，绝大部分归农民家庭所有。耕地、林地的承包经营权交易收益，全部归农民家庭所有。农村集体经济组织获得的土地收益，主要用于农民社会保障和新农村建设等	自上而下推进，先补后占，利用土地级差收益提升边远地区土地价值，注重市场机制作用	失地农民收益有限、部分企业购买地票动机不纯导致较长时间内指标不“落地”、落后地区发展权转移

（1）科学规范并合理推进农村土地整治工作，是疏解地方需求的治本之策。各级地方政府自发创新农村土地整治模式与运行机制，积极推进农村土地整治工作，表明农村土地整治切合地方（尤其是地方政府的）发展需求。随着城乡发展转型进程中农村人口的加速转移与社会经济的进一步发展，地方（政府）推进农村土地综合整治的条件将更为成熟、需求将更为迫切，科学规划并合理推进（而非限制）农村土地整治工作，应是疏解地方需求的治本之策。

（2）农村土地整治是一个系统工程，需要统筹考虑、综合推进。五大典型模式中，农村土地综合整治不仅涉及农村废弃与闲置宅基地的盘活利用问题，更涉及城乡空间重构、农村社区管理、户籍制度改革、土地使用权流转、农民就业转移、土地增值收益分配等多个方面。农村土地综合整治是一个系统工程，推进农村土地综合整治工作，需要统筹考虑各个方面的因素。

（3）农村土地整治偏离综合目标，影响整治区域与整治模式选择。除了青州南张楼村城乡等值化试验外，其他四种模式的首要目标及创新动力都侧重于新增耕地面积，进而获得一定的建设用地指标。由此，在整治区域选择上，容易倾向于选择整治增地潜力大的区域，而非农民生产生活条件更适宜、更需要整治的区域；在整治方式选择上，容易因为需要获取更多的建设用地指标而压缩农民的生产生活空间，损害农民权益。

（4）渐进式制度变迁特征明显，公平性与效率性仍需提升。尽管各种模式的适宜区域、主要做法与实际成效存在显著差异，中国农村土地综合整治仍然表现出显著的渐进式制度变迁特征，由政府主导逐步转向市场机制，由关注建设用地指标逐步转向重视农村内生发展，由传统农区、城市周边逐步转向整个城乡区域，资源配置公平性与效率性得以提升。总体上，国内农村土地整治实践仍属于政府自上而下推进型，政府主导整治区域、补偿标准、建设主体等各个主要方面，即便受到政府推崇的“宅基地换房”“土地换社保”等相关经验模式，在其公平性与效率性方面仍受到广泛质疑。

（5）各种模式都存在一定的局限性，农村土地整治仍需因地制宜加以推进。各种模式都有其对应的适宜区域，且以“城乡等值化”“土地股份化”“宅基地换房”“两分两换”“地票交易”为代表的模式仍属于地方探索层面，面向全国层面的农村土地综合整治适宜区域、介入时点、重构规模、可行机制等领域，仍是一个有待深入研究、探索与总结的科学问题，农村土地整治需要因地制宜加以推进。

3.3　农村土地综合整治的相关模式梳理

本节将从研究进展层面，梳理农村居民点用地整理、空心村综合整治、乡村空间重构等农村土地整治相关模式，侧重分析农村土地整治的模式类型、关注重点、实施途径等主要方面。

3.3.1　农村居民点用地整理模式

农村居民点是农村人口聚居的场所，一般可分为农村集镇、中心村和基层村，即建制镇以下的居民点（刘勇等，2008）。长期以来，由于缺乏有效的约束、监督与管理机制，我国农村居民点建设基本上处于自发状态，农村居民点普遍存在用地规模大、分布散、环境差等显著特征。随着城镇化的快速推进，收入改善下的新房建设与人去楼空的空废住宅同时并存，形成了大量的空心村，既造成了土地闲置废弃，也严重影响了村庄人居环境。同时，随着城镇化与工业化的快速推进，以及人口增长与饮食结构转变导致的食物需求增加，建设用地扩张与耕地保护的压力日益显著。在此背景下，既有助于提高土地利用效率、改善农村居住条件、保护耕地资源的农村居民点用地整理在各地得到了大规模的开展。

农村居民点用地整理，是针对农村居民点用地零散、无序现状，而采取的土地整治、改造等土地建设工程及其土地权属调整的总称，是促进农村居民点土地利用有序化、合理化、科学化的根本手段之一（陈美球和吴次芳，1999）。农村居民点用地整理模式则是指在一定发展阶段不同地区产生的具有代表性的作业模式、组织模式和资金筹集模式的综合（王建玲，2006）。大量学者从不同视角研究了农村居民点用地整理模式，典型性的模式划分如表 3.6 所示。

表 3.6　农村居民点用地整理典型模式

模式名称	模式介绍
中心村建设模式	①以一定地域范围内区位条件优越、实力强的村庄为中心，集中周围零散且实力较弱的村庄，形成具有一定规模、功能齐全的新的聚落形式。 ②适宜条件：因布局零散导致村内基础设施配套难度大、管理成本高，且有一个经济实力较强、地理位置优越、交通等基础设施较完备、对周边村庄有一定集聚能力的中心村。 ③主要程序：选定中心村、建设中心村、集中周围零散村庄。 ④中心村建设模式可节约集约利用土地，增加耕地面积，同时有助于基础设施配置与中心村功能完善
社区化建设模式	①以城中村或城郊村庄为对象，在一定地点建设小区或公寓并安置周边村民入住，实现农村社区化的建设模式。 ②适宜条件：城郊区、农民生计以非农产业为主。 ③主要程序：将农村居民点用地整理规划纳入城镇规划体系、选定集中安置点、建设居民小区并完成基础设施配套、征地补偿、周边村庄搬迁。 ④社区化建设模式有利于实现城镇及农村建设用地“增减挂钩”，提高城郊农民的基础设施供给水平，促进城镇化发展，但仍需注意尊重农民生产生活习惯，避免农民被逼上楼

续表

模式名称	模式介绍
整体搬迁模式	①指对自然条件恶劣、位置非常偏僻或因生态环境保护与工程建设需要而对村庄进行异地搬迁、老宅基地进行复垦还农的一种模式。 ②适宜条件：因自然条件恶劣、位置非常偏僻或因生态环境保护与工程建设需要而存在搬迁需求的村庄；因整体搬迁资金需求较大，且有一定的公益性质，需要较强组织能力的政府以及一定的资金作为保障。 ③主要程序：确定需要移民搬迁的村庄、选定新的安置地点、开展异地搬迁。 ④整体搬迁模式有助于提高农民生活水平，改善村庄人居环境，但因涉及全部村民生计，需要搬迁前做好民意调查工作，搬迁后需要注意保障并不断改善农户生计来源
村庄内部改造模式	①指在原有村庄位置基础上，通过重新规划，优化安排村庄居住用地并配套完善基础设施的建设模式。 ②适宜条件：村庄本身规模较大，且农民对农业生产与农村土地的依赖程度较高。 ③主要程序：村庄规划、闲置废弃宅基地退出、宅基地再配置、基础设施建设。 ④村庄内部改造可以减少村庄闲置废弃宅基地，配套完善农村基础设施，优化村庄人居环境，且因为原址建设，村民阻力相对较小，但实际操作过程中仍需特别注意规划先行、划定村庄建设边界、宅基地退出机制等环节

注：本表根据叶艳妹和吴次芳（1998）、高燕和叶艳妹（2004）、郎海如（2010）相关研究整理。

3.3.2　空心村综合整治模式

空心村是农村空心化的结果。在城乡转型发展进程中，由于农村人口非农化转移引起“人走屋空”，以及宅基地普遍“建新不拆旧”，新建住宅逐渐向外围扩展，导致村庄用地规模扩大、原宅基地闲置废弃加剧，从而形成一种“外扩内空”的乡村聚落演化过程，也即农村空心化过程。乡村人口、资本等要素外溢，农村土地长期处于闲置、低效利用的状态，村庄聚落形态也由过去相对“同构”转向新建“异构”，最终导致村庄社会经济功能的整体衰退，产生了大规模的空心村（刘彦随等，2011）。

农村空心化本质上是城乡转型发展进程中乡村地域系统演化的一种不良过程，是复杂的社会经济过程在村庄物质形态中的表现（冯丽，2008），带来了耕地资源严重流失、农村整体面貌难以改变、乡村人居环境受到破坏等诸多问题，给农村社会、经济、资源与环境等方面产生了严重的负效应（刘彦随和刘玉，2010）。在此背景下，以“迁村并点”“旧村改造”“城镇社区”为代表的空心村整治工作在各地相继开展，并出现了与农村空心化治理紧密相关的诸如天津“宅基地换房”、重庆“地票交易”等典型模式。典型的空心村综合整治模式分类如表 3.7 所示。

表 3.7　空心村综合整治的主导模式

模式	区域特征	农民意愿	整治内容	政策创新	适宜阶段
城镇化引领型	城市郊区，以及平原农区、山地丘陵区和草原牧区的城市或城镇边缘区。基础设施相对完善，农民以非农就业和非农收入为主的村庄	农民外出打工较多，农民对耕地依赖性不强，具有推进村庄整治、盘活存量土地，实现中小城镇化的强烈愿望	产业和居住用地向市区或中心城镇集中，发展加工业与农村服务业，整合村委会组织，形成新的社区化管理模式和行业协会组织	建立土地换社会保障制度和全社会劳动保障体系，使农民非农化能够有效推进和“安居乐业”	兴盛期、稳定期和衰退期。从城镇扩展和农民非农转移的进程看，城镇化和空心村土地整治的时机已经成熟

续表

模式	区域特征	农民意愿	整治内容	政策创新	适宜阶段
中心村整合型	平原农区中远离市区或中心城镇，村庄空心化问题突出，闲置土地多，村落比较密集，具有集聚化趋势	农民扩大耕地规模意愿较强，能够接受的耕作半径大，具有推进村庄整治和中心社区建设，改善人居环境的意愿强烈	迁村并居，公共设施配套，建设新型农村社区；整治旧宅基地，退宅还田；规划中心村产业发展，建立新的村庄行政组织和经济组织	建立统筹城乡、统筹区域的公平财税政策和以市场为基础的区域间和城乡间利益协调机制	兴盛期、稳定期和衰退期。从节约土地和农民意愿两方面结合，存在着集中居住和土地规模化经营的要求
村内集约型	山地丘陵区和草原牧区，以及平原农区中村庄空心化问题不很突出，但闲置土地面积大，基础设施条件差，且与其他村庄距离较远	农民外出打工较少，对扩大耕地规模的意愿不强，能够接受的耕作半径小，但对整治村庄环境、改善生活条件意愿强烈	划定村庄建设边界，利用废弃及空闲土地建设新房，植树造林、发展养殖业，改灶、改圈、改厕，改善居住环境，完善公共服务设施	加强新农村建设规划引导和科学管理，创新激励农村节约集约用地机制和土地合法流转政策	出现期和成长期。此时空心化程度还不很突出，应及时通过村内集约型的整治，遏制空心化的继续发展

注：资料来源于刘彦随等（2011）。

3.3.3　乡村空间重构模式

在乡村地域范围内，人文、经济、社会与自然环境相互联系、相互作用，构成了具有一定空间、一定结构和一定功能的农村体系，包括农村经济结构与地域环境间相互影响、相互制约的关系；农村内部各经济部门间相互结合、相互促进的关系；农村居民点与其周围地区相互联系、不可分割的关系（左大康，1990）。随着快速的工业化与城镇化，乡村空间发展存在组织核心弱化、结构网络薄弱、要素流动无序、对部分要素的控制能力丧失、基础设施要素分布不平衡等诸多问题（陈小卉，2007）。乡村空间重构，即是在快速工业化和城镇化进程中，伴随乡村内生发展需求和外源驱动力综合作用下导致的农村地区社会经济结构重新塑造，乡村地域上生产空间、生活空间和生态空间的优化调整乃至根本性变革的过程，主要包括乡村生产空间、生活空间和生态空间的重构3个方面（龙花楼，2013），模式内容及其重构要点如图3.2、表3.8所示。

表3.8　乡村生产、生活和生态空间重构的模式与途径

类别	重点
乡村生产空间重构	①编制和实施城乡一体化空间布局规划，将生产发展相对低端、对农产品的依赖性较强、劳动密集型的产业适当集聚布局在农村地区。 ②开展农用地整治与工矿用地整治，促使农业向基地集中、工业与服务业向园区集中。 ③依托农村经济合作组织、专业合作社和产业协会等主体来引领农民广泛参与社会分工和产业协作
乡村生活空间重构	①在推进城镇化的前提下，通过有效的规划调控来合理规划农村聚落，推进农村人口适度集中居住。 ②合理配置农村基础设施，切实提高乡村人居环境质量，形成有利于城乡协调互动的乡村生活空间。 ③通过村并村、村变镇、村变城等手段，引导农民向社区集中、向行政村集中，解决农村聚落分散化布局问题，达到公共基础设施和社会化服务业的门槛人口规模，优化重构宜居适度的乡村生活空间
乡村生态空间重构	①遵循自然生态规律和景观生态学原理推进农用地整治、“空心村”整治与工矿用地整治。 ②严格控制农业生产化肥、农药施用量，逐步实现清洁化、绿色化、无公害生产。 ③建立生态拦截系统，吸纳净化面源污染物，结合工矿用地。整治强化污染物综合治理工程，确保农村生态环境质量安全，即形成减源、截流、治理体系。 ④着力完善农村生态系统廊道，保护物种栖息环境，保持生物资源的多样性

注：根据龙花楼（2013）整理。

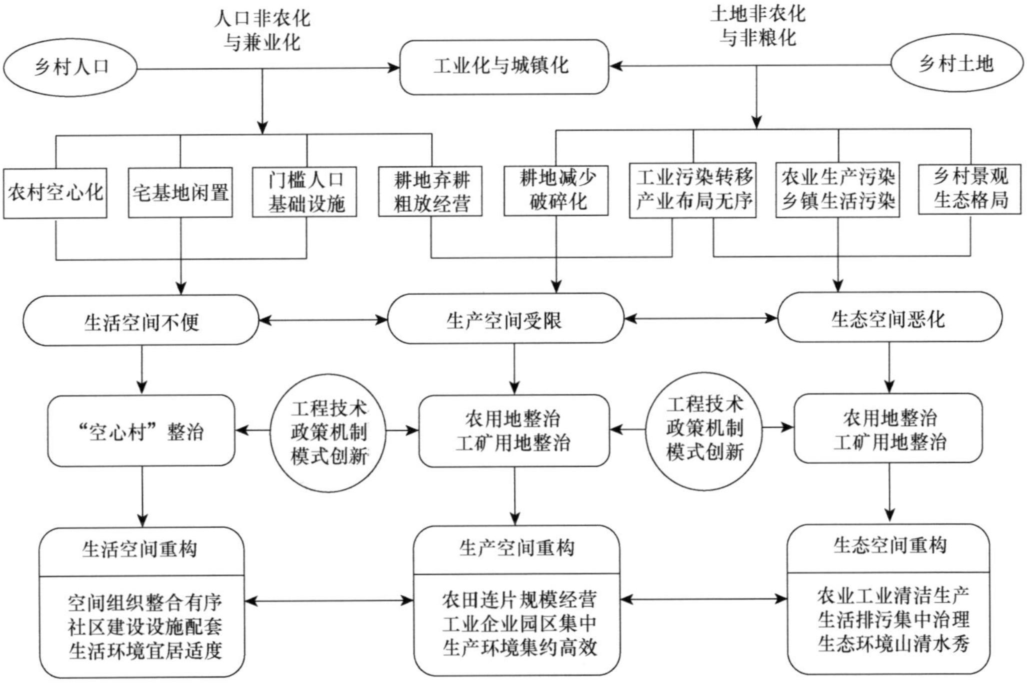

图 3.2　基于土地整治的乡村生产、生活和生态空间重构

资料来源于龙花楼（2013）。

第4章　农村土地整治的理论解析

本章将基于文献述评与经验借鉴研究结论，应用经济学、地理学、管理学等相关学科理论与方法，解析城乡转型进程中以生产要素非农化为主导的农村要素流动与乡村发展关系，进而解析农村土地整治模式与机制中需要重点关注的环节，即农村土地整治适宜区域如何遴选、资源配置公平与效率协调途径，为山东省案例研究提供理论支撑。

4.1　城乡转型进程中的生产要素流动与乡村发展关系

4.1.1　生产要素流动对乡村发展的作用机理

1. 乡村系统运行特征

按照系统论观点，乡村是由若干相互联系、相互作用的要素构成的具有一定结构和功能的有机整体。乡村系统包括乡村发展内核系统和乡村发展外缘系统，其中，由乡村主体系统（包括乡村经济系统和乡村社会系统）和乡村本体系统（包括土地、水和气候等在内的自然资源以及各种生态环境要素）耦合而成的乡村发展内核系统是乡村系统的核心，两者之间相互耦合作用的效果直接决定着乡村系统能否可持续发展；乡村发展外缘系统是由影响和制约乡村发展的诸多外部性因素条件组成的复杂系统，取决于特定的尺度空间效应，并日益成为影响和制约乡村发展的主要因素（张富刚和刘彦随，2008）。

基于乡村发展内核系统与乡村发展外缘系统之间客观存在的势差，城乡要素在两大系统之间不停地流动，对应差异化的要素-结构-功能形态。其中，乡村功能演进依托于要素有效整合基础上的结构优化，并最终表现为乡村发展（图4.1）。由于要素流动不仅取决于内核系统与外缘系统之间客观存在的势差，还取决于乡村发展主体行为（包括中央政府、地方政府、农民、企业家等），以及特定的自然地理特征、区域发展阶段等客观因素，乡村地域将在内部、外部因素的综合作用下沿着不同的路径演进，对应差异化的乡村发展形态，如澳大利亚乡村地域功能运行动力与特征（图4.2）。

2. 乡村发展动力机制

生产要素流动与促使乡村发展的其他因素交织在一起，共同改变乡村地域发展格局。为了识别生产要素配置影响乡村发展的作用路径，有必要先研究乡村发展动力机制，明晰乡村发展成因。

从理论上来看，乡村发展理论伴随乡村地域的动态演变而不断更新完善，从外生式乡村发展理论、内源式乡村发展理论到综合式乡村发展理论的逻辑演进，皆是对乡村发展演进规律的科学总结。外生式乡村发展理论将乡村发展根植于大的区域，通过城市-工业增

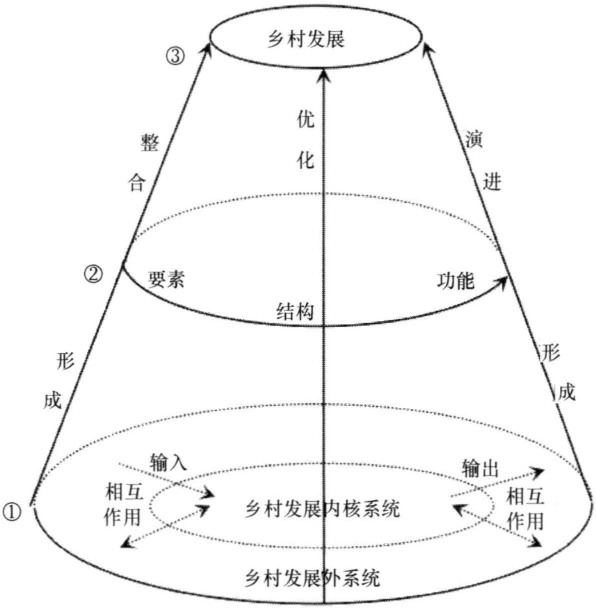

①内在机理层Ⅰ；②内在机理层Ⅱ；③外在表现层

图 4.1　乡村地域系统运行特征

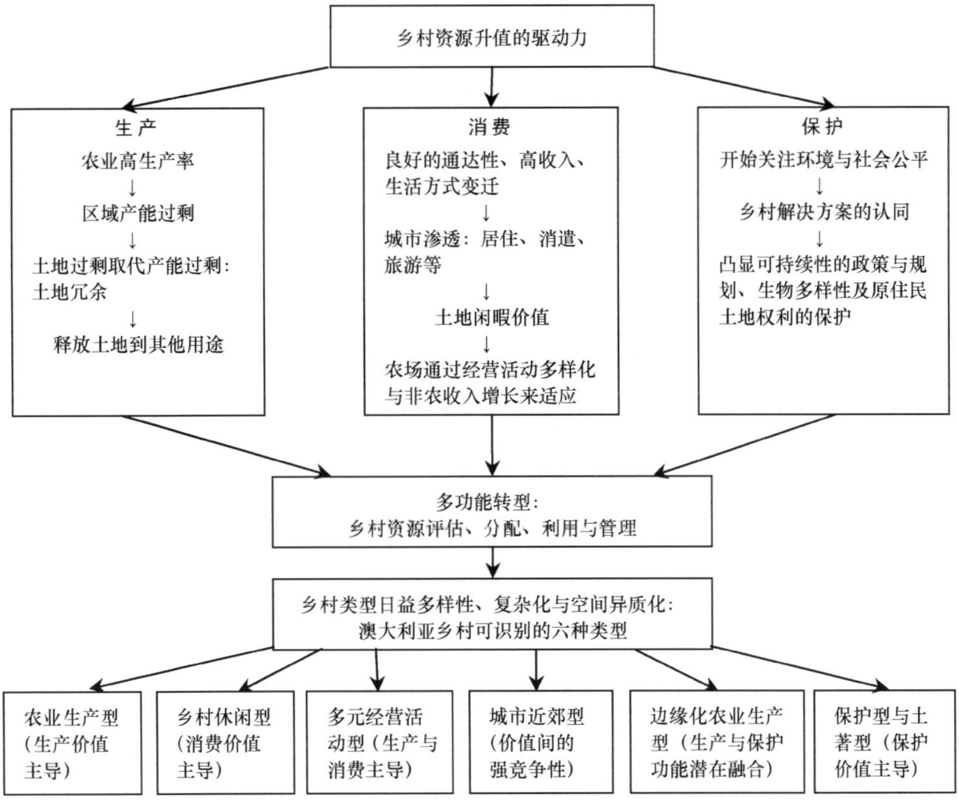

图 4.2　澳大利亚乡村地域运行动力与格局

资料来源于 Holmes（2008）。

长极的功能作用，带动区域经济一体化的自上而下的发展，其突出特点是强调乡村的生产功能，乡村地域发展受外部因素决定，当地的重要性被忽视（Slee，1994），主要的理论包括增长极理论、中心-外围理论、农业区位论、工业区位论、刘易斯二元经济结构理论等。直到20世纪70年代，外生式乡村发展理论仍是解释乡村发展主要的理论依据（Terluin，2003）。内源式乡村发展理论强调城乡对立的恶果，主张以乡村为发展重点，采取自下而上的发展范式（涂人猛，1993）。内生发展基于地方资源与当地的发展冲动（Picchi，1994），当地的价值受到重视，利用地方资源所创造出来的价值也保留在该地区内（Slee，1994；李承嘉，2005），与此相关的理论包括社区导向的乡村发展理论、Bryden 理论、社区发展的创造性破坏模型（Terluin，2003）。综合式乡村发展理论是上述两种理论的进一步深化，它重视发展过程中当地要素与外部驱动力的相互作用（Lowe et al.，1995），乡村地域成为当地网络与外部网络所构成的综合系统中的一个复杂节点（Terluin，2003），与此相关的理论包括城乡统筹理论、行动者网络理论、政治经济理论、区域创新与学习理论等（Murdoch，2000；李承嘉，2005）。农业作为乡村的基础产业，其对乡村资源配置与乡村发展具有重要的影响（Rozelle and Boisvert，1995），农业系统本身的理论也经历了从舒尔茨的改造传统农业理论（舒尔茨，2006）到美籍华裔学者黄宗智的内卷化理论（黄宗智，1982），从蒂默的农业发展四阶段论到梅勒的三阶段理论（付学坤，2005），从农业生产论到后生产论或多功能农业论（Burton and Wilson，2006；Ward et al.，2008）的演变。

从实践上来看，在不同的乡村发展阶段采用了差异化的乡村发展战略。早期乡村发展战略侧重于乡村生产功能，其发展特色是持续的现代化与工业化，并以追求经济增长为目标（李承嘉，2005），常用的策略包括鼓励城市制造业向乡村转移、改善乡村经济结构、引进新技术等（Sharp et al.，2002；李承嘉，2005；张环宙等，2007）。鉴于外生式乡村发展战略容易导致乡村丧失经济、文化的独立性，而且会破坏地球资源与环境(李承嘉，2005；张环宙等，2007），乡村发展逐渐由强调追求经济增长的外源式发展转向“以人为中心的发展”的内生式发展战略，常用的发展策略包括乡村参与、推动并建构地方认同，以及乡土资源利用（李承嘉，2005），GDP、地区环境、福利、教育和文化水平的综合提高及地区资源和技术的最大限度的灵活应用是其目标（张环宙等，2007）。综合上述两种战略的优点，综合式乡村发展理论认为乡村发展应朝向连接地方场所与外在的全球区域来进行，包括“地方生产、外地消费”与“革新”两种方式（Ray，1998；李承嘉，2005）。

由于乡村问题的综合性、动态性及各国资源禀赋的差异性，乡村发展实践过程通常是以上一种或多种战略的叠加，常用的乡村发展模式包括：自由放任发展各种产业、以工业化带动乡村发展、以城市化带动乡村发展、依靠技术进步推动乡村发展、依靠制度创新推动乡村发展、依靠发展乡村教育推动乡村发展、农业产业化推动乡村发展等（张菊梅和张子龙，2007）。另外，一国内部不同类型乡村的发展战略（Terluin，2003）、欧洲发达国家乡村发展经验（Ploeg et al.，2000）、贫困经济体乡村发展战略（Janvry and Sadoulet，2005）也受到关注，并认为，乡村发展的共有规律包括六点：①放眼于全球，根植于当地，即乡村主体应该嵌入由全球与地方因素共同作用形成的网络；②提高行为主体的能力，以实现持续发展；③加大当地行为主体内部以及地区主体之间的合作程度；

④影响现有的外部权力机构，以使当地行为主体能从中获取一定的利益；⑤调整行政结构，以激活并响应地方发展动力；⑥根据地区的优势、劣势、机遇与挑战，采取一个综合的地区发展战略（Terluin，2003）。

根据既有研究，可以从农业现代化、城市化、工业化、地方因素、全球因素等视角来考察乡村发展成因，也可以沿袭系统视角来分析乡村发展动力机制（张富刚和刘彦随，2008）。然而，虽然乡村地理学、乡村社会学、农业经济学、人口学、生态学、乡村规划与管理学等学科都高度关注乡村地域发展，乡村发展仍是一个国际难题，具有普适性的乡村发展理论依然匮乏（Cloke，1985，1995；Marsden，1998；Terluin，2003）。

本书无力也无意于重构乡村发展理论，而是试图通过解构相关理论，寻求适于研究要素配置与乡村发展的研究框架。一方面，依据发展经济学理论，发展是地区产出的增加过程，这依赖于要素存量增加和（或）要素配置效率提升；另一方面，从动力学视角看，乡村发展应是沿着“压力-状态-响应”逻辑路径不断演进的过程。基于以上判断，本研究认为乡村发展是乡村地域适应内外因素导致乡村要素存量与要素配置效率变化的过程，可以从约束与动力因素层、中介机制层、状态变化层、响应表现层予以识别（图 4.3）。

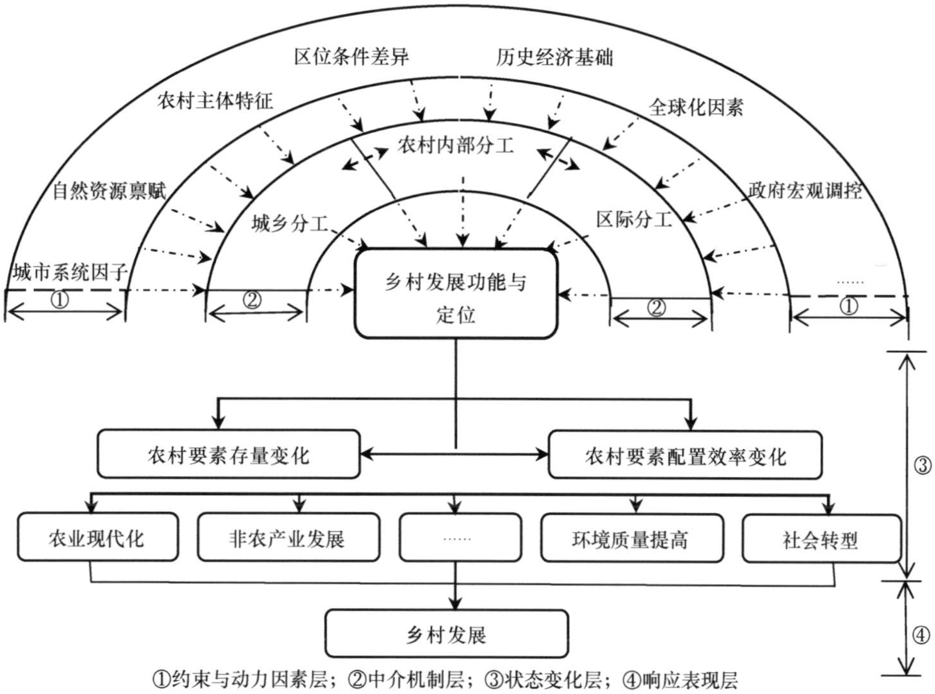

①约束与动力因素层；②中介机制层；③状态变化层；④响应表现层

图 4.3　乡村发展动力机制

图 4.3 中，约束与动力因素层主要包括城市系统因子、自然资源禀赋、乡村主体特征、区位条件差异、历史经济基础、全球化因素、政府宏观调控等多个因子，其中：①城市系统是城乡系统的重要组成部分，通过技术、资金以及对乡村产品的需求，直接影响区域城乡分工与乡村内部分工格局，是决定乡村发展方向的关键因素。②区域自然资源禀赋是决定乡村生产比较优势的重要来源，自然资源丰度较高的地区，其农业生产剩余相

应较多，乡村社会分工相对较为深化，并形成路径依赖态势，而在资源贫瘠地区，社会经济活动所能依托的资源有限，容易导致资源的过度开发，并形成恶性循环陷阱。值得注意的是，由于乡村社会经济生产还依赖于金融资本、技术、人力资本等其他要素，自然资源的比较优势并不必然形成实际的竞争优势，比较优势较差的地区可以经由金融资本等高级要素的流入来化解乡村发展的自然资源禀赋瓶颈。③农民是乡村地域主体，其劳动技能、受教育水平、创业意识是形成农村生产比较优势的重要来源，影响农村的分工与专业化程度，决定区域农村内生增长能力。④区位条件表现在靠近大中城市、具有便捷的运输条件、临近交通枢纽等多个方面，是决定经济布局的重要因素。良好的区位条件有助于农村产业的培育、发展与集聚，促进农村、区域经济发展，而区域经济的发展又将改善农村区位优势，形成良性循环发展。⑤经济发展存在路径依赖规律与循环累积因果效应，前期的经济基础决定后期经济发展可能达到的高度与深度，是决定乡村发展能力的主要指标。⑥农村发展是在全球动力与区域响应相互作用下发展的，全球驱动力产生于现在的全球化进程，并表现在贸易、外商直接投资、产品分工等层面，将影响一个地区农村的区际分工状态，进而导致区域农村发展沿着不同的路径动态演进（Terluin，2003）。⑦政府政策是调控要素市场与产品市场“市场失灵”的重要手段，具有偏向性的政府政策将改变区域生产要素流动方向与速度，促进或约束乡村地域发展。

在约束与动力因子的相互作用下，各地农村着眼于区域、城乡、农村内部等多重维度，寻求自身的区际分工，乡村地域发展表现出特定的功能与定位。依据乡村发展功能与定位，乡村生产要素存量与要素配置效率也将发生相应变化，决定着各地农业现代化、非农产业发展、社会转型等乡村地域发展响应层的变化速度与幅度，进而影响到乡村地域功能演进与乡村发展。

3. 要素流动的作用路径

根据对乡村发展动力机制的分析，可以沿用要素-结构-功能或压力-状态-响应研究框架来剖析要素流动尤其是生产要素非农化对乡村发展的作用路径（图 4.4）。图 4.4 中，上半部分为乡村系统，下半部分为城市系统，两者因为要素流动而相互关联。由于城乡之间客观存在的边际报酬差异，乡村生产要素将向非农产业与城市地域转移，并形成两条影响乡村发展的作用路径：

以农户非农就业（劳动力非农化）为例，图 4.5（a）中，横坐标代表劳动力（L），纵坐标上半轴、下半轴分别代表农户收入（Y）、农户土地（A），假定：①农户为理性的经济人，在农业内部、农业与非农产业之间优化配置各类生产要素，进而实现收入最大化目标；②农户投入土地与劳动力两种生产要素参与农业生产，家庭土地、劳动力资源禀赋分别为 A_k 与 L_k；③农业生产符合要素边际报酬递减规律，非农就业工资外生给定（w）。其他各符号的含义分别为：Y_T 为家庭总收入，Y_a、Y_{na} 分别为农业总收入、非农就业总收入，其中 $Y_{na}=wL$，是非农就业规模的线性函数；Q_1、Q_k 为等产量曲线。在无剩余劳动力、且缺乏非农就业机会的基期情景下，农户将投入 A_k 量土地、L_k 量劳动力参与农业生产，农户家庭总收入为 Y_k。如果存在非农就业机会，理性的农民将根据收入最大化原则，在（A_1，L_1）点取得新的均衡，此时，农户农业劳动力投入规模为 L_1（即非

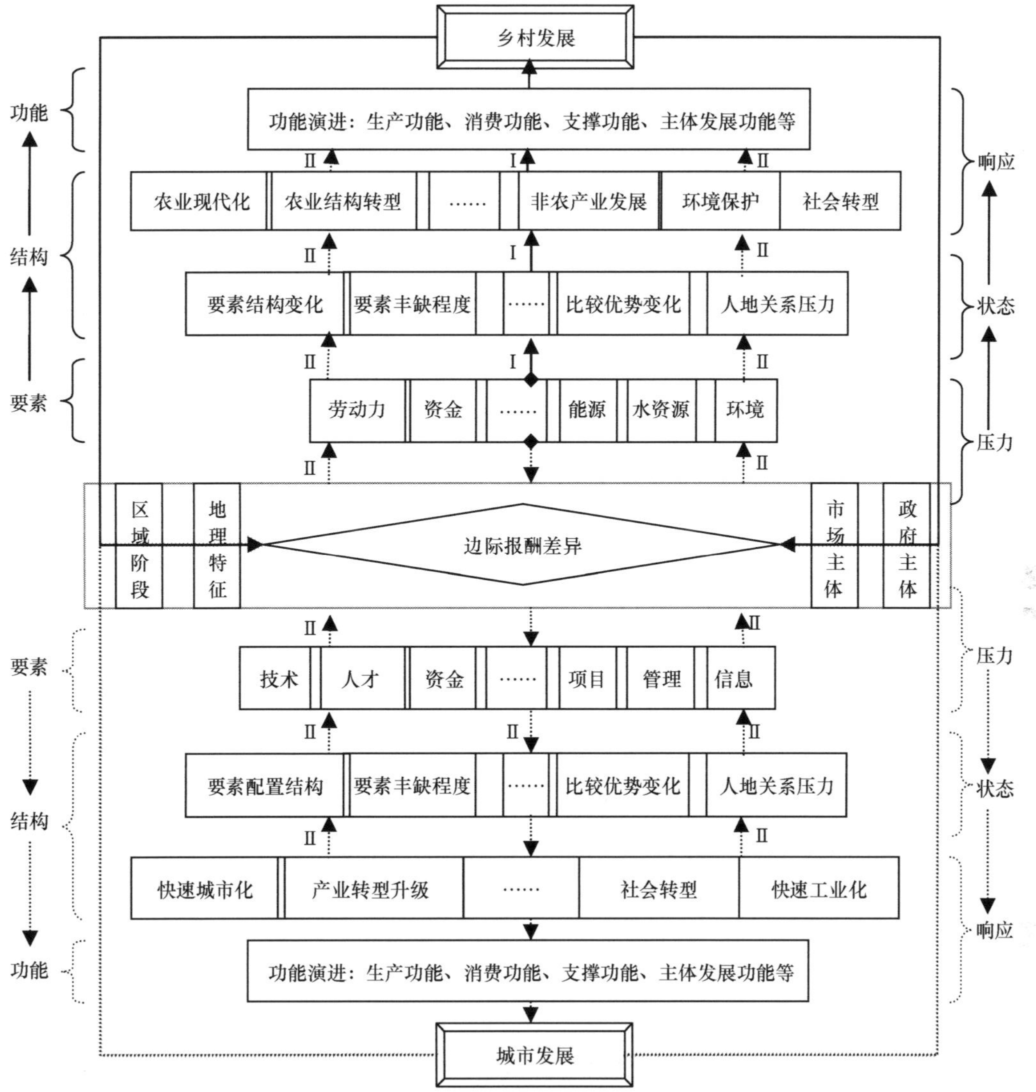

Ⅰ. 直接作用路径；Ⅱ. 间接作用路径

图 4.4　生产要素流动对乡村发展的作用路径

农就业规模为 L_k–L_1），农户家庭总收入变为 Y_1，农地经营面积缩减为 A_1。A_k-A_1 规模农地或是被租赁，进而形成农业规模化经营，或是形成农地撂荒，农地集约利用程度下降。如果 A_1 规模足够小，农户职业将完全分化。以上三种情况都会诱致乡村生产功能、消费功能、保护功能和或保障功能发生相应变化，乡村地域得以发展。

第二条为间接作用路径（图 4.4 中Ⅱ）。一方面，生产要素非农化是城市系统的要素输入，城市地域的压力-状态-响应有可能强化业已存在的城乡边际报酬差异，导致乡村地域要素的进一步流失，并沿着生产要素非农化的直接作用路径影响乡村地域发展；另一方面，生产要素由边际产出较低的农业部门向边际产出较高的城市部门转换，将提升区域要素配置效率，（城市功能得以强化基础上的）生产要素回流将提升乡村系统耗散结构功能，通常所说的城市支持乡村、工业反哺农业即是依赖城市要素助推乡村发展的典型例证。

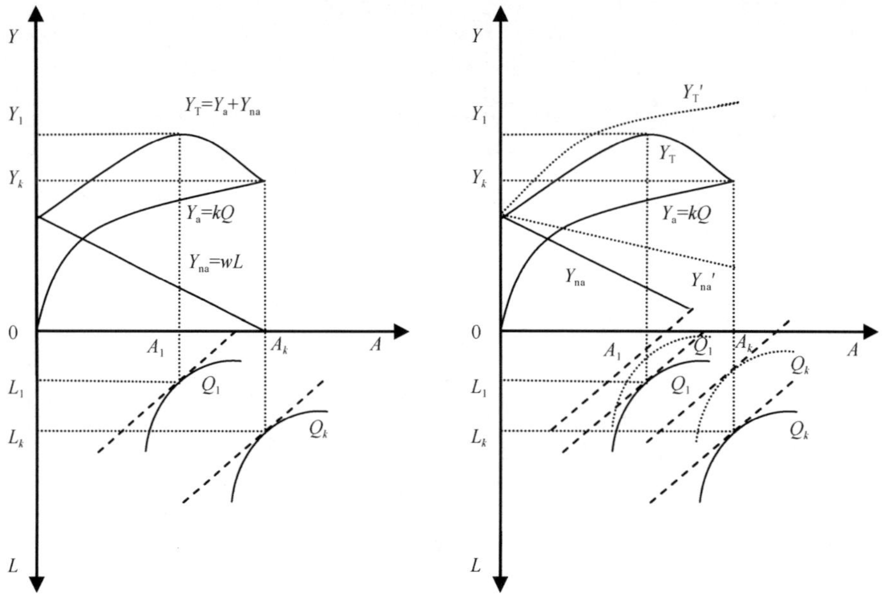

(a) 不考虑城市影响的情景　　　　(b) 考虑城市影响的情景

图 4.5　农户非农就业的农地经营行为响应

同样以农户非农就业为例［图 4.5（b）］，假定生产要素非农化后农业生产技术，尤其是劳动节约型农业生产技术得到广泛运用，等产量曲线上移，（A_k，L_1）生产要素组合即可以生产原（A_k，L_k）生产要素组合才能生产的农产品产量 Q_k，农户总收入曲线上扬，由 Y_T 变为 Y_T'。由于农户初期即存在 L_k–L_1 规模剩余劳动力，农户非农就业将使农户维持原有农地经营规模，农户非农就业能够增加农户收入，但并不会明显改变农地经营行为。

需要说明的是，乡村发展与城市系统因子、自然资源禀赋、农村主体特征、区位条件差异、历史经济基础、全球化因子、政府宏观调控等内外部因素息息相关，这些因素既是形成边际报酬差异的重要原因（由此决定生产要素非农化），也是决定乡村地域（以及城市地域）如何动态适应生产要素非农化的核心关键。因此，虽然以生产要素非农化为主导的要素配置对乡村发展的影响可简单地归纳为直接作用与间接作用两条路径，乡村发展响应将具有多种表现形式，并最终导致乡村发展水平由一种均衡状态向另一种均衡状态演进。

4.1.2　生产要素流动对乡村发展的作用关系

1. 要素流动对乡村生产功能的作用关系

乡村生产功能是指乡村地域所具有的产品或服务提供功能。从产业角度看，生产包括农业生产与非农产业生产两个方面，是乡村地域主要的生产功能类别。对于农业产业，以生产要素非农化为主导的要素流动将减少乡村地域某类或各类生产要素的数量，促使农户基于收入最大化原则集约经营或规模经营农地资源，有利于提升农业生产功能；当生产要素非农化达到一定规模，一方面，生产要素减少会缩减乡村地域生产边界；另一方面，无论是劳动力（或资金）过度非农化导致农地生产形成劳动力（或资金）瓶颈，还是农地过度非农化导致农地生产处于小规模经营状态，都将降低农地生产效率，此时，要素非农化与乡村农业生产功能呈现负相关关系。也即，随着生产要素非农化程度不断增加，乡村农业生产功能将呈现先上升再下降的规律（图 4.6）。对于非农产业，生产要素非农化是要素由农业产业向非农产业转移的过程，这一过程将直接增加非农产业的要素存量、提升非农领域要素配置效率，因此，生产要素非农化与乡村地域非农生产功能呈正相关（图 4.6）。

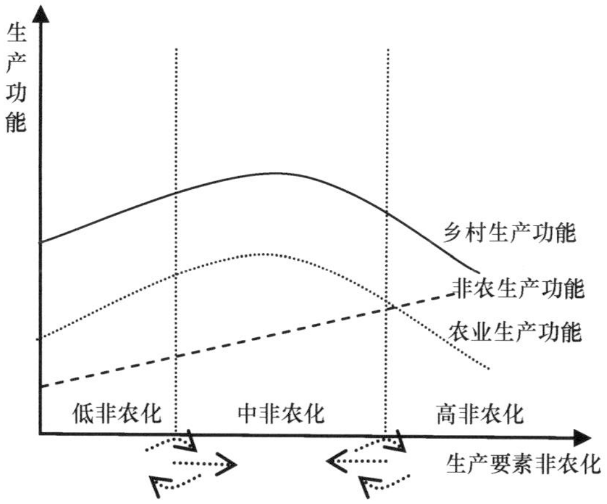

图 4.6　要素流动对乡村生产功能的作用关系

2. 要素流动对乡村消费功能的作用关系

乡村地域作为农业景观集中地区，本身即是一种广义的产品，存在消费价值，包括农耕文化传承、优美的自然环境、良好的生态环境等多个方面。国外发展经验表明（Wilson，1995；Knickel and Renting，2000；Noe et al，2008），在生产要素非农化初期，农业生产将遵循传统农业经营模式，农户大量使用化肥、机械、农药、福特式管理等生产主义农业经营方式，以化解生产要素流失形成的农业资源瓶颈，获取高额的农业生产效率；在生产要素非农化中期、后期，随着经济发展水平不断提高，传统农业经营模式对环境、景观及农户生计选择的负面影响开始受到关注，乡村消费与生物多样性保护成为主流，相应地，农户生计日益脱离农业，农场经营活动呈现多样化趋势。生产要素非农化对应农业由生产主义农业向后生产主义农业或多功能农业转型的过程，乡村消费功能将呈现先下降后上升的 U 形特征（图 4.7）。

3. 要素流动对区域支撑功能的作用关系

区域支撑功能主要包括经济支撑功能、社会支撑功能与持续发展支撑功能。对于经济支撑功能，生产要素非农化是要素在城乡之间、产业之间、部门之间、主体之间流动，以缩减要素边际报酬差异的主动适应过程。无论是要素收益回流直接引致的主体（包括农户主体与乡村地域）利益增加，还是农户创业间接诱致的当地与非当地的第二、第三产业发展，都将提高乡村的区域经济支撑能力（图 4.8）。

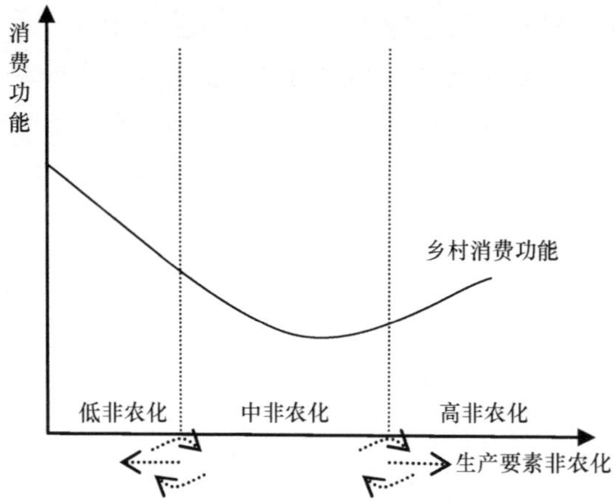

图 4.7　要素流动对乡村消费功能的作用关系

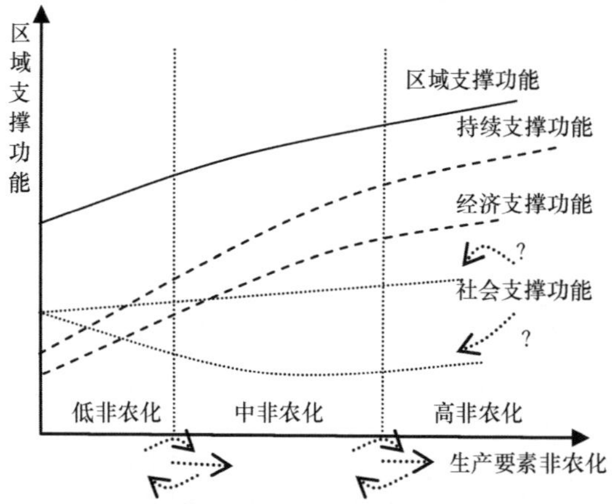

图 4.8　要素流动对区域支撑功能的作用关系

对于社会支撑功能，生产要素非农化有利于农户主体追逐要素边际报酬差异，从而促进城乡一体化发展。但也有可能因为区域非均衡发展规律的作用，形成城乡差距不断扩大的客观现实。因此，虽然生产要素非农化最终将使乡村地域主体（农户）以及乡村地域本身分享与城市地域主体（居民）以及城市地域本身对等的价值，其实际演进可能遵循并不一致的发展路径（图 4.8）。

对于乡村的持续发展支撑功能，主要表现在生产要素非农化助推区域结构转型方面。生产要素非农化通过在不同产业之间、主体之间与部门之间的优化配置，强化系统耗散结构功能，有助于推进区域结构顺利转型，进而提高区域持续发展能力（图 4.8）。

4. 要素流动对主体发展功能的作用关系

乡村地域是以农村人口为主的区域。乡村发展并非单一的战略、现象或原则，而是一个不仅满足农村人口的基本需求，还包括个人自由与自我实现的过程（Singh，1999）。因此，乡村地域功能不仅是生产功能、消费功能与区域保障功能的基本载体，也是乡村地域主体发展的重要平台。农户作为理性的经济人，将在城乡之间主动地优化配置各类生产要素，以实现家庭特定的行为目标（例如，收入最大化）。在理想状态下，乡村主体发展功能及其农户增收、生活水平提高等因素，都与生产要素的非农化存在正相关关系（图4.9）。

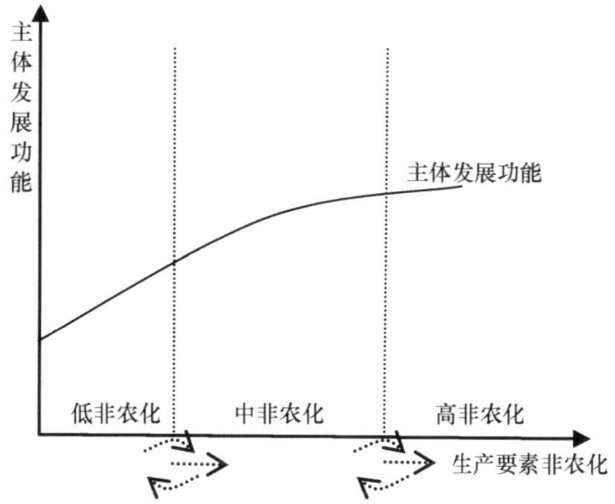

图4.9　要素流动对主体发展功能的作用关系

5. 要素流动对乡村发展的总体作用关系

基于上文分析，可以发现以要素流动为主导得生产要素非农化与乡村地域系统各种功能之间存在并不一致的变化规律。其中，生产要素非农化与乡村生产功能为倒U形关系，与主体发展功能、区域支撑功能为正相关，与乡村消费功能则表现为正U形关系。这表明生产要素非农化对乡村发展的各个领域形成了差异性的影响效应（图4.10），因而难以得出统一的结论。

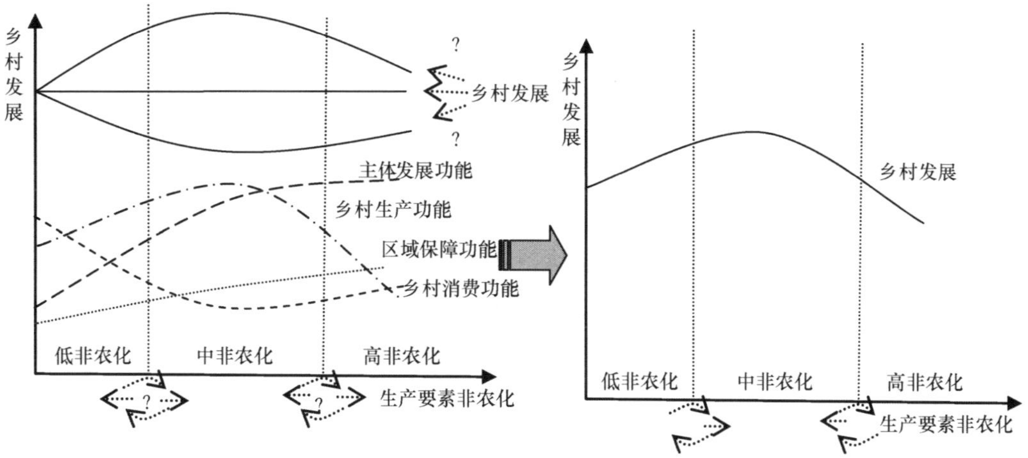

图4.10　要素流动与乡村发展的作用规律

根据发达国家乡村发展的基本经验，在经济发展初期通常伴随着生产要素快速非农化过程，通过农业集约化经营、生产技术广泛运用等多种途径和手段，使乡村地域实现同步发展。而后，生产要素非农化间接导致的乡村地域生态环境破坏、乡村社会观念解体等负面影响开始受到广泛关注，政府则通过农业政策、区域规划等措施加以宏观调控。逆城市化过程的出现，使生产要素非农化演变为城市要素乡村化。这一现象表明，生产要素非农化对乡村发展的影响仍存在一定的规律性。

事实上，在某一点以前，虽然生产要素非农化会减少乡村地域某种或几种功能，但是，一方面这些不断损耗的功能尚处于可以调控的区间，另一方面，其他功能的强化有助于弥补这些功能的损耗，乡村系统耗散结构功能仍会加强，也即生产要素非农化有助于乡村发展；在某一点以后，虽然部分乡村功能仍会进一步优化，但很多类型乡村功能都处于濒临崩溃的边缘，系统处于低级协调状态，将成为制约乡村发展的瓶颈；如果生产要素非农化程度进一步增加，乡村系统终将崩溃。基于以上判断，可以认为生产要素非农化与乡村发展存在倒 U 形的变化规律，这也为适时推进农村土地整治工作提供了依据（图 4.10）。

4.1.3　内在与外部因素对两者关系的影响

国内外发展经验表明，以生产要素非农化为主导的要素流动本质上是乡村地域融入工业与城市系统以实现自身发展的过程，这一过程受到要素禀赋特征、政府政策、市场机制等多种因素的综合影响，并在一定程度上改变要素流动对乡村发展的作用路径与作用效应。

1. 生产要素本身特征的影响

1）生产要素禀赋与结构

初期生产要素禀赋与结构将影响要素流动的乡村发展响应，进而改变生产要素流动与乡村发展的作用关系。例如，在耕地资源丰裕而劳动力相对稀缺的地区，农户大规模非农就业容易形成农业生产的劳动力瓶颈，迫使区域农业由劳动密集型农业（如蔬菜种植）向土地密集型农业（如粮食种植）转型；土地快速非农化则使农户倾向于增加农业生产的劳动力投入水平。反之，在耕地资源稀缺而劳动力资源相对丰裕的地区，劳动力非农化后农户仍将维持小规模农地经营，除了非农汇款改善农业资金约束外，劳动力非农化基本上不会影响农业生产功能演进，而耕地非农化则会形成农业剩余劳动力，迫使农户非农就业、创业，改变农户生计方式。

以存在剩余劳动力情景为例（图 4.11），图中各符号的定义同图 4.5（a），等产量曲线 Q_k 变为折线 Q_k'，（A_k，L_0）以下部分为垂直于横轴的直线，表明农户存在 L_r-L_0 单位剩余劳动力。相应地，非农收入曲线由 Y_{na} 变为 Y_{na}'，总收入曲线由 Y_T 变为 Y_T'。如果收入最大化点对应的 L_k' 位于 L_0 下侧，A_k' 位于 A_k 右侧，农户非农就业的同时，将租入农地；反之，如果收入最大化点对应的 L_k' 位于 L_0 上侧，A_k' 位于 A_k 左侧，农户将租赁土地或粗放经营农地。

2）生产要素非农化匹配程度

理想状况下，生产要素非农化会迫使乡村地域基于边际报酬差异重新配置各类乡村资源，存在倒 U 形作用规律。事实上，乡村生产要素由一种配置状态向另一种配置状态

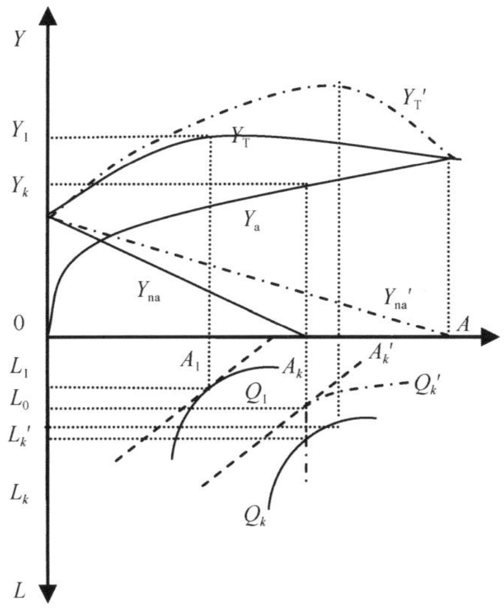

图 4.11　存在剩余劳动力情景下农户非农就业的农地经营行为响应

转变存在成本，如果因为政府调控、主体观念等原因，生产要素非农化并未诱致乡村地域相应的要素优化调整。例如，因为工业化偏向政策限制农业劳动力顺利转移，导致农业劳动力非农化明显滞后于农地非农化；再如，因为乡村社会保障体制尚未有效构建，农户非农就业并不一定形成农地规模经营，此时，生产要素非农化与乡村发展的倒 U 形作用规律将会发生改变，最优点对应的乡村地域发展水平将会减少，生产要素非农化的负向影响效应将会提前出现。反之，如果生产要素非农化诱致了乡村地域生产要素相应的优化调整，原最优点对应的乡村发展水平将会增加，而负向影响效应则会延迟到来。

3）生产要素流向与收益分配

生产要素非农化是乡村要素由农业向非农产业转移的优化配置过程。如果生产要素非农化的大部分收益直接或者通过转移支付等形式间接地保留在乡村地域，显然，生产要素非农化将明显地提升乡村地域发展水平，反之，如果生产要素非农化只是乡村要素向城市地域的单向流动，生产要素非农化的正向影响将会显著降低，而负向影响则会明显扩大，改变生产要素非农化与乡村地域发展的相互关系。

2. 外部宏观环境的影响

要素流动置于客观的实体环境，其对乡村发展的影响与城市系统、政府政策等外部宏观环境息息相关。政府可能追求短期利益盲目推进生产要素非农化过程，损害乡村地域长期发展能力［图 4.12（b）］；也有可能作为化解市场失灵的关键主体，积极利用乡村发展规划、偏向性的公共投入政策等措施，主动调控生产要素非农化对乡村发展的可能影响，一方面，避免生产要素过度非农化；另一方面，充分发挥生产要素非农化的正向效应，导致倒 U 形关系向叠加的 logistics 关系转变［图 4.12（c）］，甚至，政府介入提升了乡村自我发展能力，由生产要素非农化向城市要素农村化转变［图 4.12（d）］。进一步地，政府政策的影响还体现在其公共利益角色，确定各地乡村发展的主导功能，进而使得乡村地域发展偏离通常路径。例如，政府基于粮食安全的考虑，会约束传统农区产业转型；基于乡村系统发展的考虑，会鼓励发达地区依据市场机制优化配置各类乡村资源；基于社会稳定的考虑，农户非农就业并不必然形成闲置宅基地的重新配置。

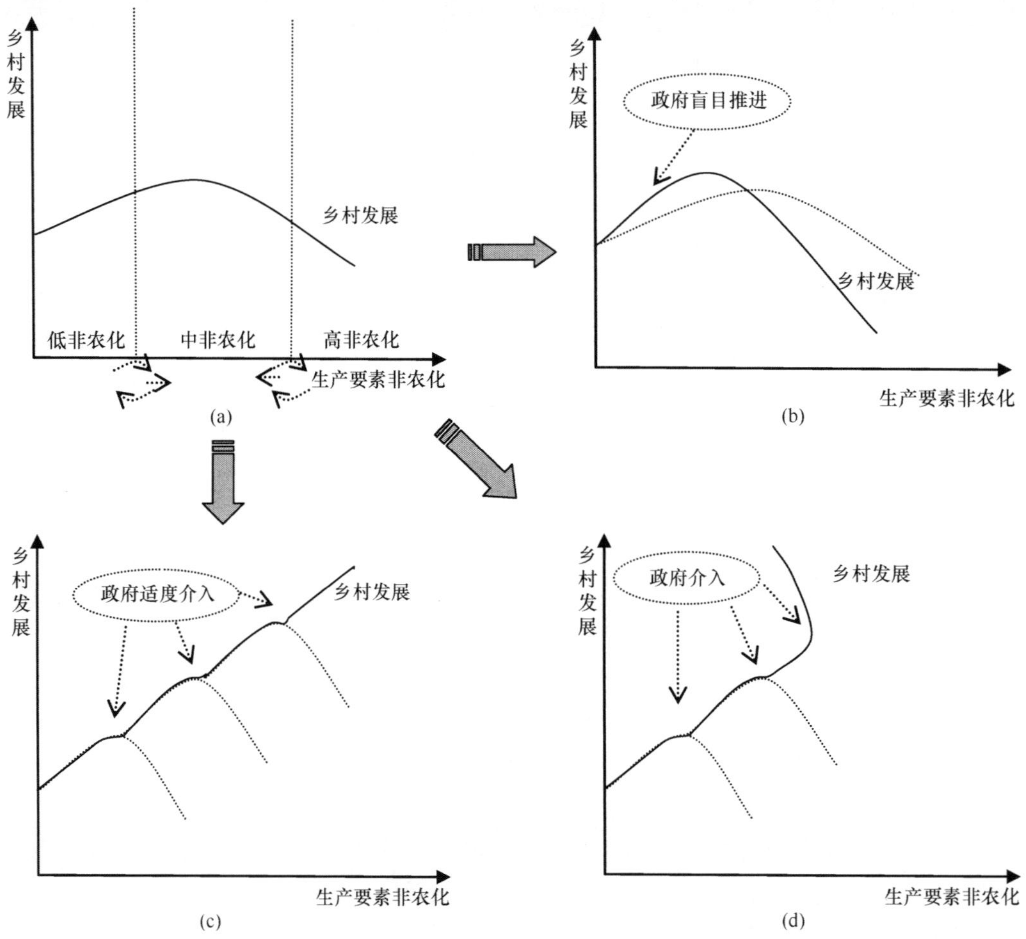

图 4.12　政府介入下要素流动与乡村发展的潜在关系

城市系统的影响反映在两个方面：一方面，生产要素非农化伴随着城市要素乡村化，有助于化解要素流失导致的乡村发展瓶颈，拓宽乡村发展边界；另一方面，生产要素非农化可以获取城乡之间的边际报酬差异，通过结构互补与产业联动，助推乡村地域发展。这一过程受制于城市化阶段与工业化水平，决定城市要素乡村化的速度、广度与深度（与图 4.12 类似）。

3. 乡村地域行为主体的影响

农户是乡村地域主要的行为主体，政府调控与市场机制最终要通过农户行为发挥作用。乡村地域行为主体对要素配置与乡村发展关系的影响，取决于要素非农化个人成本收益与社会成本收益的相互关系。如图 4.13 所示，MSR、MPR 分别为生产要素非农化的边际社会收益与边际个人收益，符合边际报酬递减规律，即单位边际收益随生产要素非农化规模增加呈现下降趋势；MSC、MPC 分别为生产要素非农化的边际社会成本与边际个人成本，鉴于农户可以对粮食安全、生态安全、环境保护等公共产品“搭便车”，且随着生产要素非农化规模的增加，要素非农化不利于乡村地域（个体）发展的广度与深度都倾向于增加，因此，生产要素非农化的边际个人成本要小于边际社会成本，且都呈现递增趋势。根据边际收益等于边际成本原则，Q^*量为最佳的生产要素非农化规模，此时资源配置效率最高，社会总福利达到最大化——乡村发展水平达到最大值 SY_{max}；从乡村生产要素的配置主体看，农户最优的生产要素非农化规模为 Q_1，此时，MPR=MPC，农户个体发展水平最高。Q^*小于 Q_1，这表明，在市场机制作用下乡，乡村地域行为主体通常不会主动实现乡村生产要素的最优配置，容易出现乡村生产要素的过度非农化。

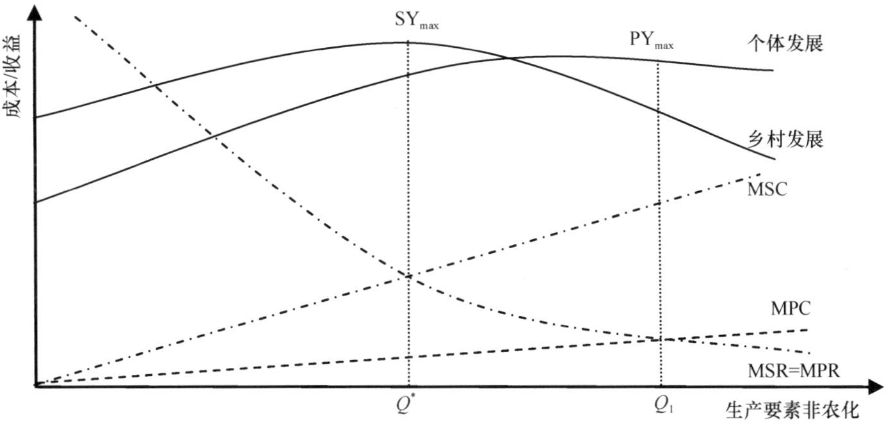

图 4.13　乡村生产要素市场均衡

4. 生产要素非农化进程及其合理区间

基于要素边际报酬差异递减规律，乡村生产要素在城乡之间、产业之间和部门之间进行配置，以实现决策主体特定的行为目标。合理的生产要素非农化应最大限度地发挥其对乡村发展的正向影响，减少以至规避生产要素非农化的不利影响，其核心任务是确保生产要素非农化处于一个合理区间。结合上文分析，合理的生产要素非农化应充分考虑以下三个方面。

（1）生产要素非农化对乡村发展的各个层面形成了差异化的影响，并与生产要素本身特征、外部宏观环境、乡村地域主体行为等内部、外部因素息息相关，但总体而言仍符合倒“U”形作用规律。借鉴微观经济学中的厂商生产理论，可以确定生产要素非农化的合理区间（高鸿业，2006）。如图 4.14 所示，F 为某类农业生产要素，TR、MR、AR 分别为总利润、边际利润、平均利润，皆为倒 U 形曲线。在第 I 阶段，要素投入农业的边际利润 MR 大于平均成本 AR，相比其他种类农业生产要素，*F* 要素投入农业的规模明显不足，农户将会增大 *F* 生产要素投入农业的力度，*F* 生产要素尚未出现非农化；在第III阶段，要素投入农业的边际利润 MR 为负，*F* 要素过度投入到农业产业，农户需要将部分 *F* 生产要素转为投入非农产业；在第 II 阶段，*F* 要素投入农业的 MR 大于 0，TR 持续增加，此为农户农业生产的合理区间。假定 F 类要素的总规模为 F_0，则 F 类生产要素非农化的合理区间为[F_0–F_2，F_0–F_1]，分别对应 *F* 要素投入农业的 MR=0 与

MR=AR 的两点。值得注意的是，基于不同的评判标准，TR、MR、AR 可以沿用不同的范畴，如分别表示乡村发展水平、边际乡村发展、平均乡村发展水平，但其合理区间诊断标准与上面方法基本一致。

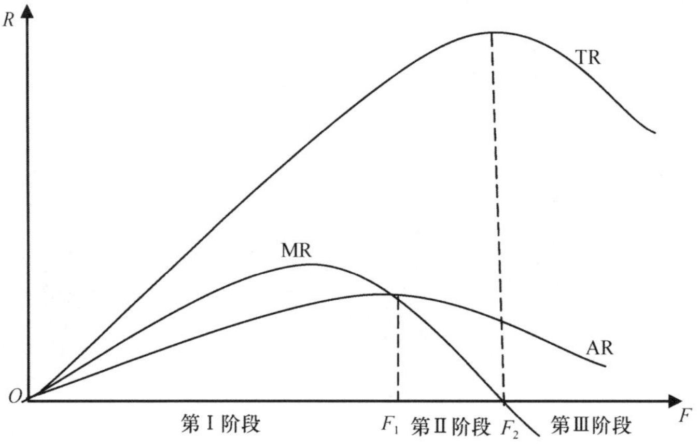

图 4.14　生产要素非农化的合理区间诊断

（2）乡村生产、乡村消费、区域支撑、主体发展功能对应的生产要素非农化合理区间存在明显的差距，需要基于一定的价值标准对各种功能之间进行合理取舍、补偿，以确定最优的生产要素非农化程度。可资借鉴的评判标准是生产要素非农化的边际成本等于生产要素非农化的边际收益（对应图 4.13 中的 Q^*）。其中，生产要素非农化的边际成本与边际收益不仅需要考虑乡村地域的各种功能，还需要考虑乡村地域涉及的各个行为主体，以及区际分工等众多层面。

（3）生产要素非农化存在合理区间，表明生产要素非农化是实现乡村地域持续快速发展不可避免的代价，过与不及都不利于乡村发展。此外，鉴于乡村系统的部分功能存在公共产品属性，完全依托市场机制尚难以实现乡村功能的总体优化，政府调控因而成为必然。其首要任务是通过规划引导、法规约束、资金投入等手段，平抑生产要素非农化的负向影响，使得倒 U 形耦合规律向叠加的 Logistics 或⊃形耦合规律转变。

4.2　农村土地整治的合理性与可行性分析

4.2.1　基于农户生计转型的农村土地整治合理性分析

1. 研究依据

农村土地整治工作是否适宜？如何科学推进？赞成一方认为农民整治意愿强烈、农户内部出现分化，适时推进空心村整治和旧村改造的条件已经成熟（Liu et al.，2010；陈玉福等，2010；党国英，2010）；质疑一方则强调农民并未完全脱离农业生产（郑风田，2010；韩俊等，2010），加之农民权利救济设计存在缺陷（Tao and Xu，2007），需要慎重推进“迁村并居”进程。审视国外情况，部分国家结合自身国情探索出了应对农村空心化发展、提高土地利用率和产出率的农村居民点用地整治可行途径（White et al., 2009; Pasakarnis and Maliene，2010；吴次芳，2009），部分国家为了提高城镇化率、释放村庄建设用地潜能等目标而盲目推进农村土地改革，类似南亚城市贫民窟、墨西哥农民游击队、巴西“无地农民运动”等严重后果，都和农户生计、农民权益息息相关，直至今日仍值得深入反思与总结（Niroula and Thapa，2005；Vergara，2011）。实证研究表明，农户生计确实影响农户土地利用行为（McCusker and Carr，2006；钟太洋和黄贤金，2007；周婧等，2010）、农村土地整治意愿（金明丽等，2008）与农村土地整治效果（谷晓坤等，2007）。当前农村土地整治工作之所以受到质疑，主要是因为违背农民意愿、不顾农业生产节律“强拆强建”（洪巧俊，2008；涂重航，2010）。综上可以推断，经济发展阶段及其主导下的农户生计特征与整治意愿是决定农村土地整治适宜性与时序性的核心所在。面对农民改善自身生产生活条件的真实需求，以及地方政府推进农村居民点用地整治的强劲动力，从生计转型视角来识别农村土地整治的适宜区域，是科学规范农村土地整治工作的可行思路之一。

2. 理论解析

当前我国农户的生计转型是指农户赖以生存、生活的职业或产业发生根本转变，农民农业生产与农村土地依赖性由强渐弱的演变过程。在微观农户层面，即指农户由纯农户向一兼户、二兼户、三兼户、非农户的渐次转变；在宏观县域层面，即指农户生计多样化，非农就业农户比例逐步增加（陈秧分等，2012）。

从微观农户层面看，随着家庭非农就业程度（*X*）增加，农户住房更新与新建能力（*S*）呈现先缓慢增加、后快速增加进而缓慢递增的拉长型 S 形曲线特征，前期受限于较低的收入水平，限制农户住房更新与新建用地需求；后期受限于有限的村庄土地资源，对农民住房更新与新建用地需求构成直接约束（图 4.15）。农户住房更新与新建用地需求（*D*）呈现先处于高位、后快速减少进而缓慢减少的拉长型倒 S 形曲线特征，表明（随着农户日益脱离农业）农户居住用地中的农业设施用地需求日渐缩减直至消失、（随着农民生活方式转变）农户居住方式由传统的粗放型的独家大院向现代的集约型的楼房建筑逐渐转变，以及（随着农户实际居住用地面积的不断增加）农户经由继续扩大居住面积以改善生活条件的欲望由强减弱的演变过程。

分析农户住房更新与新建用地需求（*D*）、农户住房更新与新建能力（*S*）的相互关

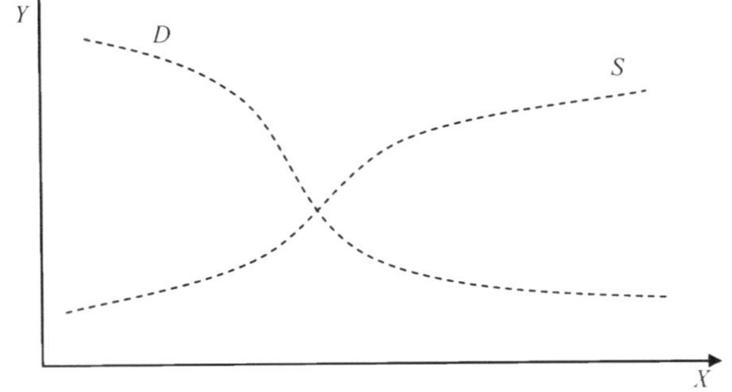

图 4.15　农户住房更新与新建能力、需求同农户非农就业程度的相关关系

系，可以得到农户居住用地曲线如 Y_0'所示：在达到非农就业程度 X^*以前，农户住房更新与新建能力（S）小于农户住房更新与新建用地需求（D），农户居住用地将取决于农户住房更新与新建能力，即与曲线（S）重合；在达到非农就业程度 X^*以后，尽管农户住房更新与新建能力（S）大于农户住房更新与新建用地需求（D），但农户无需在需求之外占有更多的居住用地，农户居住用地曲线将和农户住房更新与新建用地需求曲线（D）重合。考虑农户家庭贷款、村庄规划管理等因素，农户非农就业与农户居住用地之间的曲线将相对平滑，如倒 U 形曲线 Y_0 所示（图 4.16）。

从宏观县域层面看，县域是中国自然区划与行政区划基本吻合的自然单元，农业生产气候条件、农民生活习惯等方面相对一致（Xu et al.，2006），将成千上万相对一致“理性人”的居住行为进行累加，可以类似推断县域尺度农户生计转型与人均农村居民点用地之间的相互关系，其中，X 表示县域非农就业程度、S 表示县域农民住房更新与新建能力、D 表示县域农民住房更新与新建用地需求、Y_0'和 Y_0 为县域农户居民点用地曲线。

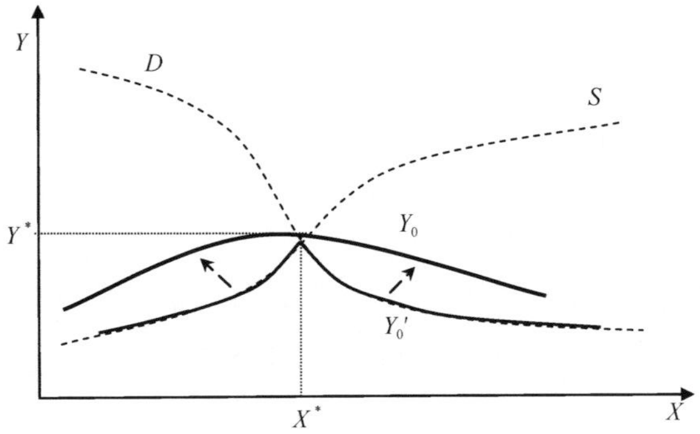

图 4.16　农户非农就业程度与人均农村居住用地的相互关系

3. 政策含义

在农户达到非农就业程度 X^*之前，大部分农民对农业生产与农村土地都存在相对较高的依赖程度，农户有保持甚至进一步扩大居住用地的实际需求（如保留部分农业设施用地、改善因之前收入约束而导致的居住拥挤情况等），不宜盲目推进农村土地整治工作；在非农就业程度 X^*后，因为农户住房投资的不可逆性，农户实际占有的居住面积（即 Y^*）已经大于农户居住用地需求，加之农民生产与生活已经基本脱离农业土地，（Y^*-Y_0）单位居住用地完全可以经由村庄用地整治工作进行优化利用，推进农村土地整治的条件相对成熟（陈秧分等，2012）。即农村土地整治的适宜区域与该区域的农户生计转型态势直接相关。考虑到乡村地域的综合性、动态性与区域性，不同区域、不同阶段推进农村土地整治的条件可能存在差异，农村土地整治需要因地制宜加以推进。

4.2.2　基于公平与效率的农村土地整治可行性分析

1. 研究依据

土地是财富之母。当前我国农用地实行家庭联产承包责任制度，土地按人口或劳动力平均分配给农户经营，提倡在承包期内“增人不增地，减人不减地”，兼具保障与发展功能。农村宅基地以农户为单位、平均分配、无偿取得，宅基地流转对象仅限于本集体符合宅基地申请条件的人员，侧重保障“居者有其屋”，具有明显的社会福利特征。其他农村建设用地属于农民集体所有，供乡镇企业、乡（镇）村公共设施和公益事业建设使用；农民集体所有土地的使用权不得出让、转让或者出租用于非农业建设；任何单位和个人进行建设，需要使用土地的，必须依法申请使用国有土地；国家为了公共利益的需要，可以依法对土地实行征收或者征用并给予补偿，保障农村集体发展用地权利，但又限制农民集体建设用地转换为城市用地。

研究认为，当前家庭联产承包责任制度有助于赋予农民稳定而又明细的产权，提高农地利用效率；农村宅基地承担削减农民社会风险的道义责任，是确保农民生存与维持基本社会保障的重要工具；农村集体建设用地产权归属于农民集体所有，可以保障农民集体发展用地需要。也有研究认为，当前“增人不增地，减人不减地”的家庭联产承包责任制度，既对农村新增人口明显不公，也会因为一家一户分散经营导致效率损失；由于严格限制宅基地流转，大量农村宅基地处于闲置或低效利用状态，这些宅基地原本可以成为农民进城落户与农村内生发展的重要资产；其他农村集体建设用地需要经由国家征用途径才能转为城市用地。

由上可知，无论是农村土地制度设计本身，还是当前关于农村土地制度合理性的探讨，都是围绕公平与效率视角而展开。从公平与效率视角分析农村土地整治可否实现帕累托改进，是证实农村土地整治可行性的可能思路之一。

2. 理论解析

1）未实施城乡建设用地增减挂钩的情况①

图 4.17 为未实施城乡建设用地增减挂钩的建设用地供求模型：

在没有政府管控的条件下，土地供求市场将在 E 点取得均衡，此时均衡价格为 P^*，土地非农需求量（需求曲线 d）与土地非农供给量（供给曲线 s）相等，作为土地非农使用主体的企业获得消费者剩余为 AEP^*，作为土地非农供给主体的农民获得生产者剩余 OP^*E，社会总福利为 OAE。

由于我国实施建设用地指标控制，以及通过农地征用才能转换为城市用地的土地制度，企业建设用地指标存在不足，且受政府调控影响。在有政府管控的条件下，假设该区域建设用地控制指标为 Q'，此时，企业愿意支付的价格为 P'；政府以市场均衡价格 P^*从农民处征收土地，再以企业愿意支付的价格 P'售给企业，企业获得的消费者剩余为 ABP'，农民获得的生产者剩余为 OP^*FG，政府通过征收和拍卖指标获得的收益为 $P^*P'BF$。由于政府调控干扰市场机制造成的福利净损失为 BEG，其中 BEF 属于企业福利损失，而 FEG 属于农民的福利损失。造成福利损失的主要原因，是建设用地指标受到政府宏观调控，农民、企业并未得到相应的补偿（卢祖丹等，2009）。

① 卢祖丹，赵定涛，黄细兵. 2009. 建设用地置换的经济效益热点地区评定——基于安徽省的实证分析. 中国工业经济，（7）：16-25，有较大改动。

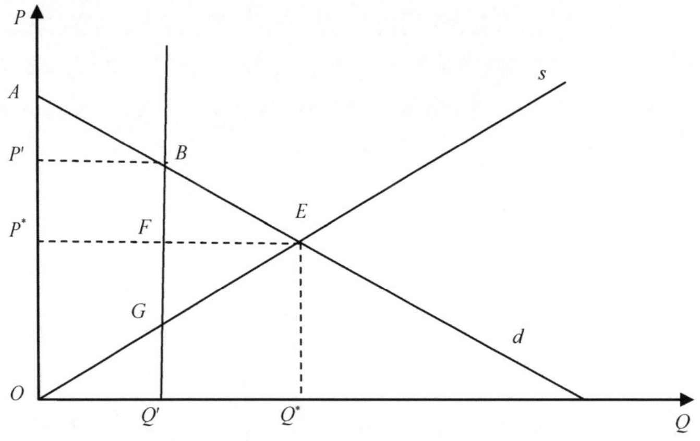

图 4.17　未实施城乡建设用地增减挂钩的情况

2）实施城乡建设用地增减挂钩的情况

政府通过整理复垦农村粗放利用的建设用地，并与规划指标外的农用地进行置换，由此新增建设用地供给（图 4.18）。假定市场存在一条复垦土地供给曲线 S_t，该曲线是由于国土资源部下达的建设用地指标无法满足实际需要时产生的，故曲线 S_t 是由 Q' 出发向右上方倾斜的曲线。政府的置换投入包括两部分，一是 $Q'HQ^*$，即政府对农村地区废弃地的复垦投入；二是 $Q'GEH$，即政府对被置换的农用地与复垦土地之间的级差地租进行支付，其值等于置换土地与复垦土地的单位成本差额与缺口土地面积的乘积。

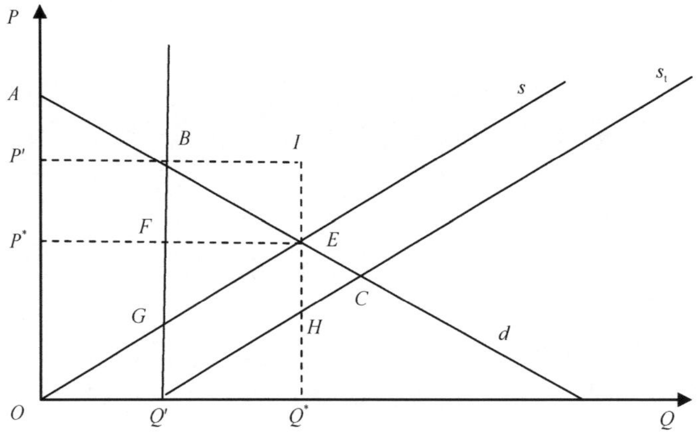

图 4.18　实施城乡建设用地增减挂钩的情况

对于置换地农民而言，其生产者剩余为 OP^*FG，同时获得 $Q'GEH$ 单位的价值补偿；对于被置换区域农民而言，其耕地面积增加 $Q'Q^*$，同时获得 $Q'HQ^*$ 单位的建设用地拆迁、复垦价值补偿。由于 $Q'GEH$ 面积大于 FEG，实施城乡建设用地增减挂钩后农民福利有所增加，且大于仅有企业与农民自由交易的情况，这是因为实现了区域用地统筹配置，土地增值在保障被置换地农民利益的基础上，分配给了被置换地农民。

政府对置换所得的城郊农用地通过拍卖、招标、挂牌等方式让渡给企业，其收益分配与政府定价策略有关：①如果政府采取市场定价策略（即价格 P^*），那么，企业的消

费者剩余为 AEP^*，等于自由市场交易时的福利剩余，政府取代农民成为土地供给方，福利剩余为 $Q'FEH$，减去政府对置换地农民 $Q'GEH$ 单位的补偿，实际的福利剩余为 EFG。此时，政府有一定的福利剩余，企业、农民的福利剩余都不小于未实施城乡建设用地增减挂钩的情况。②如果政府采用前期规划指标内的土地出让价格(即价格 P')，那么，企业的消费者剩余为 $ABP'–BIE$，小于未实施城乡建设用地增减挂钩前的福利剩余，政府的实际福利剩余由 FEG 增加 $FP^*P'IEG$，是最主要的获益主体。由于企业福利剩余明显减少，实际的定价应位于 P^* 与 P' 之间，这样，企业的福利剩余有所增加，政府也有一定的福利剩余，实际的价格取决于政府与投资商之间的力量博弈（卢祖丹等，2009）。

3. 政策含义

综上可知，以城乡建设用地增减挂钩为平台推进农村土地整治，可实现农民与企业的帕累托改进，同时，让政府保留一定的福利剩余。由于政府是公共利益的代言人，且我国政策明文规定"政府出让土地收入将重点支持农业土地开发和农村基础设施建设"，政府通过增加农村生产条件和公共物品方面的投入，既可以直接提高农民的生活水平，增加农民福利（卢祖丹等，2009），同时，又可以有效拉动我国内需市场，使企业从中获益，进一步提高农民与企业的福利水平。实施城乡建设用地增减挂钩可使社会总福利增加（受益于不同区域的用地效率差异，即图 4.18 中的 $Q'GEH$），同时又能实现农民与企业的帕累托改进，从公平与效率的角度来看，农村土地整治是适宜的。

第5章　农村土地整治的宏观分析

农村土地整治是对农村人地关系变化的响应与适应。其中，城乡收入差距及其导致的人口流动是农村空心化的根本前提，城镇化超前-滞后程度与进城落户适宜区域是判断未来人口格局的主要依据，农户生计转变及其对应的农村土地整治适宜区域则是开展农村土地整治的直接依据。有鉴于此，本章将对以上方面进行集中探讨，以进一步理解城乡转型进程中的要素配置与结构效益特征，为开展农村土地整治工作提供参考。

5.1　城镇化、工业化与城乡收入差距关系

5.1.1　研究方法

1. 研究依据

中国改革开放的重要特征，是农村大量剩余劳动力由农业部门转向非农产业部门、由乡村地域流向城镇地域（辜胜阻等，1998）。农村劳动力的就业结构转变、居住空间转移与居民身份转换，其根源是工农差异与城乡差距，其目标是实现城乡均衡发展（Lewis，1954；Jorgensen，1967；陈钊和陆铭，2008）。这一以人口转移为主导的复杂过程，如果实现了人口的有效转移、工农结构的合理转变以及城乡差距的持续减少，农村人地关系将逐步实现动态的、良性的平衡。然而，在城镇化率快速增长与非农产业部门蓬勃发展的同时，城乡收入差距却自1996年开始基本维持扩大趋势，2009年达到创纪录的3.33∶1，之后才开始有所减小。这在一定程度上表明，中国城镇化与工业化并未如愿实现城乡发展一体化，换句话说，由于城镇化与工业化并未减少城乡收入差距，加剧了农村空心化的发展。

大量研究分析了城镇化、工业化与城乡收入差距的关系，其中，以向量自回归模型为基础的实证研究，侧重分析三者之间是否存在长期稳定的协整关系（郭军华，2009；陈晓毅，2010；李宪印，2011），但受研究时段、关注区域等因素影响，三者之间的均衡关系、作用程度等研究结论并不一致，且难以揭示各期、各区域三者之间的关系状态；以面板数据为基础的计量回归模型侧重分析城镇化、工业化对城乡收入差距的影响效应，包括经济开放、政府干预、财政支出结构等主要控制变量（陆铭和陈钊，2004；王子敏，2011；兀晶和卢海霞，2015），研究结论同样存在显著差异，且鲜有研究关注城镇化、工业化与城乡收入差距的共同影响因素及其影响效应。

“十三五”规划纲要要求“加快新型城镇化步伐，提高社会主义新农村建设水平，努力缩小城乡发展差距，推进城乡发展一体化”。把握城镇化、工业化对城乡收入差距的影响效应及其影响因素，是增强发展整体性、提高发展协调性的重要前提。根据发展经济学理论，只要非农就业收入高于务农收入，农业剩余劳动力将源源不断地流向非农

产业（Lewis，1954）。由于非农产业主要分布在城镇，农业剩余劳动力流动，在实现农民就业由农业转向非农产业的同时，推动农民居住地由农村向城镇的转变，前者对应产业结构与就业结构的转变，后者是以人为核心的城镇化的重要内容。新市民的加入将提高非农产品的消费需求，农业剩余劳动力转化为非农劳力将提高非农产品的生产能力，两者的综合作用将扩大非农就业机会，提高经济发展水平，进一步吸纳农业剩余劳动力。随着农业劳动力向城镇非农产业的不断转移，在生产要素边际报酬递减规律的综合作用下，劳动力投入农业与非农产业的边际报酬差距将逐渐缩小，直至实现动态平衡。在这一过程中，一方面，城镇劳动力市场因为劳动力供应增加而出现工资相对下降；另一方面，越来越多的农民可以通过务工取得城镇非农行业的工资性收入，农业经营收入则因为务农人口减少带来的劳动力投入农业的边际报酬递增而出现相对增长，两者综合作用会促使城乡收入差距趋于减少（图 5.1）。因此，城镇化、工业化与城乡收入差距存在内在联系，表现为城镇化率增加、工业化程度增加、城乡收入差距趋于减小的理论关系（陈秧分和何琼峰，2016）。

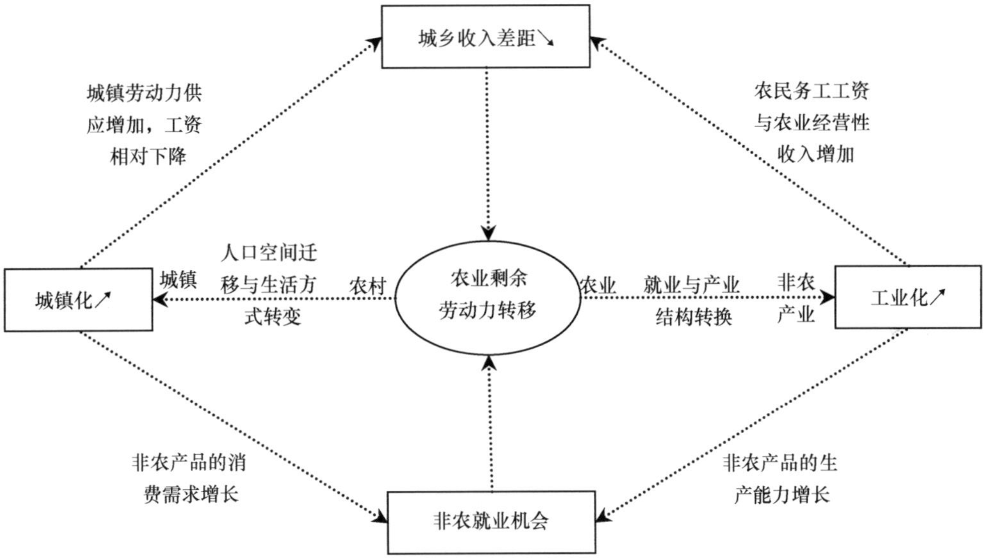

图 5.1　城镇化、工业化与城乡收入差距的理论关系

2. 实证方法

1）指标选取

不少研究关注了城镇化、工业化与城乡收入差距（尤其是与农业现代化以及信息化）的相关关系（金虎斌，2012；丁志伟等，2013；钱丽等，2012；周振和孔祥智，2015）。有研究采取单个指标分别测度三者关系，也有研究通过指标体系综合评价各自发展水平。鉴于指标体系容易抹平重要指标的影响，且部分指标之间还存在较强的相关关系，同时考虑到基础数据的可获得性，本研究采用单一指标来进行比较分析，并结合理论分析确定适宜的测度指标：①城镇化涉及生产、生活等多个维度，其中最适宜也最通用的城镇化率测度指标为城镇人口占总人口的比例（y_1）；②工业化通常用到的指标包括工业

产值（增加值）占 GDP 的比例、非农产值占 GDP 的比例、工业就业比例和非农产业的就业比例（金虎斌，2012）。由于仅用工业指标不能反映城市服务业发展情况，且就业转换与城镇化、城乡收入的关系更为紧密，因此选用非农产业就业人员占全社会从业人员的比例来衡量工业化程度（y_2）；③城乡收入差距可用收入、消费支出等指标来衡量，本研究采用常用的农村居民人均纯收入与城镇居民人均可支配收入之比予以测度（y_3）。

2）耦合特征测度

耦合度、协整分析、协调发展度是研究变量耦合关系最为常见的相关研究方法。由于耦合度的数值分布区间较窄，缺乏层次性，不利于判断；协整分析侧重验证变量之间有无稳健的长期均衡关系，忽视变量之间的内在协调程度，借鉴既有研究成果（周振和孔祥智，2015），采用协调发展度加以测度。具体步骤如下：

第一步，对指标做面板标准化处理。本研究选择的各项指标均为正向指标，适用公式（5.1）处理方法，其中 l、L 分别为处理前、后的变量，i 为地区，min（l_i）、max（l_i）分别为该变量的最小值与最大值。无量纲化后的变量取值范围为［0，1］，为了保证变量取值都大于 0，转换后的最小值（即 0 值）采用次小值乘以最小值的原值与次小值的原值的比值进行替换。

$$L_i = \frac{\left[l_i - \min\left(l_i\right)\right]}{\left[\max(l_i) - \min\left(l_i\right)\right]} \tag{5.1}$$

第二步，测算三者的发展水平。由于几何平均值在一定程度上比算术平均值更能体现各指标间的协调性与发展质量，更加强调各变量的协同发展，本研究采用几何平均值而非算术平均值来测度各变量的协同发展程度，其中，Y_1、Y_2、Y_3、分别为标准化处理后的 y_1、y_2、y_3。

$$C = \sqrt[3]{Y_1 \times Y_2 \times Y_3} \tag{5.2}$$

第三步，测算出三者之间的协调度。建立评价三者协调度的离散分析模型，其中 S、P 分别为三个指标的标准差、算术平均值，$\dfrac{S}{P}$ 为变异系数 C_v。变异系数用于反映数据的离散程度，1–C_v 即可反映数据的集中程度，值越高，协调度越大。由于 C_v 值不一定处于 0 到 1 之间，进一步针对式（5.3）做式（5.4）的调整变换，其中 C_{vmax} 是 C_v 的最大值，这样 HR 即处于 0 到 1 之间，值越大，协调度越大。

$$\mathrm{HR} = 1 - \frac{S}{P} \tag{5.3}$$

$$\mathrm{HR} = 1 - \frac{C_V}{C_{vmax}} \tag{5.4}$$

第四步，测算协调发展度，计算公式如式（5.5）所示，该指标同时考虑了发展水平与协调性，且介于 0 与 1 之间，其值越大，三者协调发展程度越高。

$$Y = C \times \mathrm{HR} \tag{5.5}$$

3）影响因素分析

城镇化、工业化与城乡收入差距存在理论上的良性互动关系，但受社会经济体制等因素制约，三者的实际关系会发生偏离。结合理论分析与既有研究基础，考虑数据的可获得性，从进城未落户程度、产业规模化程度、所有制结构、农户生计转变能力、基础设施环境、农业生产结构调整等方面设置解释变量，并同时对协调发展度（Y）、城镇化（y_1）、工业化（y_2）与城乡收入差距（y_3）进行回归，模型变量说明见表 5.1。

表 5.1　模型变量说明

变量及符号	度量方法	选取依据与预期效应
进城未落户程度 x_1	常住人口城镇化率/户籍人口城镇化率	该值越大，表明没有取得市民身份的流动人口比例越大，体现户籍等城乡二元体制对人口流动的不利影响，预期效应为负
产业规模化程度 x_2	大中型工业企业工业销售产值/规模以上工业企业工业销售产值	该值越大，表明拥有品牌、市场、技术、人才、管理等优势的大中型企业发展越好，其对当地就业与非农产业发展的辐射和带动作用越强，预期效应为正
所有制结构 x_3	国有控股工业企业工业销售产值/规模以上工业企业工业销售产值	该值越大，表明在吸纳劳动力、经济活力等方面更具优势的非国有经济发展相对较差，预期效应为负
农户生计转变能力 x_4	工资性收入/农村居民人均纯收入	该值越大，表明农户参与非农就业的能力与效果越为明显，预期效应为正
基础设施环境 x_5	等级公路里程/土地总面积	该值越大，表明投资环境、发展环境越为优越，预期效应为正
农业生产结构调整 x_6	粮食作物播种面积/农作物播种面积	该值越大，表明当地粮食生产地位越为重要，或者农户生计对粮食生产的依赖程度越高，预期效应为负

本书采用面板数据（panel data）模型进行估计，它能够同时反映研究对象在时间和截面单元两个方向上的变化规律和特征，具有扩大样本容量、控制个体异质性、减少内生性、增加自由度从而提高参数估计的有效性等显著优势。为了进一步消除共线性、减少异方差，对所有变量均作对数化处理，自变量系数表示弹性，且变量符号不会发生变化。回归模型如式（5.6）所示，其中 $\alpha_0 \sim \alpha_6$ 为待回归系数，ε 为随机误差项。

$$\ln y = \alpha_0 + \alpha_1 \ln x_1 + \alpha_2 \ln x_2 + \alpha_3 \ln x_3 + \alpha_4 \ln x_4 + \alpha_5 \ln x_5 + \alpha_6 \ln x_6 + \varepsilon \qquad (5.6)$$

3. 研究区域与数据来源

本书关注全国除香港、澳门、台湾以外的省级区域，共计 31 个省、自治区与直辖市（以下简称为省份或省）。考虑中国显著的区域差异，将对全国以及东部、中西部进行分别回归，其中东部包括京、津、冀、辽、沪、苏、浙、闽、鲁、粤、琼等 11 个省份。考虑数据的可获得性与指标稳定性，本研究将研究时段界定为 2000~2013 年，数据来源包括《中国统计年鉴》《中国农村统计年鉴》《中国工业经济统计年鉴》《中国人口和就业统计年鉴》以及部分省份的省域统计年鉴。个别指标缺少极个别省份的少数年份数据，如为 2001~2012 年，采用前后两年的均值予以替代，如为 2000 年或 2013 年，根据相邻年份的变化趋势予以推测。

5.1.2　耦合特征分析

从各指标看，2000~2013 年我国城镇化率由 36.22%增加为 53.73%，年均增加 1.35 个百分点；工业化率（非农就业率）由 50.00%增加为 68.60%，年均增加 1.43 个百分点；乡城收入比由 0.36∶1 降低为 0.33∶1，2009 年更是降到 0.30∶1。以 2000 年、2013 年协调发展度均值（0.3559）±标准差（0.2233）计算临界值并绘制图形（图 5.2、图 5.3），结合各指标的散点图（图 5.4），可以进一步发现：①研究期内我国各省市的城镇化率与工业化率普遍增加，城乡收入差距则有增有减，表明城镇化、工业化并没有必然减少城

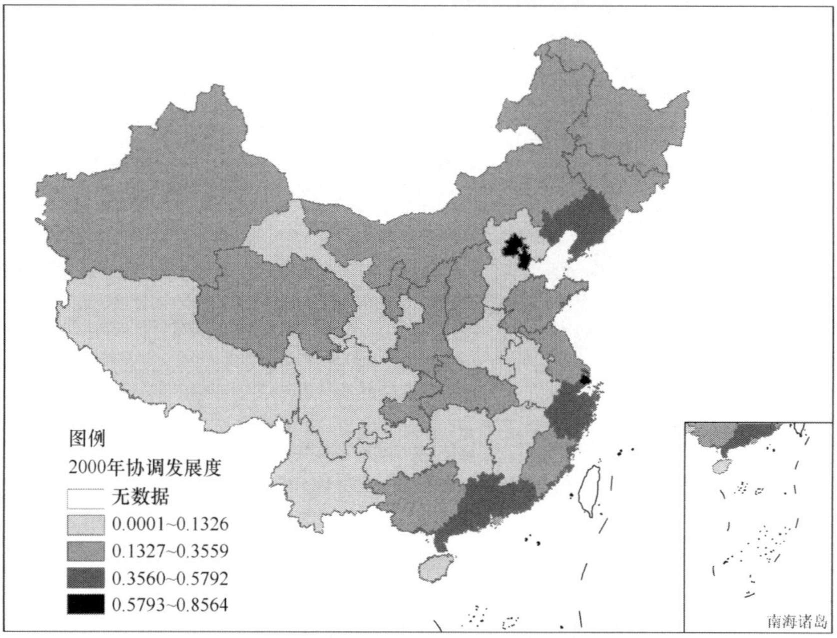

图 5.2　2000 年各省市协调发展度的示意图

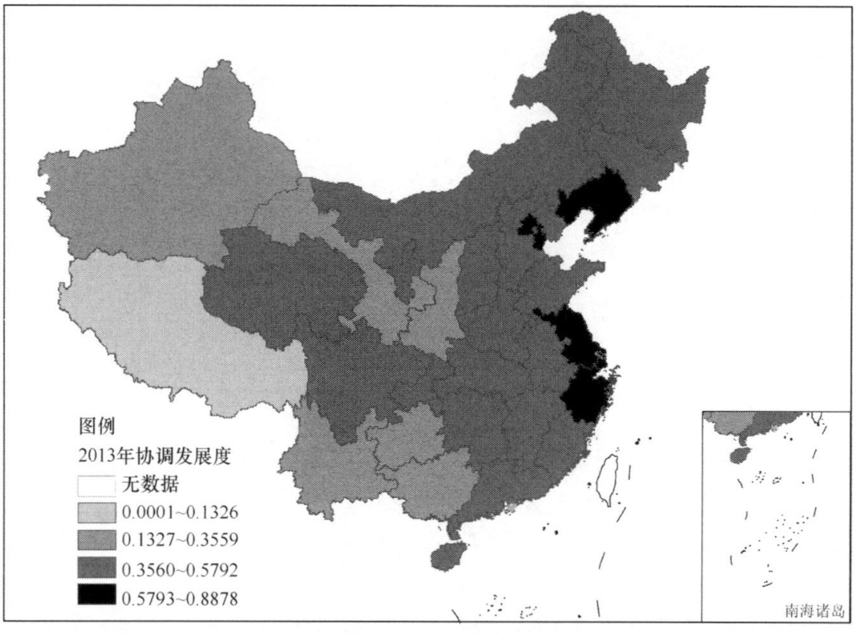

图 5.3　2013 年各省市协调发展度的示意图

乡收入差距；②与其他三个指标沿对角线相对均匀分布相比，协调发展度分布相对较为集中，这是因为较高的城镇化率与工业化率可能对应较低的乡城收入比（即较高的城乡收入差距），城镇化、工业化可能扩大了城乡收入差距；③协调发展度总体呈现增长趋势，并呈现显著的地带性分布规律，东部协调发展度较高，中部次之，西部地区最低。

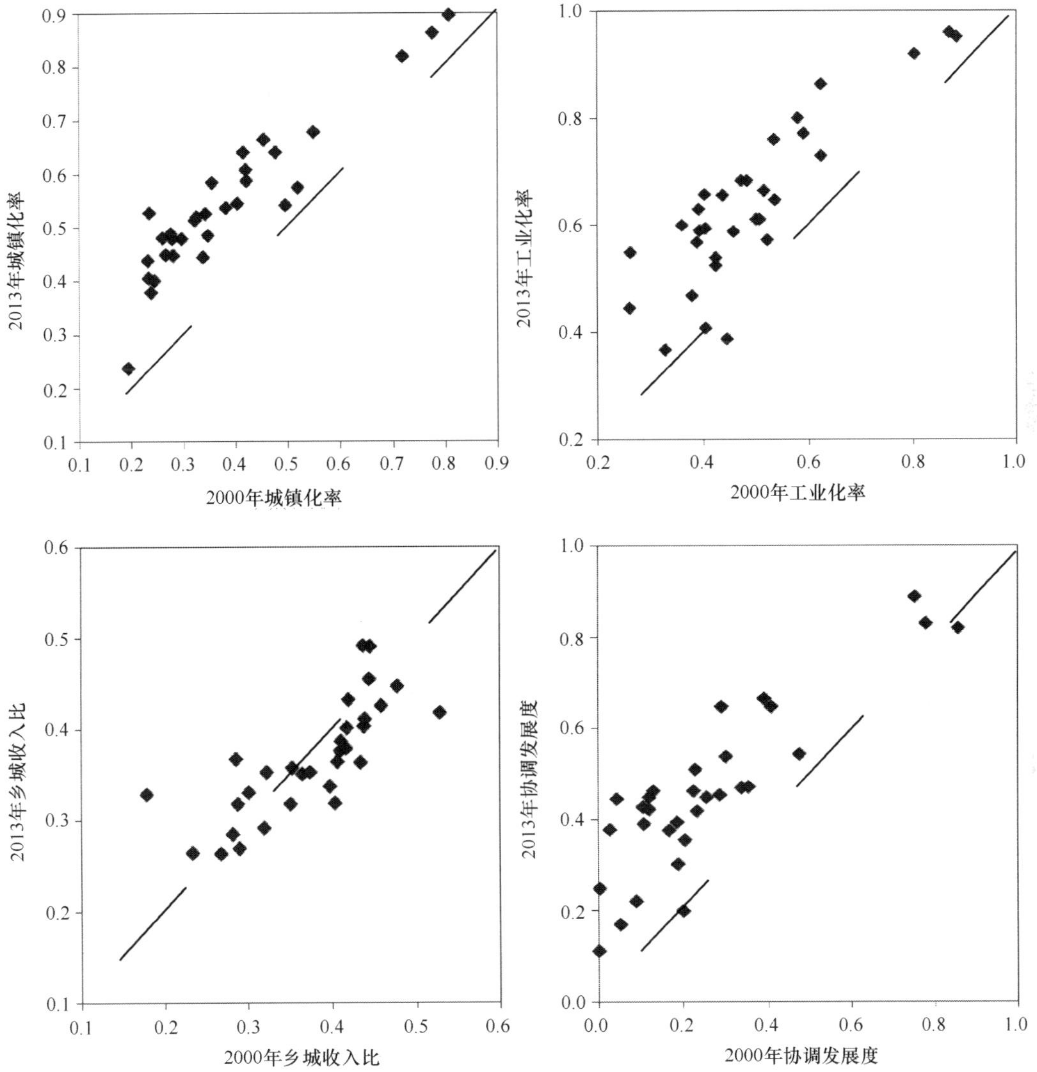

图 5.4　各指标散点图

5.1.3　影响因素分析

面板数据模型包括截面（cross-section）、时刻（period）两个维度，本研究重点探讨三者关系的演变规律及其影响因素，侧重关注截面效应而非时刻效应，且先验地认为各个体成员的影响因素存在相对一致的作用规律，因此，采用变截距模型而非变系数模型进行估计。根据 Hausman 检验、LR 检验结果，部分模型适宜于固定效应面板数据模型，部分适宜于随机效应面板数据模型。由于采用两种模型所得的各变量的回归系数正负值与显著性基本一致，模型较为稳健。为便于比较，同时汇报全国及分区域固定效应模型与随机效应模型的估计结果（表 5.2~表 5.5），可以发现：

表 5.2 全国随机效应回归结果

变量	$\ln Y$	$\ln y_1$		$\ln y_2$		$\ln y_3$	
$\ln x_1$	–0.158	0.455***	0.574***	–0.120***	–0.238***	–0.052*	–0.042
$\ln x_2$	2.556***	0.295***	0.159***	0.159***	0.090***	–0.040	–0.141***
$\ln x_3$	–0.619***	–0.178***	–0.110***	–0.199***	–0.147***	0.056***	0.128***
$\ln x_4$	0.773***	0.113***	0.095***	0.157***	0.108***	0.013	0.020
$\ln x_5$	0.165*	0.077***	0.079***	0.054***	0.035***	0.046***	0.035***
$\ln x_6$	–0.739*	–0.283***	–0.089*	–0.173***	–0.036	–0.064	–0.076
$\ln y_1$					0.296***		0.032
$\ln y_2$			0.245***				0.213***
$\ln y_3$			–0.046		0.186***		
R^2	0.344	0.601	0.739	0.619	0.720	0.064	0.130
F	37.30	107.02	150.24	115.56	136.75	4.89	7.946

***、**、*分别表示在 1%、5%、10%的概率水平下显著。

表 5.3 全国固定效应回归结果

变量	$\ln Y$	$\ln y_1$		$\ln y_2$		$\ln y_3$	
$\ln x_1$	0.316	0.527***	0.680***	–0.073**	–0.048	–0.007	0.197***
$\ln x_2$	2.230***	0.277***	0.158***	0.156***	0.156***	–0.022	–0.063*
$\ln x_3$	–0.429**	–0.176***	–0.129***	–0.200***	–0.180***	0.070***	0.109***
$\ln x_4$	1.159***	0.112***	0.135***	0.144***	0.050	0.015	0.084**
$\ln x_5$	0.143	0.074***	0.095***	0.056***	0.094***	0.039***	0.051***
$\ln x_6$	–1.239**	–0.299***	–0.110*	–0.185***	–0.073	–0.055	–0.122**
$\ln y_1$					0.065		–0.205***
$\ln y_2$			0.056				0.128***
$\ln y_3$			–0.183***		0.131***		
R^2	0.604	0.903	0.965	0.911	0.938	0.879	0.894
F	16.78	102.36	287.84	112.21	157.34	79.55	87.89

***、**、*分别表示在 1%、5%、10%的概率水平下显著。

（1）城镇化率（$\ln y_1$）、非农就业率（$\ln y_2$）的拟合优度（R^2）明显高于乡城收入比（$\ln y_3$），表明城乡收入差距的影响因素更为复杂，城乡协调发展需要统筹考虑更多因素。

（2）农户生计转变能力（$\ln x_4$）、基础设施环境（$\ln x_5$）、农业生产结构调整（$\ln x_6$）的影响符合预期，农户参与非农就业的能力越强、区域基础设施环境越完善、农业非粮化程度越高，越有利于促进城镇化与工业化发展，减少城乡收入差距。

（3）进城未落户程度（$\ln x_1$）对工业化（$\ln y_2$）、乡城收入比（$\ln y_3$）的影响总体上符合预期，对城镇化（$\ln y_1$）的影响则与预期相反。进城未落户的比例越高，流动人口数量越大，统计上的城镇化率显然越高，但这种非彻底、欠稳定的城镇化模式，难以保障农民稳定的非农就业，既不利于工业化的有效推进，也不利于农民收入的稳定增长。产

表 5.4　东部及中西部随机效应回归结果

变量	lnY		lny1				lny2				lny3			
	东部	中西部	东部	东部	中西部	中西部	东部	东部	中西部	中西部	东部	东部	中西部	中西部
$\ln x_1$	0.951***	−0.837**	0.445***	0.415***	0.717***	0.658***	−0.063*	−0.173***	−0.068	−0.252***	0.145***	0.197***	−0.059	−0.134***
$\ln x_2$	0.357***	4.059***	0.181***	0.075	0.082**	0.092**	0.077***	0.024	0.273***	0.197***	−0.049	−0.054	0.033	−0.020
$\ln x_3$	−0.390***	−1.511***	−0.215***	0.020	−0.071**	−0.055*	−0.094***	−0.038**	−0.308***	−0.271***	0.158***	0.157***	−0.001	0.046
$\ln x_4$	0.687***	0.905***	0.204***	0.168***	0.079**	0.009	0.120***	0.118***	0.075*	0.125***	0.082***	0.085***	−0.004	−0.031
$\ln x_5$	0.073	0.038	0.089***	−0.002	0.117***	0.103***	0.136***	0.125***	0.043**	−0.014	−0.005	−0.024	0.048***	0.039**
$\ln x_6$	0.034	−0.867	−0.005	0.008	−0.219***	−0.122*	−0.091**	−0.098***	−0.088	−0.030	0.087*	0.093**	−0.137	−0.064
$\ln y_1$								0.243***		0.287***		−0.125***		0.095*
$\ln y_2$				0.958***		0.189***						0.238**		0.137**
$\ln y_3$				−0.348***		0.042		0.194***		0.152***				
R^2	0.769	0.364	0.807	0.787	0.795	0.742	0.898	0.884	0.595	0.644	0.521	0.533	0.094	0.139
F	81.72	26.09	102.76	67.11	176.33	97.29	216.55	138.74	66.77	61.20	26.69	20.71	4.70	5.47

***、**、*分别表示在 1%、5%、10%的概率水平下显著。

表 5.5　东部及中西部固定效应回归结果

变量	$\ln Y$		$\ln y_1$				$\ln y_2$				$\ln y_3$			
	东部	中西部	东部	东部	中西部	中西部	东部	东部	中西部	中西部	东部	东部	中西部	中西部
$\ln x_1$	1.080***	0.319	0.487***	0.567***	0.761***	0.761***	−0.055	−0.130***	0.013	−0.056	0.151***	0.239***	0.006	0.096***
$\ln x_2$	0.391***	3.216***	0.195***	0.139***	0.043	0.032	0.082***	0.061**	0.230***	0.225***	−0.043	−0.024	0.010	−0.005
$\ln x_3$	−0.511***	−1.104***	−0.258***	−0.150***	−0.047	−0.032	−0.107***	−0.086***	−0.259***	−0.255***	0.156***	0.130***	0.009	0.026
$\ln x_4$	0.571***	2.584***	0.162***	0.135***	0.117***	0.116***	0.104***	0.077***	0.082*	0.067	0.075**	0.086***	0.041	0.048***
$\ln x_5$	0.025	−0.380	0.071***	0.003	0.117***	0.116***	0.131***	0.123***	0.066***	0.052**	−0.006	−0.014	0.027	0.035
$\ln x_6$	0.087	−2.851**	0.024	0.099	−0.268***	−0.284***	−0.085**	−0.096***	−0.183	−0.128	0.092*	0.109**	−0.305***	−0.322***
$\ln y_1$								0.128***		0.090		−0.164***		−0.120***
$\ln y_2$				0.508***		0.053						0.150		0.086***
$\ln y_3$				−0.343***		−0.083		0.079		0.102				
R^2	0.929	0.607	0.964	0.968	0.947	0.948	0.985	0.873	0.815	0.833	0.873	0.880	0.844	0.847
F	112.67	15.72	229.62	226.82	182.85	170.40	555.58	58.87	50.25	46.86	58.87	55.27	55.15	51.73

***、**、*分别表示在1%、5%、10%的概率水平下显著。

业规模化程度（$\ln x_2$）衡量产业规模结构，其对城镇化（$\ln y_1$）、工业化（$\ln y_2$）的影响效应显著为正，但对乡城收入比（$\ln y_3$）的影响显著为负，这与农村劳动力主要受雇于劳动密集度较高而规模化程度相对较低的建筑业、制造业、批发和零售业等行业有关（国家统计局，2014，2015），劳动力流动没有带来城乡工资差距的均等化（陈钊和陆铭，2008）。所有制结构（$\ln x_3$）衡量国有经济所占比例，其对城镇化（$\ln y_1$）、工业化（$\ln y_2$）的影响效应显著为负，符合预期，对乡城收入比（$\ln y_3$）的影响则显著为正，这是因为国有企业劳动者之间的工资差异最小，非国有企业尤其是民营企业涉及类别最多，工资差异最大（Chen et al.，2005）。

（4）城镇化、工业化与乡城收入比之间存在内在关联，其中，城镇化与工业化相互促进，符合预期；对于城乡收入差距，城镇化总体上表现为显著的负向效应，通过城市倾向的经济政策，扩大了城乡收入差距（陈钊和陆铭，2008），工业化则表现为显著的正向效应，通过农民参与非农就业，缩小了城乡收入差距。

（5）东部、中西部各影响因素的差异并不明显，比较而言，中西部地区作为传统农区以及主要的粮食产区，其城镇化与城乡收入差距受农业生产结构调整（$\ln x_6$）即粮食生产的制约越明显；作为人口外流区域，城乡收入差距受进城未落户的不利影响越显著。

5.1.4　结论与讨论

理论上，城镇化、工业化通过农业剩余劳动力转移这一最为直接的方式，降低城镇相对工资、提高农民工资性与经营性收入，可以减少城乡收入差距，促进城乡协调发展。实证分析表明，从城镇化一端来看，由于户籍、成本等因素制约，农民进城不落户现象仍然较为普遍，生计转变能力越强即素质越高的农户越容易进城落户，生计转变能力较差的农户主要受雇于规模化程度较低、劳动密集度较高的传统行业，其对城镇工资的影响非常有限；从工业化一端来看，农村劳动力集中于工资性收入相对较低的传统行业，加之非彻底的城镇化、农业种植结构调整约束等因素影响，农民家庭经营性与工资性收入的增长空间均相对有限，以上因素综合作用，导致中国城镇化、工业化总体上并未大幅缩小甚至在一定时期、大部分省份扩大了城乡收入差距。即便如此，随着中国城镇化与工业化的深入推进以及城乡收入差距的逐步缩减，研究期内中国城镇化、工业化与城乡收入差距的协调发展程度仍有所增加，其中东部地区协调发展度最高，中西部地区协调发展度较低，体现各地区农业剩余劳动力规模、经济发展水平、产业结构等方面的差异。

当前，我国已进入全面建设小康社会的关键阶段，促进城乡协调发展是全面建成小康社会尤为重要的工作任务。针对城镇化、工业化与城乡收入差距的耦合特征及其影响因素，应以促进城乡公共服务均等化、加快发展中小城市和特色镇、促进常住人口市民化为抓手统筹推进新型城镇化，减少城乡发展差距，降低农民城镇化门槛，推动既有人口、更多人口有效融入城镇发展；应在扶持发展战略性新兴产业的同时加快构建现代农业经营体系、推动农村三次产业融合发展、培育壮大优质中小企业，增加国内产业升级与经济发展新常态下农民的非农就业机会，切实提高农民工资性与经营性收入水平，增强农村发展活力；应从继续加大对农业农村的转移支付力度、加强农民教育培训等方面拓宽农民增收渠道，进一步缩小城乡收入差距。农业生产结构调整约束、基础设施环境等因素均会影响三者关系，粮食主产区转移支付、欠发达地区基础设施投入等区域性政策，将有助于化解主体功能分区导致的外部性现象，促进各地全面统筹发展。

5.2 全国城镇化超前滞后程度与进城落户适宜类型

5.2.1 研究方法

1. 研究依据

中国见证了全球规模最为巨大的城乡人口迁移，数以亿计的农业人口由农村转向城市与乡镇（Fan，2008a，2008b；Knight and Gunatilaka，2010）。根据《2015 年农民工监测调查报告》，中国 2015 年农民工总量达到 27 747 万人，其中，外出农民工 16 884 万人，占比高达 60.8%。然而，这些流动人口大多并未取得城镇户口。数据显示，2015 年全国城镇化率达到 56.1%，但户籍人口城镇化比例不足 40%，大量农民进城未落户，难以享受城镇户口拥有的教育、医疗、住房、就业等社会保障（Chan，2009；Démurger，2010；Li et al.，2010；Zhao and Howden-Chapman，2010；Zhang，2010；Liu et al.，2012），造成了人为的社会不公以及内需不振等深层次问题。

自 2009 年年底以来，中央多次提及要“把解决符合条件的农业转移人口逐步在城镇就业落户作为推进城镇化的重要任务”。《国家新型城镇化规划（2014—2020 年）》提出，到 2020 年常住人口城镇化率达到 60%左右，户籍人口城镇化率达到 45%左右。2015 年中央城市工作会议明确把“促进有能力在城镇稳定就业和生活的常住人口有序实现市民化”作为推进城镇化的首要任务。有序推进农民市民化，既是适应城镇化规律推进城镇化、工业化与农业现代协调发展的客观要求，也是避免农村土地整治贻误时机或者操之过急的重要内容。

如前所述，根据发展经济学理论，只要预期务工收入高于农业经营收入，农业剩余劳动力将源源不断地流向非农产业（Lewis，1954）。由于非农产业主要分布在城市地区，农民职业转换会导致农民居住空间转变，即由农村转向城市转变。农民就业结构转换与居住空间转变，实现农民向新市民的转变，带来城镇化率的增加。新市民的加入将提高非农产品的消费市场需求，农业剩余劳动力转化为非农劳力将提高非农产品生产能力，两者的综合作用将扩大非农就业机会，提高经济发展水平，进一步吸纳农业剩余劳动力，由此反复（图 5.5）。

随着农业劳动力向城市非农产业的不断转移，在生产要素边际报酬递减规律的作用下，劳动力投入农业与非农产业的边际报酬差距将逐渐缩减，直至处于动态均衡，即城镇化增长速度与转移规模存在负向关系（Samuelson and Nordhaus，2011）；根据劳动力就业理论，就业网络是农民找到非农就业工作的重要条件，随着越来越多的农民外出就业，农民寻找非农就业工作将变得相对容易，即城镇化增长速度与转移规模存在正向关系（Massey，1990）。由此可以大致推断，城镇化率与经济发展水平、非农就业率之间存在 logistic 曲线关系。

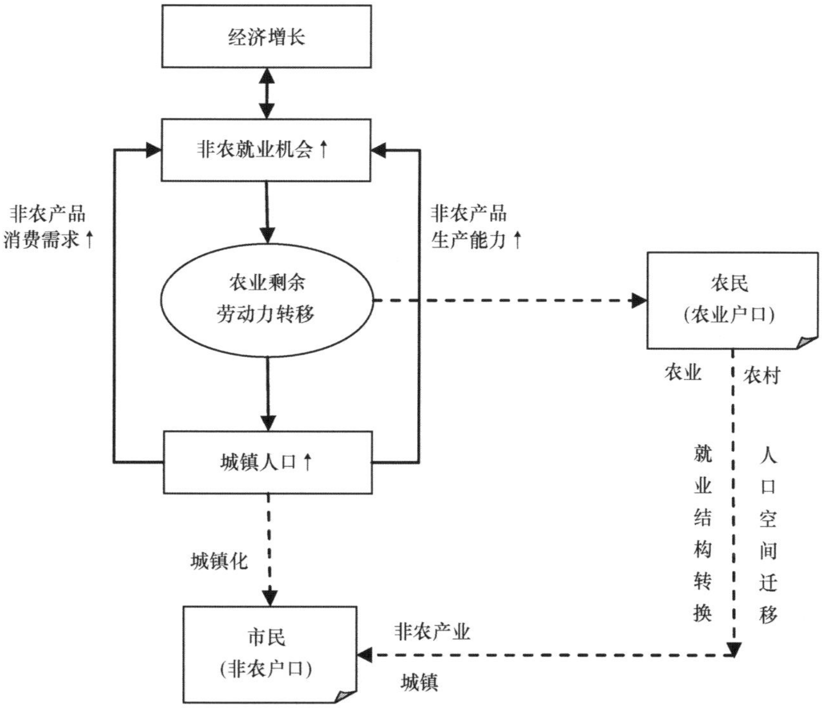

图 5.5　非农就业、城镇化与经济增长的关系

已有大量研究分析了经济发展水平、城镇化率与农户非农就业三者之间的相互关系（Harris，1990；Tiffen，2003；Chen et al.，2013a）。美国城市地理学者诺瑟姆基于历史数据，发现经济发展阶段与城镇化率之间确实存在 logistic 曲线关系，拐点值分别为 30%、70%（Northam，1975）。随着经济发展，日本（Mosk，2001）、美国（Monkkonen，1990）的城市化率均经历了缓慢增长、快速增长与缓慢增长过程。在一些发展中国家，如巴西，其城镇化率相比经济发展水平偏高，由于盲目推进农村土地集中与城镇化，一定程度上导致了无地农民运动、贫民窟等社会问题（Bienen，1984；Leandro，2009；Rana，2011），这反过来也证明了经济增长、城镇化率与非农就业之间应该协调发展。

中国的情况与其他国家不大一样。即在户籍制度的作用下，仅实现了就业结构转换的进城务工农民构成中国统计意义上的流动人口，同时获得户籍身份（即身份转变）的进城务工农民才能变为“法律认可”的真正意义上的市民（图 5.6）。从农业流动人口→城镇常住人口→市民三者的关系来看，农业流动人口向城镇常住人口转变取决于农民就业转换程度，后者直接决定农民进城落户潜力；城镇常住人口向市民转换，在表面上主要取决于户籍制度这一人为的制度藩篱，内在因素仍归结为当地经济发展水平，后者决定就业机会以及当地政府吸纳外来人口的财政能力。因此，本研究首先通过分析经济发展水平与现有户籍人口非农化率的相互关系，来确定各县（市、区）现有户籍非农化率是滞后、适宜还是超前，以此反映进城落户迫切度；然后，结合经济发展水平（进城落户能力）、农户非农就业比例（进城落户潜力），来划定城镇化的适宜模式。

需要说明的是，本研究在结合经济发展水平来衡量现有城镇化率的偏离程度时，选取户籍人口来衡量城镇化率，而不是常住人口，一是因为无法获得各县（市、区）的流

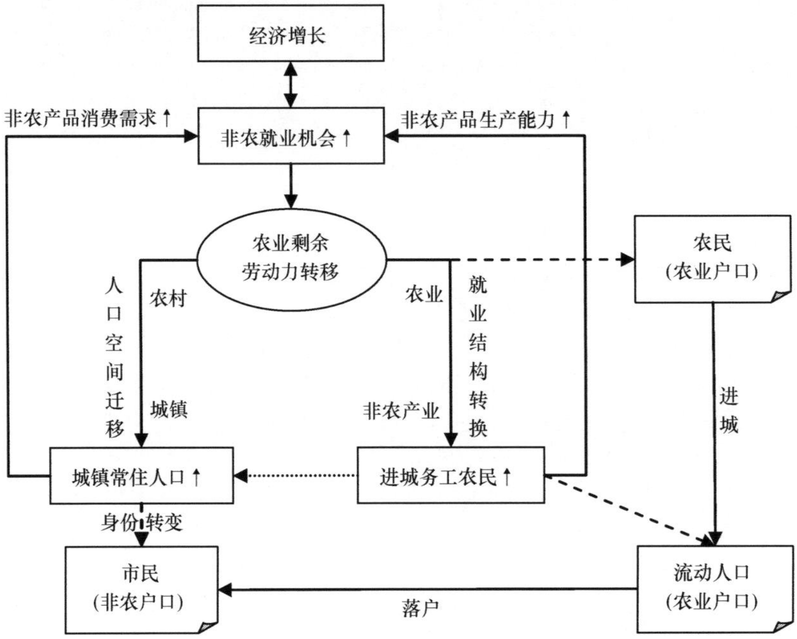

图 5.6　中国非农就业、城镇化与经济增长的关系

动人口数量；二是户籍非农人口才是中国严格意义上的实现了彻底城镇化的城镇居民。此外，我们选用中国的经验数据来判定每一经济发展阶段对应的城镇化率值，而未采用美国、英国等国家的经验数据，一是发达国家经验不一定符合中国国情；二是本研究侧重区域对比分析，这一处理对研究结论的影响应该非常有限（Chen et al.，2013b）。

2. 实证方法

根据理论分析，实证方法将分为以下三步：

第一步，采用全国时间序列数据，检验经济发展水平与城镇化率的逻辑曲线关系是否成立，是否是最合适的模拟方程。

第二步，构建计量经济模型，识别县域经济发展水平与城镇化率的定量关系。鉴于县域城镇化率影响因素的复杂性，结合数据的可获得性，本研究同时控制其他变量的可能影响，各变量定义、相关统计指标及其选取依据见表 5.6。

表 5.6　模型所涉及的变量、统计特征及其选取依据

序号	变量	度量方法	均值	标准差	选取依据
y	城镇化率	户籍非农人口/户籍总人口	27.27%	0.22	户籍非农人口是严格意义上的城镇居民，实现了彻底城镇化
x_1	人均 GDP	GDP/总人口	16 478 元	18 329	经济发展水平直接决定农民进城落户能力，预期效应为正
x_2	交通条件	距最近交通干线的平均距离	94.79 km	140.39	交通条件是决定产业布局进而吸引吸纳人口转移的重要因素，预期效应为负
x_3	地形	平均海拔高度	888.74 m	1094.81	中国人口分布与地形地貌显著相关，决定人居环境，预期效应为负
x_4	市辖区	1 代表市辖区、0 代表非市辖区	0.14	0.34	市辖区集聚更具效率，接受中心城区辐射，基础设施建设相对完善，能吸引更多企业进入、居民入住，预期效应为正

符合 Logistic 曲线关系的回归原始模型如下：

$$y = 1/\left(1 + \lambda e^{-k_1x_1 - k_2x_2 - k_3x_3 - k_4x_4}\right) \tag{5.7}$$

式中，y 为城镇化率；x_1、x_2、x_3、x_4 分别为人均 GDP、交通条件、地形和市辖区。

对式（5.7）取倒数，再取自然对数，可以得到：

$$\ln\left(\frac{1}{y} - 1\right) = \ln\lambda - k_1x_1 - k_2x_2 - k_3x_3 - k_4x_4 \tag{5.8}$$

令 $\ln\lambda = a_0$，$-k_1 = a_1$，$-k_2 = a_2$，$-k_3 = a_3$，$-k_4 = a_4$，$\ln\left(\frac{1}{y} - 1\right) = y_1$

则式（5.8）可转化为

$$y_1 = a_0 + a_1x_1 + a_2x_2 + a_3x_3 + a_4x_4 \tag{5.9}$$

利用计量软件及样本数据对式（5.9）进行回归，即可得出式（5.9）各系数，进而可以根据式（5.7）~式（5.9）的推导过程，得到式（5.7）回归结果。

实证分析过程中，Global Moran's I 统计值显示城镇化率存在较强的空间相关性，本研究同时使用截面回归模型（OLS）、空间滞迟模型（SLM）和空间残差模型（SEM）进行估计，进而选择最优的回归方程，该步骤由 Arcgis 与 Geodata 软件实现。

第三步，通过选取最优回归模型，测算分县尺度的进城落户迫切程度或者说城镇化超前滞后程度，即（拟合值–实际值）/拟合值，计为 Y_u。

第四步，按照影响农民进城落户的重要程度，进行决策逐级分类判断，划定中国县域尺度上农民进城落户的五种主导类型。采用 1/3 法确定各指标的高、中、低标准值，将各单元的偏离程度（进城落户迫切性）、农民进城落户潜力（即非农就业水平）和政府吸纳进城落户人口的能力（即经济发展水平）3 组指标值进行等级分类（依据 1/3 法，即高、中、低分值的分布频率各占 1/3），分别查找各县域三大指标组所对应的分值，根据相应指标值进行判别，将全国划分为不同的适宜模式（技术路线见表 5.7）。

表 5.7　进城落户适宜区域划分

城镇化率滞后-超前程度（进城落户迫切度）	农户非农就业率（进城落户潜力）	经济发展水平（进城落户能力）	类型	发展方向
高（滞后）	高	高	高度适宜型	可以大幅放宽本地农业人口与外来务工人口的落户规模
		中	高度适宜型	可以大幅放宽本地农业人口与外来务工人口的落户规模
		低	人口外迁型	促使本地农业人口在外进城落户
	中	高	高度适宜型	可以大幅放宽本地农业人口与外来务工人口的落户规模
		中	高度适宜型	可以大幅放宽本地农业人口与外来务工人口的落户规模
		低	人口外迁型	促使本地农业人口在外进城落户
	低	高	本地吸纳型	经济发达，但农户非农就业率较低，可以吸纳外来务工人口的进城落户
		中	本地吸纳型	经济发达，但农户非农就业率较低，可以吸纳外来务工人口的进城落户
		低	限制推进型	经济条件、就业条件皆不成熟

续表

城镇化率滞后-超前程度（进城落户迫切度）	农户非农就业率（进城落户潜力）	经济发展水平（进城落户能力）	类型	发展方向
中（居中）	高	高	高度适宜型	可以大幅放宽本地农业人口与外来务工人口的落户规模
		中	适度推进型	可以适度放宽本地农业人口与外来务工人口的落户规模
		低	人口外迁型	促使本地农业人口在外进城落户
	中	高	高度适宜型	可以大幅放宽本地农业人口与外来务工人口的落户规模
		中	适度推进型	可以适度放宽本地农业人口与外来务工人口的落户规模
		低	人口外迁型	促使本地农业人口在外进城落户
	低	高	本地吸纳型	经济发达，但农户非农就业率较低，可以吸纳外来务工人口的进城落户
		中	本地吸纳型	经济发达，但农户非农就业率较低，可以吸纳外来务工人口的进城落户
		低	限制推进型	经济条件、就业条件皆不成熟
低（超前）	高	高	高度适宜型	可以大幅放宽本地农业人口与外来务工人口的落户规模
		中	适度推进型	可以适度放宽本地农业人口与外来务工人口的落户规模
		低	人口外迁型	促使本地农业人口在外进城落户
	中	高	本地吸纳型	经济发达，但农户非农就业率较低，可以吸纳外来务工人口的进城落户
		中	限制推进型	经济条件、就业条件皆不成熟
		低	限制推进型	经济条件、就业条件皆不成熟
	低	高	本地吸纳型	经济发达，但农户非农就业率较低，可以吸纳外来务工人口的进城落户
		中	限制推进型	经济条件、就业条件皆不成熟
		低	限制推进型	经济条件、就业条件皆不成熟

3. 数据来源

本研究面向 2008 年全国除香港、澳门、台湾以外的所有县域，其中，总人口、非农户口来自于《中华人民共和国分县人口统计资料》；GDP 等社会经济数据来源于 2009 年中国统计年鉴、各省市统计年鉴以及中国县市社会经济统计年鉴；DEM 数据和降水等数据资料来源于国家地理信息中心。少数县市部分数据缺失，剔除改县市，最终获取有效县域 2251 个，涉及行政区域土地面积 881.56×10^4 km^2。

5.2.2 城镇化超前滞后程度

1. 全国尺度城镇化率与经济发展水平关系

改革开放以来，我国常住人口城镇化率由 1978 年的 17.92%增加为 2008 年的 45.68%。城镇化发展存在显著的阶段性特征，在 1996 年全国城镇化速度达到 30%以前，1978~1995 城市化率年均增加 0.64%；在此之后，城镇化率快速增加，1996~2008 年城市化年均增加 1.28%。户籍人口非农化率变化较为平稳，由 15.82%增加为 33.28%，年均增加 0.57%。一个显著的趋势，是常住人口城镇化率与户籍人口城镇化率差距由 1978 年的 2.10%增加为 2008 年的 12.40%，反映农民进城落户速度明显慢于农民进城速度。从城镇化率与经济发展水平的相互关系看，无论是以户籍人口统计的城镇化率，还是以常住人口统计的城镇化率，两者之间都存在显著的 Logistic 曲线关系，见式（5.10）、式（5.11）。回归模型如下：

$$\ln\left(\frac{1}{y_1}-1\right)=1.441-4.254\times 10^{-5}x \tag{5.10}$$

$$\ln\left(\frac{1}{y_2}-1\right)=1.203-5.912\times 10^{-5}x \tag{5.11}$$

拟合系数 R^2 分别为 0.853、0.841。

式中，y_1，y_2 分别为户籍人口城镇化率与常住人口城镇化率；x 为经济发展水平即人均 GDP。

2. 县域尺度城镇化率与经济发展水平关系

从各县（市、区）经济发展水平与城镇化率的对应关系看，两者之间存在较为显著的正向关系，经济发展水平越高，城镇化率对应越高（表 5.8）。同一经济发展水平对应的城镇化率存在较大差异，表明从县市尺度看，城镇化率演进明显受到除经济发展以外其他因素的影响。在探寻城镇化率偏离程度时，需要控制地形、交通等外部因素的影响。

表 5.8　不同经济发展阶段对应的城镇化水平频数分布

类别		≤10%	10%~20%	20%~30%	30%~40%	40%~50%	50%~60%	>60%	合计
≤5000 元	比例/%	50.0	41.0	6.7	1.1	0.4	0.0	0.7	100.0
	数量/个	134	110	18	3	1	0	2	268
5000~10000 元	比例/%	17.3	55.7	16.8	5.9	2.1	1.3	0.9	100.0
	数量/个	142	456	138	48	17	11	7	819
10000~15000 元	比例/%	4.6	37.5	30.5	13.7	6.7	2.1	4.8	100.0
	数量/个	22	178	145	65	32	10	23	475
15000~20000 元	比例/%	2.9	32.5	24.7	16.5	7.8	4.1	11.5	100.0
	数量/个	7	79	60	40	19	10	28	243
20000~25000 元	比例/%	0.7	14.7	25.2	18.2	13.3	11.2	16.8	100.0
	数量/个	1	21	36	26	19	16	24	143
25000~30000 元	比例/%	0.9	15.6	21.1	15.6	11.9	9.2	25.7	100.0
	数量/个	1	17	23	17	13	10	28	109
>30000 元	比例/%	0.4	12.1	14.2	12.5	12.8	6.0	42.0	100.0
	数量/个	1	34	40	35	36	17	118	281
样本合计		308	895	460	234	137	74	230	2338

选用基于共边邻接的“RooK Contiguity”空间相邻权重矩阵确定规则，借助空间自相关测评模型，计算全国县域城镇化水平的 Global Moran's I 估计值。测算结果表明，Global Moran's $I=0.3761$，$E(I)=-0.004$，通过了 1%的显著性检验，表明县域城镇化率比较接近的县市在空间上呈现集中分布，即城镇化率比较高（低）的地区，其周边地

区的城镇化率也比较高（低），空间因素是构建计量模型时需要综合考虑的因素。

结合理论分析与总体空间格局特征，采用经典回归模型（OLS_1、OLS_2）以及空间滞迟模型（SLM）、空间残差模型（SEM）等空间回归模型来模拟城镇化率与经济发展水平、交通条件等因素的 Logistic 曲线关系。估计结果显示（表 5.9），考虑交通条件（x_2）、地形（x_3）、市辖区（x_4）等控制变量的模型 OLS_2 明显优于仅考虑经济发展水平（x_1）的截面回归模型 OLS_1，表明外部因子确实影响经济发展水平与城镇化率的相互关系。SLM 和 SEM 的拟合系数均高于截面回归模型 OLS_1、OLS_2，且空间滞迟参数、空间残差参数都统计显著，表明考虑空间效应后模型的解释能力有所提高。OLS_1、OLS_2、SLM、SEM 模型相对稳定，不同模型中各变量的符号与显著性大致相同，佐证经济发展水平与城镇化率之间存在 Logistic 曲线关系。按照拟合优度最大原则，选用基于 SEM 模型的回归结果进行分析。

表 5.9　OLS 回归和空间回归分析结果

模型变量	OLS_1	OLS_2	SLM	SEM
c	1.829416^{***}	1.743887^{***}	0.9579038^{***}	1.539935^{***}
x_1	-0.000047^{***}	-0.000035^{***}	-0.000023^{***}	-0.000029^{***}
x_2		-0.000866^{***}	-0.000482^{***}	-0.000085
x_3		-0.000230^{***}	0.000053^{**}	0.000126^{*}
x_4		-1.761082^{***}	-1.860638^{*}	-1.782977^{***}
W-Y（空间滞迟参数）			0.2130^{***}	
Lambda（空间残差参数）				0.769489^{***}
R^2	0.279068	0.413758	0.559779	0.580505
F-statistic	904.251	411.646		
Likelihood RatioTest			576.306	640.062

***、**、*分别表示在 1%、5%、10%的概率水平下显著。

经济发展水平 x_1 的符号显著为负，表明从县域尺度看，经济发展水平越高的城市，其城镇化率越高，这一变化具有先缓慢增加、后快速增加再缓慢增加的规律；交通条件 x_2 的变量符号为负，但统计不显著，表明交通条件影响产业布局进而影响人口分布的规律并不明显；地形条件 x_3 显著为正，表明地形条件确实决定人居环境与产业分布，进而影响居住与就业决策；市辖区 x_4 的变量符号显著为负，表明市辖区城镇化率确实相对较高。SLM 模型中被解释变量的空间迟滞项 W-Y 的回归系数为正值，表明邻近县域城镇化程度对本地区城镇化程度有同向促进作用，反映相近县域管理政策的相对一致性与区域城镇化集聚效应的客观存在。SEM 的残差参数 Lambda 显著为正，表明一个地区城镇化率不仅受到本区域经济发展水平的影响，还受到邻近区域城镇化率和经济发展水平的影响，前者同样反映邻近区域共同管理政策等因素的一致性，后者反映邻近区域的农户非农就业程度城镇化率会影响到本地的城镇化率。

3. 县域进城落户迫切程度

结果显示，农民进城落户迫切程度即城镇化偏离程度存在显著的区域差异（图 5.7）。

其中，进城落户迫切程度较低即户籍人口城镇化率超前的区域主要分布在东北（黑龙江、吉林）、西北（新疆、青海、甘肃、内蒙古、宁夏）以及沿海（山东、江苏、福建、广东、海南）地区。这些区域 2008 年的户籍人口城镇化率均值达到 42.1%，显著高于全国平均水平（22.27%），而人均 GDP 仅为 17 418 元，略高于全国平均水平（16 478 元）。这与这些区域分布有大量的国有农场有显著关系。国有农场归于地方省份管理，但执行独立的管理体制，包括人口管理。尽管农垦人口绝大部分从事农业生产，但通常都拥有非农户口。例如，黑龙江、新疆、海南的国有农场人口比例分别达到 3.9%、12.1%、12.5%，提高了统计上的户籍人口城镇化率。此外，对于区内差异显著的一些东部沿海省份，其对省内人口实施相对宽松的人口管理措施，一定程度上导致了这些省份的欠发达区域的城镇化率超前于当地经济发展水平，如山东中部、江苏北部、福建内陆以及广东的大部分地区。

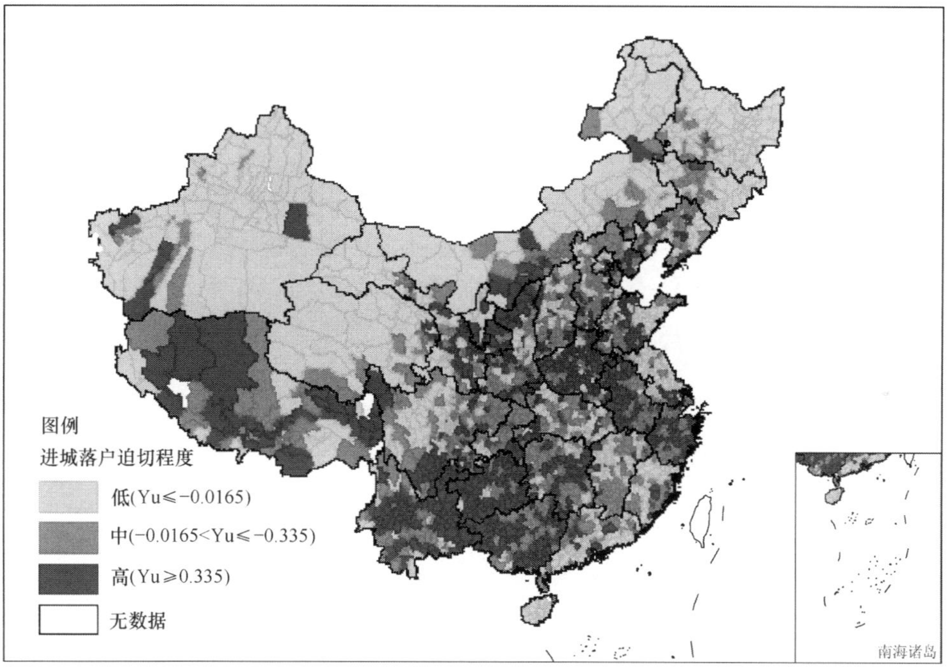

图 5.7　中国各县（市、区）进城落户迫切程度示意图

户籍人口城镇化率滞后即进城落户迫切程度较高的区域，主要分布在中国西南（广西、贵州、云南、西藏）、华中（河南、安徽、湖南）以及东部沿海的部分地区（尤其是浙江）。其户籍人口城镇化率仅为 14.37%，显著低于全国平均水平（22.27%），而人均 GDP 为 15 002 元，仅略低于全国平均水平（16 478 元）。城镇化滞后的区域主要是人口外出就业比例较高的传统省份。这些外出就业的劳动力难以达到本省有关进城落户的条件，比如，缴纳一定时期的税收、购买一定面积的房屋，同时，也难以在条件更为严格的就业地进城落户（Zheng et al.，2009）。由此，导致这些从事非农就业的农民工继续保留了农业户口。浙江民营经济非常发达，据统计，2011 年全省私营企业占 GDP 的比

例达到62.1%，其中144个企业位居全国私营企业500强。农民自主创业或者在当地企业就业，农业户口通常意味着利润分红、土地征收补偿等显著的经济利益，大多数农民都不愿意放弃其农业户口，甚至有些居民将非农业户口改回了农业户口。江苏南部、珠江三角洲、绝大多数城市市区都存在类似情况。

户籍人口城镇化率适宜的区域主要位于华中（山西、湖北、湖南、江西）、西部（四川、重庆、陕西）以及部分沿海省份（河北、辽宁）。其城镇化率（25.33%）、人均GDP（16 969元）均与全国平均水平持平。

5.2.3　进城落户的适宜类型

根据进城落户迫切程度（城镇化超前滞后程度）、进城落户潜力与进城落户能力，按照第5.2.1节研究方法，将中国各县（市、区）划分为五大类型，即高度适宜型、人口外迁型、本地吸纳型、适度推进型与限制推进型（图5.8）。

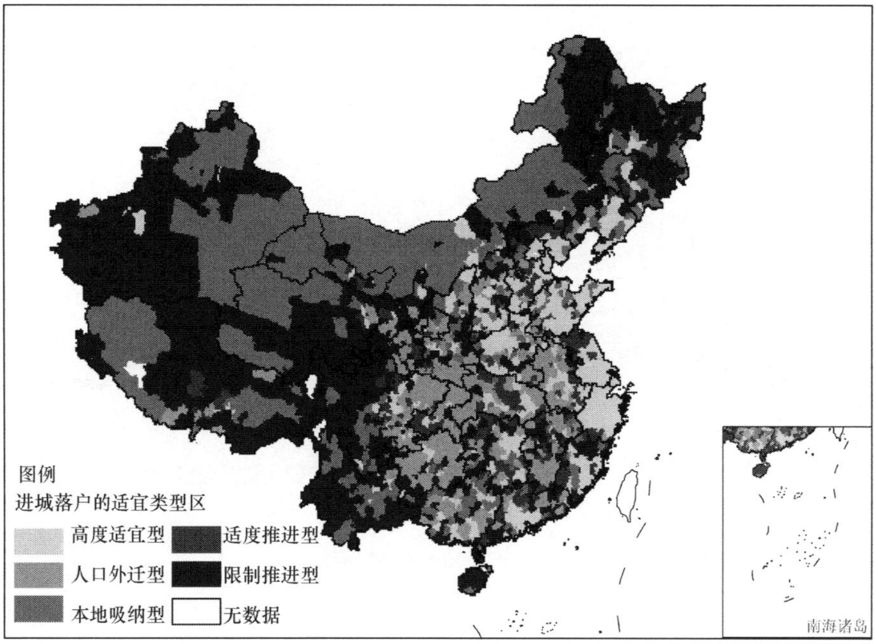

图5.8　农民进城落户的主导类型示意图

其中：①高度适宜型共有样本县（市、区）696个，主要分布于东部沿海各个省份，以及晋南、豫中南、湘东北等中西部省市的部分区域。该区域现有城镇化率相对滞后、农户非农就业率较高、经济发展水平较为发达，是中国的经济发达区域，同时也是外来人口的集聚地，拥有推进进城落户的能力与潜力，因此，将是推进中国农民进城落户最为适宜的区域，进城落户对象包括本地以及外来农民工。②人口外迁型共有样本县（市、区）394个，在地域上，以中西部尤其是中部地区为主，包括安徽、江西、湖北、陕南、豫南、川东、渝东、贵州、湘中、广西大部分等省份。该区域是中国的传统农区，是大规模人口外迁的流出地，自身经济发展水平较低，产业吸纳能力较弱，建议该区域进城落户以跨县，尤其是跨省、跨区域的进城落户为主。③本地吸纳型共有样本县（市、区）359 个，地域分布上以北方地区为主，包括新疆东部、甘肃北部、内蒙古等区域，这些区域人口密度相对较小，人均 GDP 较高，本地农民非农就业率较低，具备吸纳外来务工人口的经济实力，可以有步骤地吸纳矿业工人、牧业工人等外来务工人口的进城落户。④适度推进型共有样本县（市、区）266 个，空间分布较为广泛，遍及全国各地。其进城落户迫切程度、农民进城落户潜力、政府推动进城落户能力均一般，因此，不宜加以特别的干预措施。⑤限制推进型共有样本县（市、区）623 个，主要分布于东北、西北、西南、海南等部分地区，该区域或是已经出现了统计意义上的虚高城镇化，或是因为经济发展水平落后，不具备条件，建议将城镇化的重点放在消化吸纳既有的名义非农人口，而非推动更多的农业人口进城落户。

5.2.4　结论与讨论

中国户籍人口城镇化率明显滞后于常住人口城镇化率，数以亿计的农民工进城没有落户。有序推动这些流动人口进城落户，既避免盲目的迁村并居，又避免出现都市里的贫民窟，是当前城镇化与新农村建设工作亟待解决的现实问题。研究表明，农民就业转换、身份转变与人口空间迁移存在内在联系，其中就业转换是前提，人口空间迁移是就业转换直接结果与现象表征，身份转变是最终结果。以此为基础，基于城镇化发展的内在规律，测算了各县（市、区）农民的进城落户迫切程度，并结合进城落户潜力（农户非农就业率）与进城落户能力（经济发展水平），划分了高度适宜型、人口外迁型、本地吸纳型、适度推进型与限制推进型等五种类型。

研究发现，高度适宜型共有样本县（市、区）696 个，主要分布于东部沿海省份以及部分内陆省份，是进城落户工作的重点区域，可推动本地以及外来农民工在此进城落户。人口外迁型共有样本县（市、区）394 个，主要分布于中部地区，重心是推动当地外出务工人口跨县乃至跨省、跨区域的进城落户。本地吸纳型共有样本县（市、区）359 个，主要分布于北方地区，促进外来务工人口在当地的进城落户是今后政策重点。适度推进型共有样本县（市、区）266 个，遍布全国各地，无需特别的城镇化干预措施。限制推进型共有样本县（市、区）623 个，主要分布于东北、西北、西南、海南等部分地区，消化现有的虚高城镇人口是当前政策重点。

研究结论对于当前人口政策有两大启示。一方面，鉴于不同区域在进城落户适宜性方面存在显著差异，并呈现明显的空间集聚特征，因此，区域性的进城落户政策将是有意义的，也是相对容易落实的。另一方面，最为重要的是，进城落户政策应该公平地对待本地务工人口与外来打工人口。当前，跨区域流动人口比例较大，针对重庆、天津、深圳等大城市的调查结果均显示，大多数外来务工者尤其是新生代农民工都有很强的在工作地落户的意愿（Li，2006；Yue et al.，2011）。然而，当前地方财政尤其是社会保障系统仍是分离的、相互独立的，在很多方面，省际之间甚至同一个省份不同县市之间的竞争均大于合作。例如，重庆的户口新政仅面向当地务工人口。尽管确实存在一些大中城市没有对外来务工人口设置特别的限制措施，但由于经济发展相对落后等原因，其对外来务工人口的吸引力将大打折扣（Fan，2008b）。

政府是否有充足的财政实力，仍是决定进城落户工作能否顺利实施的关键所在，对于高度适宜型与本地吸纳型县市尤为如此。首先，在划分适宜类型时，研究选取了衡量政府财政实力的人均 GDP 指标，对政府能力予以了充分考虑。其次，Tao 和 Xu（2007）测算发现，中国农民进城落户成本可以通过土地增值税、土地交易税中得到补偿，净收益将达到 2629 亿元，因此，在没有地区分割的情况下，进城落户将是经济可行的。再次，全国农村宅基地整治潜力超过 1 亿亩，且经历持续快速增长，部分农民愿意在合理补偿的条件下退出农村宅基地（刘彦随等，2011；Liu et al.，2013）。在城乡建设用地增减挂钩政策框架下推进农村土地整治工作，统筹解决农民就业、农村社会保障与乡村空间重构等系列问题，将是可行选择（Long et al.，2012；Li et al.，2014）。最后，依附于户口基础之上的社会保障是导致农民进城不能落户的根本原因，因此，回归户口的人口管理功能，促进城乡公共服务均等化，才是推进城乡均衡发展的根本之策（Chen et al.，2013b）。

5.3　全国农村土地整治的适宜类型

5.3.1　研究方法

1. 研究步骤

根据第 4.1 节的理论分析，农户非农就业拐点是划分农村土地整治适宜类型的关键指标，因此，实证方法将围绕拐点存在性、拐点值及其主导下的农村土地整治类型区而展开，具体步骤如下：

第一步，采用散点图初步评判农户非农就业与人均农村居住用地的相互关系，采用全局空间自相关变量 Global Moran's I 统计量、局域 LISA Cluster 图确定回归分析时是否需要考虑空间因素，各统计量的测算方法详见参考文献（王法辉和江世国，2009）。

第二步，构建计量经济模型，识别农户非农就业与人均农村居民点用地的定量关系。鉴于农村居住用地影响因素的复杂性，本书控制其他变量的可能影响，各变量定义、相关统计指标及其选取依据见表 5.10。实证分析过程中，Global Moran's I 统计值显示人均农村居民点用地存在较强的空间相关性，本书同时使用截面回归模型（OLS）、空间滞迟模型（SLM）和空间残差模型（SEM）进行估计，进而选择最优的回归方程，该步骤由 Arcgis 与 Geodata 软件实现。

第三步，结合回归结果，基于农户非农就业程度与人均农村居民点用地的组合特征来判断不同类型区域农村居民点用地整治的适宜性。由于难以获取长时序的全国县域面板数据，采用以区域发展上的差异来弥补长时间序列数据缺乏的横向比较研究方法（龙花楼，2003），以开展基于生计转型视角的农村居民点用地整治适宜区域研究。

2. 数据来源

本研究面向 2008 年全国除香港、澳门、台湾以外的所有县域，其中，总人口、乡

表 5.10　模型所涉及的变量、统计特征及其选取依据

序号	变量	度量方法	均值	标准差	选取依据
y	人均农村居民点用地	农村居民点用地面积/乡村人口	225.52/m²	289.24	选取人均农村居民点用地指标，一方面与当前农村土地整治决策侧重人均建设用地标准保持一致；另一方面剔除不同区域单户人口规模差异的影响
x_1	非农就业程度	（乡村从业人员–农林牧渔业从业人员）/乡村从业人员	0.39	0.18	非农就业程度与农户生计密切相关，决定农民对农业生产、农村土地的依赖程度，进而决定农村居民点用地整治的适宜性
x_2	市辖区	1 代表市辖区，0 代表非市辖区	0.13	0.33	市辖区人口相对密集、经济较为发达，土地投入居住用途的机会成本相应较高，宅基地管控政策相对严格，人均农村居民点用地规模相应较小，预期效应为负
x_3	资源禀赋	耕地面积/乡村人口	0.20/hm²	0.34	“依田而居”形成农村聚落，耕地资源越丰裕，非农占用的机会成本越低，预期效应为正
x_4	农民收入水平	农民人均纯收入	4529.1/元	1948.56	包括工资性收入、转移性收入、财产性收入等部分，直接反映农户住房更新与新建能力，预期效应为正
x_5	城镇化率	（总人口–乡村人口）/总人口	0.25	0.21	直接反映农户有效非农转移程度，预期效应为负
x_6	经济发展阶段	人均 GDP	19 665/元	20 926.32	间接反映农户有效非农转移程度，预期效应为负
x_7	地形	1 代表平原，0 代表山地、丘陵	0.34	0.47	平原地区农居扩展空间阻力相对较小，预期效应为正
x_{11}	非农就业程度的平方	x_1^2	0.18	0.15	—

村人口、农民人均纯收入、GDP 等社会经济数据来源于 2009 年中国统计年鉴、各省市统计年鉴以及中国县市社会经济统计年鉴；分县耕地、农村居民点用地等土地利用相关数据来源于 2008 年土地利用变更资料；县市地形（山地、丘陵、平原）数据来源于 2000 年中国区域经济统计年鉴。少数县市缺乏部分社会经济数据，采用所在地级市的均值予以替代，对于土地数据缺失的县市，则标为数据缺失，最终获取有效县域 2251 个，涉及行政区域土地面积 881.56 万 km²。

5.3.2　非农就业与人均农村居民点用地的耦合关系

从各县（市、区）非农就业比例与人均农村居民点用地的散点图可知（图 5.9），两者之间存在大致的倒 U 形关系。同一非农就业程度对应的人均农村居民点用地规模存在较大差异（尤其是非农就业程度为 0.0 至 0.3 时），表明农村土地利用同时受到农户非农就业以外其他因素的影响。在探寻农村居民点用地整治拐点时，需要控制人均耕地、地形条件等因素的可能影响。

选用基于共边邻接的“RooK Contiguity”空间相邻权重矩阵确定规则，借助空间自相关测评模型，计算全国县域人均农村居民点用地的 Global Moran's I 估计值。测算结果表明，Global Moran's I = 0.4195，$E(I) = -0.004$，通过了 1%的显著性检验，表明县域人均农村居民点用地面积比较接近的县市在空间上呈现集中分布，即人均农村居民点用地比较高（低）的地区，其周边地区的人均农村居民点用地也比较高（低）（图 5.10）。

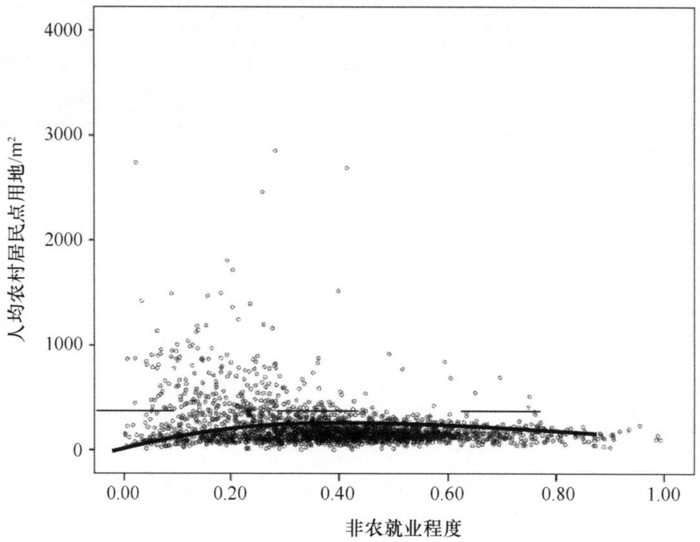

图 5.9　非农就业程度与人均农村居民点用地散点图

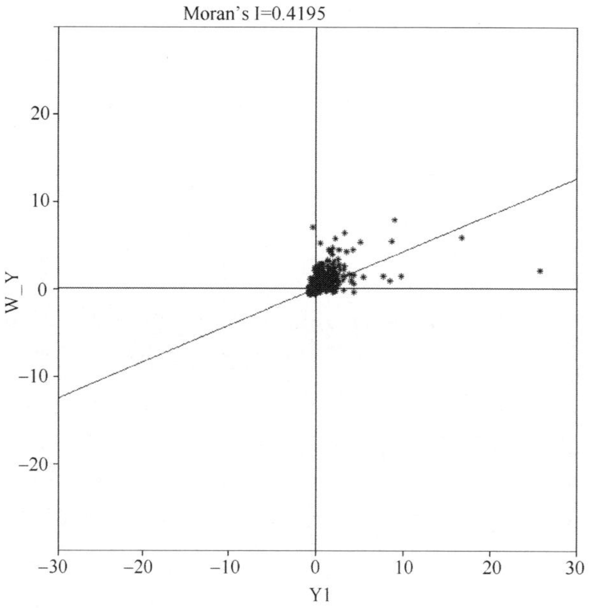

图 5.10　全国人均农村居民点用地的 Moran I 值

为了进一步揭示人均农村居民点用地的空间集聚规律，采用 LISA 聚集图研究方法对其进行挖掘，研究发现，人均农村居民点用地空间差异较小、县域自身和县域周边人均农村居民点用地均显著较高（显著 HH）的县市共计 225 个，东北、内蒙古、新疆是主要的高值区域；县域自身和县域周边人均农村居民点用地均显著较低（显著 LL）的县市共计 512 个，主要分布在华南、西南地区。自身人均农村居民点用地较低而周边地区人均农村居民点用地较高（显著 LH）的县市及自身人均农村居民点用地较高而周边地区人均农村居民点用地较低（显著 HL）的县市个数较少，表明空间聚集性较强，空间差异较小。

5.3.3 非农就业拐点测算

结合理论分析与总体空间格局特征，采用经典回归模型（OLS_1、OLS_2、OLS_3、OLS_4）以及空间滞迟模型（SLM）、空间残差模型（SEM）等空间回归模型来测算农村居民点用地整治拐点。

估计结果显示（表 5.11），考虑市辖区（x_2）、资源禀赋（x_3）、农民收入水平（x_4）、城镇化率（x_5）、经济发展阶段（x_6）、地形（x_7）等控制变量的模型 OLS_3、OLS_4 明显优于仅考虑非农就业程度（x_1）的截面回归模型 OLS_1、OLS_2，表明外部因子确实影响农户生计与农村居民点用地的相互关系。

OLS_3 中非农就业程度（x_1）的系数并不显著，而 OLS_4 中非农就业程度（x_1）及其二次方（x_{11}）的系数皆统计显著，且符合预期，表明非农就业比例与人均农村居民点用地之间更类似于曲线关系。SLM 和 SEM 的拟合系数均高于截面回归模型 OLS_3，且空间滞迟参数、空间残差参数都统计显著，表明考虑空间效应后模型的解释能力有所提高。OLS_4、SLM、SEM 模型相对稳定，不同模型中各变量的符号与显著性大致相同，其中，农户非农就业程度与人均农村居民点用地面积的倒 U 形关系得到验证，按照拟合优度最大原则，基于 SEM 模型计算的农户非农就业程度拐点为 0.3836。

市辖区 x_2 的变量符号显著为负，表明市辖区农村用地管理较为严格，人均农村居民点用地相对较少；资源禀赋 x_3 的变量符号显著为正，耕地资源越为丰裕的地区，人均农村居民点用地越多，这与各地普遍实施的依据人均耕地资源面积确定宅基地用地标准的土地管理政策不无关系；农民收入水平 x_4 的变量符号为负，但统计不显著，表明农户建房占地是一个全国性的普遍现象，与农民收入无直接关系；城镇化率 x_5 的变量系数不同于预期，城镇化率越高，人均农村居民点用地反而越大，符合当前农村人减地反增的客观事实；经济发展阶段 x_6 的变量系数也不同于预期，人均 GDP 越高，人均农村居民点占地规模反而越大，相关原因有待深入研究；地形 x_7 的变量符号显著为正，平原地区农村居民点扩张所受空间阻力较小，人均农村居民点用地面积相对较高。SLM 模型中被解释变量的空间迟滞项 W-Y 回归系数为正值，表明邻近县域人均农村居民点用地对本地区人均农村居民点用地有同向促进作用，反映相近县域共同生活习俗、生物自然、管理政策等因素作用的一致性。SEM 的残差参数 Lambda 显著为正，表明一个地区人均农村居民点用地面积不仅受到本区域非农就业程度的影响，还受到邻近区域人均农村居民点用地面积和非农就业程度的影响，前者同样反映邻近区域共同生活习俗、生物自然、管理政策等因素的一致性，后者反映邻近区域的农户非农就业程度会影响到本地农户的非农就业程度。

表 5.11　OLS 回归和空间回归分析结果

模型变量	OLS_1	OLS_2	OLS_3	OLS_4	SLM	SEM
c	356.6174^{***}	431.2023^{***}	37.865^{***}	−11.9395	-45.0412^{***}	−2.8999
x_1	-329.7469^{***}	-791.4779^{***}	−31.1200	228.0371^{***}	288.8338^{***}	229.6821^{***}
x_2			-74.8130^{***}	-74.6375^{***}	-48.0912^{***}	-46.3229^{***}

续表

模型变量	OLS_1	OLS_2	OLS_3	OLS_4	SLM	SEM
x_3			628.5550***	630.3720***	581.1861***	653.4219***
x_4			−0.0030	−0.0013	−0.0036	−0.0019
x_5			221.1480***	222.1237***	155.5076***	154.9834***
x_6			0.0020***	0.0016***	0.0016***	0.0017***
x_7			34.4670***	34.2659***	21.1887***	19.8488**
x_{11}		557.5632***		−326.4579***	−326.6855***	−299.3889***
W-Y（空间滞迟参数）					0.2130***	
Lambda（空间残差参数）						0.4784***
R^2	0.0411	0.04833	0.6930	0.6952	0.7124	0.7451
F-statistic	96.5011	57.0788	723.0840	639.2220		
Likelihood RatioTest					111.3015	293.0799

***、**、*分别表示在1%、5%、10%的概率水平下显著。

5.3.4 适宜类型划分

以非农就业拐点（0.3836）与国家《村镇规划标准》（GB50188—93）规定的人均建设用地最大值（150 m²/人）为临界值，将中国县域划分为适宜程度依次降低的四大农村土地整治类型区，即优先整治区、优化调整区、适度挖潜区与限制整治区（图5.11）。

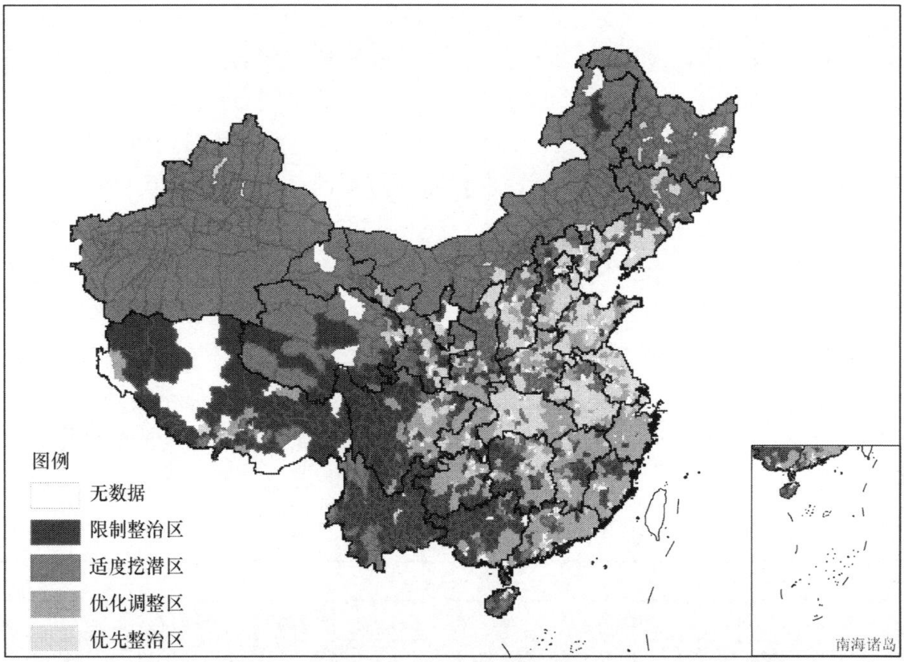

图5.11 全国农村土地整治的适宜区域示意图

1. 优先整治区

优先整治区共有样本县市 585 个，主要分布于辽中南、京津唐、冀东南、鲁西北、鲁中、江苏大部、安徽大部、豫中、晋南、鄂西、湘东北等区域。该区大部分县市为平原，农户非农就业程度大于非农就业拐点，且按县市统计，人均农村居民点用地面积高达 237.94 m^2/人。无论从农户生计考量，还是基于整治增地潜力，该区推进农村居民点用地整治的条件都基本成熟，建议以城镇化为引导，以迁村并居及空废居民点复垦为主要方式，优先推进该区域的农村居民点用地整治工作。

2. 优化调整区

优化调整区共有样本县市 544 个，主要分布于广大的东南沿海地区以及江西大部、湘中南、鄂东、鲁中南、鲁东、冀西南、豫北、陕南、川东、黔北、重庆等区域。该区农户非农就业程度较高，但由于人口密集、丘陵地形主导等原因，各县人均农村居民点用地面积均值仅为 111.20 m^2/人。建议加强中心村建设，逐步引导农村居民点向中心村和小城镇集中，因地制宜继续推进土地资源节约与集约利用。

3. 适度挖潜区

适度挖潜区共有样本县市 679 个，主要分布于新疆、青海、甘肃、内蒙古、黑龙江、吉林等广大的北方地区。该区人均农村居民点用地面积均值高达 386.98 m^2/人，但农民生产生活仍高度依赖于农业生产与农村土地，大规模推进迁村并居的条件并不成熟。建议以小集中、大分散的模式慎重推进农村居民点用地整治工作，即小范围内依托城乡建设用地增减挂钩推进迁村并居，大范围内仍然延续“依田而居”、“逐水（草）而居”村庄分布格局，依托严格执行宅基地用地标准、促进农村空废宅基地再利用等村内集约型措施，逐步实现农村土地资源的优化利用与村庄人居环境的逐步改善。

4. 限制整治区

限制整治区共有样本县市 443 个，主要分布于广大的西南地区。该区以山地、丘陵地形为主，农户非农就业程度较低，人均农村居民点用地面积仅为 102.01 m^2/人，从农户生计、生态环境保护、整治增地潜力等多种因素考量，该区域都不宜大规模推进农村居民点用地整治工作。建议结合生态移民、扶贫搬迁、危房改造、转移就业等多种形式，推进该区域的农村居民点用地整治工作，整治增地优先还园、还林与还牧（陈秧分等，2012）。

5.3.5　结论与讨论

农户生计特征及其整治意愿是决定农村土地整治适宜性与时序性的核心所在。基于生计转型视角判断农村土地整治适宜程度并据此划分整治类型，有助于落实国务院，以及国土资源部要求严格控制城乡建设用地增减挂钩试点规模与范围、充分尊重农民意愿、维护农民合法权益等相关会议精神，为各地踩准农村空心化演进节律，出台农村土地整治系列措施提供科学依据，助推土地资源优化利用，重构乡村地域的可持续性。

理论解析表明，以非农就业程度表征的农户生计转型和以人均农村居民点用地面积度量的农村土地利用之间存在倒U形关系，在农户非农就业达到拐点值之后，推进农村土地整治的条件相对成熟。通过控制资源禀赋、地形等外部因子的影响作用，本研究证实了农户非农就业与人均农村居民点用地之间的倒“U”形规律，其中，农户非农就业的拐点值为38.36%。结合农村居民点粗放利用程度，可将中国县市划分为优先整治区、优化调整区、适度挖潜区与限制整治区等4种适宜程度依次降低的农村土地整治类型区。其中，优先整治区与优化调整区主要位于广大的中东部地区，前者人均农村居民点用地面积较大且农民农业生产、农村土地依赖程度较低，可以迁村并居、空废居民点复垦等形式优先推进该区域农村居民点用地整治；后者农户非农就业程度较高而农村用地较为集约，可采取中心村建设推进土地资源持续节约与集约利用的整治模式。适度挖潜区与限制整治区主要分布于东北与西部地区，前者适宜小集中、大分散的村内集约型农村居民点用地整治模式，后者适宜在局部地区结合生态移民、扶贫搬迁、危房改造、转移就业等工程加以推进。

本研究基于县域尺度，需要说明的是，我国县级行政区的区内差异仍然较为显著，地方决策部门可以结合非农就业程度、地形等因素，类似判定县市内部农村土地整治的适宜区域。鉴于农村土地利用同时受到非农就业以外其他因素的影响，一方面，现实的非农就业拐点应是一个相对狭窄的数值区间，非农就业程度位于拐点值（38.36%）附近的县市，可结合县域特征进一步判断所归属的农村土地整治类型及其适宜的农村土地整治模式；另一方面，结合人均农村居民点用地与资源禀赋、农民收入水平、城镇化率、地形等控制变量的相互关系，同步推进助推农村人口有效转移、强化农村土地规划与管理等其他措施，可望提高农村土地整治政策效果（例如，改革依据人均耕地面积确定宅基地用地标准的土地管理政策，可根本改变耕地资源越丰裕，人均农村居民点用地面积越大的现状）。农户生计与农村土地利用处于动态演变过程，研究农户生计与农村土地利用的未来情景，据此完善农村土地整治的区域类型，尚需开展。

第 6 章　农村土地整治的山东省案例

以文献述评、经验借鉴、理论解析、宏观探讨为基础，选取区域差异显著、经济相对发达的东部沿海省市山东省为研究案例，深入分析城乡转型进程中山东省农村土地整治的适宜模式，认真评价案例模式的成功得失，进而综合设计农村土地整治的具体管控机制。

6.1　山东省农村土地整治进展与适宜类型

6.1.1　山东省概况

山东省位于我国东部沿海地区、黄河下游、京杭大运河的中北段，北纬 34°22′~38°23′和东经 114°19′~122°43′之间，西部连接内陆，从北向南分别与河北、河南、安徽、江苏四省接壤，陆域总面积 15.67 万 km^2。2010 年全省常住人口 9579 万人，人均地区生产总值 41 176 元（全国为 29992 元），人均农村居民纯收入 6990 元（全国为 5919 元），是我国人口大省、资源大省、农业大省和经济大省。

根据山东省行政区划，2010 年全省辖 17 个地级市、143 个县（市、区）、1874 个乡镇单元。从理论上看，县域是中国行政区划中相对稳定的地域单元，由于其规模和数量适中，以及社会经济活动的相对独立性与自组织性，是开展乡村研究理想的视角（Xu and Tan，2001）。考虑数据的可获得性，本章将主要基于县域尺度，对应现行行政区划中的县、市、区。其中，地级市所辖区通常是城市化水平相对较高地区，具有相对的一致性，本章将其整合成为统一的空间单元，并以该市市辖区命名，如将济南市历下区、市中区、槐荫区、天桥区、历城区统一命名为济南市市辖区。据此，山东省共有县域单元 109 个，其中县（市）92 个，市辖区 17 个（表 6.1）。

表 6.1　研究县域单元

地级市	县域单元	县域数量/个
济南	济南市市辖区、长清、平阴、济阳、商河、章丘	6
青岛	青岛市市辖区、胶州、即墨、平度、胶南、莱西	6
淄博	淄博市市辖区、桓台、高青、沂源	4
枣庄	枣庄市市辖区、滕州	2
东营	东营市市辖区、垦利、利津、广饶	4
烟台	烟台市市辖区、长岛、龙口、莱阳、莱州、蓬莱、招远、栖霞、海阳	9
潍坊	潍坊市市辖区、临朐、昌乐、青州、诸城、寿光、安丘、高密、昌邑	9
济宁	济宁市市辖区、微山、鱼台、金乡、嘉祥、汶上、泗水、梁山、曲阜、兖州、邹城	11
泰安	泰安市市辖区、宁阳、东平、新泰、肥城	5

续表

地级市	县域单元	县域数量/个
威海	威海市市辖区、文登、荣成、乳山	4
日照	日照市市辖区、五莲、莒县	3
莱芜	莱芜市市辖区	1
临沂	临沂市市辖区、沂南、郯城、沂水、苍山、费县、平邑、莒南、蒙阴、临沭	10
德州	德州市市辖区、陵县、宁津、庆云、临邑、齐河、平原、夏津、武城、乐陵、禹城	11
聊城	聊城市市辖区、阳谷、莘县、茌平、东阿、冠县、高唐、临清	8
滨州	滨州市市辖区、惠民、阳信、无棣、沾化、博兴、邹平	7
菏泽	菏泽市市辖区、曹县、单县、成武、巨野、郓城、鄄城、定陶、东明	9

注：2001年，长清经国务院批准正式撤县并区。考虑到长清与济南市其他5区在社会经济方面存在较大的差距，为了扩大样本容量，本章仍将长清作为单独的县域研究单元。

6.1.2 山东省的典型性

1. 区域差异显著

山东省地形中高四周低，中部为鲁中南山地丘陵区，胶东半岛为起伏平缓的波状丘陵区，西部、北部为黄河冲积而成的鲁西北平原区。受历史和现实多方面因素的影响，山东省区域发展差异明显：东部是全省重要的工业发展基地，占全省国土面积的33.1%，集中了全省41.3%的工业增加值，非农产业产值比例在90%以上，城市化率已达52.5%，工业化程度相对较高，经济相对较为发达；西部是全省乃至全国重要的粮棉生产基地，耕地资源相对较为丰裕，2010年农业产业比例仍达12.5%，城市化率仅为28.9%；中部则呈现明显的过渡特征，社会经济发展水平介于东部与西部之间（表6.2，图6.1、图6.2）。总体而言，山东省“东工西农”格局明显，是中国区域发展差异的典型缩影。以山东省作为案例区，可为研究不同类型地区农村土地整治的模式与机制提供绝佳素材，有利于推及、推广至全国广大农村地区，揭示同类地区的相似问题，具有一定的代表性。

表6.2 2010年山东省不同区域的社会经济发展特征

区域	包含地市	土地面积/km^2	总人口/万人	城市化率/%	GDP/亿元	三次产业比例（一产：二产：三产）	工业增加值/亿元
东部	5个（烟台、威海、青岛、潍坊、日照）	51 972.6（33.1%）	2 830.1（29.7%）	52.5	16 085.4（41.1%）	7.4：54.0：38.5	7 795.8（41.3%）
中部	6个（淄博、东营、济南、泰安、莱芜、临沂）	49 096.7（31.2%）	2 967.0（31.1%）	42.9	14135.2（36.1%）	6.4：54.8：38.7	5 486.1（29.1%）
西部	6个（滨州、济宁、枣庄、菏泽、德州、聊城）	56 054.8（35.7%）	3 738.5（39.2%）	28.9	9 963.6（25.4%）	12.5：55.1：32.4	4 206.4（22.3%）
全省	17个	157 126.3	9 536.2	40.3	39 169.9	9.2：54.2：36.6	18 861.5

注：“()”内数据为占全省的比例。

2. 城乡转型特征明显

作为我国东部沿海十个省（市）之一，山东省已经经历并仍将继续经历快速的工业化与城镇化进程，城乡发展呈现明显的转型特征：①从农户生计类型看，农林牧渔

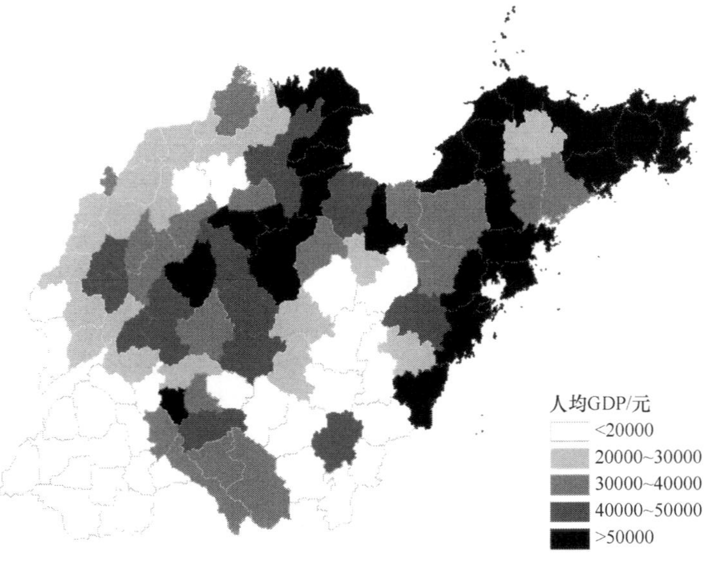

图 6.1　山东省各县市人均 GDP 示意图

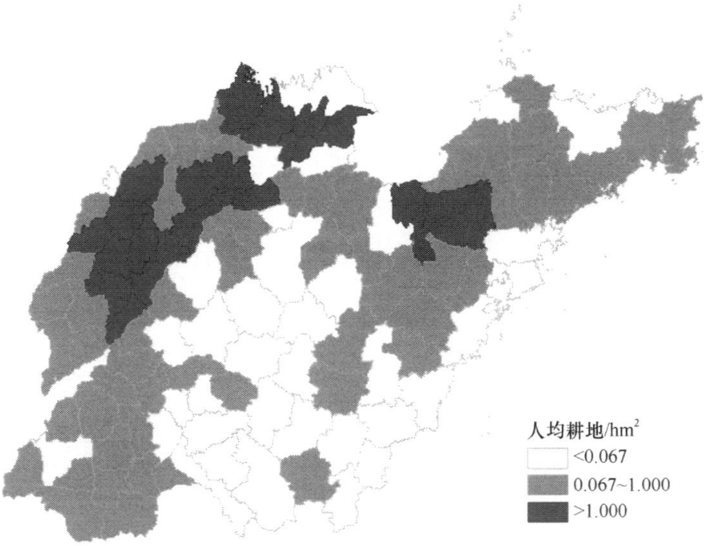

图 6.2　山东省各县市人均耕地资源禀赋示意图

业从业人员规模、农林牧渔业从业人员占乡村从业人员的比例皆处于下降趋势，2010 年非农业兼业户与非农就业户的比例合计达到 56.5%，标志着农民生产、生活已经逐步脱离农业生产与农村土地，农户职业日益分化；②从乡村经济活动看，第一产业增加值占地区生产总值的比例已由 1978 年的 33.3%减少为 2010 年的 9.2%，农村规模以上工业增加值则连续 3 年以超过 30%的速率增长，农业地位下降与非农产业蓬勃发展成为乡村地域的主要特征；③从传统农业发展特征看，近五年农业机械总动力年均递增 4.8%，参加专业性合作经济组织的农户比例达到 4.1%，农业生产机械化、组织化趋势日渐明显；④从城乡关系来看，2010 年山东省人均地区生产总值达到 41106 元，总体上已经步入以工促农、以城带乡的社会经济发展阶段。综上可知，山东省呈现显著的城乡发展转型特征，转型不仅直接体现在农业生产、农民生活与农村发展本身，更间接地反映在当前农村生产生活条件发生显著变化，为以农村土地整治为平台推进乡村空间重构提供了可能。

3. 农村空心化现象不同程度存在

2009 年山东省户籍人口城镇化率为 37.5%，常住人口城镇化率为 48.3%，尚有 10.8%的人口进城未（难）落户，加之长期以来的村庄规划缺失、宅基地管理滞后等原因，导致山东省各地存在程度不一的农村空心化现象。全省农村建设用地 2304 万亩，占建设用地总面积的 50%以上，其中农村居民点用地 1815 万亩，占农村建设用地的 79%，人均农村居民点用地 238 m^2，远远超出国家规定的人均 150 m^2 的用地标准。根据课题组在山东省禹城市、桓台县、牟平区、平邑县、巨野县、单县的实地调研结果，山东省农村“一户多宅”现象较为普遍，大量宅基地处于闲置、废弃状态（表 6.3，图 6.3、图 6.4），既影响了村庄人居环境，也导致了土地资源的闲置浪费（刘彦随等，2011）。开展农村土地综合整治，既是挖掘山东省农村存量土地潜力，缓解经济发展与耕地保护用地矛盾的重要途径，同时也是通过土地级差收益反哺农业与农村，促进城乡统筹发展的可行选择。

表 6.3 调研市县宅基地利用状况

	垦殖率/%	宅化率/%	空废比/%	人均宅基地面积/ m^2	户均宅基地面积/m^2	户均宅基地宗数
鲁西北与鲁西南平原区	77	54	16	123	455	1.41
鲁中南山地丘陵区	75	60	16	91	309	1.24
鲁东丘陵平原区	81	70	23	86	242	1.22
鲁北平原区	61	49	12	166	635	1.12

注：垦殖率是指村内耕地、园地、林地占村庄总面积的比例，表明了村庄农业土地开发利用程度；宅化率是指村庄农民住宅用地占农村居民点总面积的比例，表明了农村居民点集约利用程度；空废比是指村内空置、废弃宅基地面积占宅基地总面积的比例，反映了宅基地利用效率；人均宅基地面积和户均宅基地面积反映了村庄宅基地的集约利用程度，其值越小，宅基地集约利用程度越高；户均宅基地宗数反映了农村一户多宅的情况。数据来源为刘彦随等（2011）。

图 6.3 禹城市房寺镇邢店村宅基地废弃

图 6.4　青州市郑母镇大高墓村宅基地闲置

山东省样本县市占全国总数的 4.8%，其中，低度空心化县市、较低空心化县市、中度空心化县市、较高空心化县市、高度空心化县市分别占全国的 3.2%、3.9%、6.6%、6.6%、9.9%，中度空心化、较高空心化与高度空心化县市比例明显偏高，表明山东省农村空心化程度相对较为严重。具体到各类型，高度农村空心化县市共有样本 36 个，主要分布在胶东半岛、鲁中、鲁北地区，其中农村居民点高度粗放利用的县市共有 26 个，农村居民点粗放利用程度居中的县市共 10 个；较高农村空心化县市仅有样本县市 4 个，包括莱芜市市辖区、沂源县，临沂市沂南县，聊城市阳谷县；中度空心化县市分布较为零散，共有样本 17 个；低度、较低空心化县市共有样本 52 个，主要分布于鲁西北、鲁西南以及鲁中部分地区（图 6.5）。

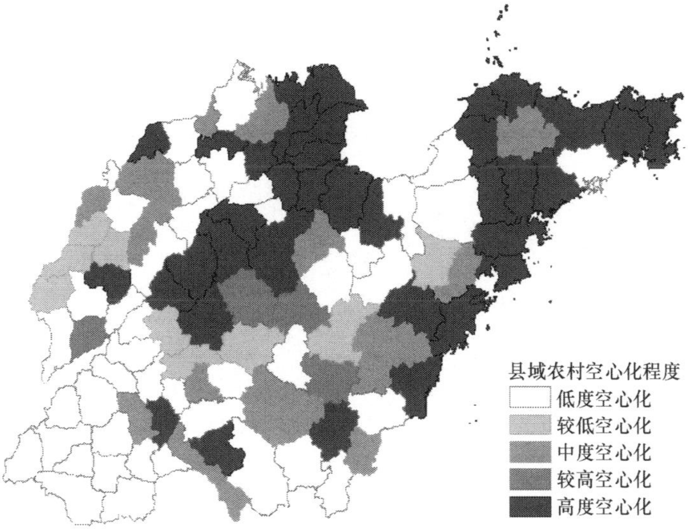

图 6.5　山东省县域农村空心化程度示意图

6.1.3 山东省农村土地整治进展

山东省是我国较早开展农村土地整治工作的省份之一。自国土资源部部署开展农村土地整治工作以来，山东省相继出台了《关于加强和改进我省土地开发整理工作的意见》(鲁政发［2007］81 号)、《关于统筹城乡发展加快城乡一体化进程的意见》(鲁发［2009］23 号）等一系列政策文件，以农村土地整治为抓手，推进耕地资源保护、用地结构优化、新农村建设与统筹城乡发展。2006~2010 年间项目区政府共计投入资金 100 余亿元，安排改造村庄近 3000 个，其中已完成改造村庄 334 个，安置居民 62 854 户，复垦耕地 74 242 亩，腾出建设用地指标近 6 万亩，既提高了土地节约集约利用率，又推动了区域新农村建设。

2010 年 5 月 19 日，山东省与财政部、国土资源部签署整体推进农村土地整治示范协议，成为首批推进农村土地整治示范工作的 10 个省市之一。2010 年 8 月，山东省政府印发了《山东省人民政府关于加强土地综合整治推进城乡统筹发展的意见》(鲁政发［2010］73 号)，对山东省农村土地综合整治及示范区建设进行总体部署，决定在济南等 16 个市选择 66 个项目区作为试点。示范区建设的目标是：从 2010 年到 2012 年，中央、省、市、县以新增建设用地有偿使用费为主体，筹集资金 100 亿元，其中，中央和省投资占 70%，市县（市）项目所在地政府配套投资 30%，集中建设 66 个土地综合整治示范项目，整治土地 340 万亩，新增耕地 20 万亩，提高粮食产能 2 亿 kg 以上。

根据省委省政府要求，山东省示范区建设应坚持“四个原则”，做到“四个结合”。其中，“四个原则”为：①坚持以人为本、农民自愿原则。充分尊重农民意愿，把维护农民合法权益放在首位。②坚持因地制宜、量力而行原则。充分考虑农村经济发展水平、地形地貌和农民承受能力，不搞“一刀切”。③坚持统筹规划、规范运作原则。实现土地整治规划与各专项规划的有机统一，建立规范化的项目、资金和建设业务流程。④坚持阳光操作、公开透明原则。项目建设要依法进行听证、公示、公开，把示范区建成阳光工程、廉洁工程、利民工程。

“四个结合”是：①要把土地综合整治示范区建设与新农村建设相结合，从实际出发，合理划定生活区、生产区和服务区等功能区，完善农村教育、医疗、商业、文体等设施，留足园地、林地、菜地，便利农民生活。②要把土地综合整治示范区建设与发展农村经济相结合，留足农村第二、第三产业发展空间，引导新建村积极发展农产品加工业和农村服务业，大力发展个体私营经济、村集体经济、股份制经济，促进农村经济的可持续发展。③要把土地综合整治示范区建设与农村基础设施建设相结合，建设高产稳产基本农田，加强农村水利建设，加强农村公路建设，加快农村饮水安全工程建设步伐，方便群众生产、生活。④要把土地综合整治示范区建设与农村生态文明建设相结合，本着适度超前、着眼可持续发展的原则，对村庄的绿化、净化、美化做出安排，积极发展环保产业，提倡绿色、低碳生活（专栏 1)。

在相关部委以及山东省委、省政府的统一安排下，山东省农村土地整治工作已经在各个市（县、区）得到积极开展，并涌现出了诸如诸城“农村社区化”、禹城“双区同建”(农村社区和产业园区）等实践操作模式，并在增加耕地面积、改善农民居住条件等方面取得了一定的效果，同时，政策实践过程也存在一系列有待规范的严峻问题，直接引发国务院下发了《关于严格规范城乡建设用地增减挂钩试点 切实做好农村土地整治工作的通知》。

专栏 1：山东省人民政府关于加强土地综合整治推进城乡统筹发展的意见

2010 年 8 月 2 日，山东省人民政府颁发《关于加强土地综合整治推进城乡统筹发展的意见》，要求把土地整理复垦开发与城乡建设用地增减挂钩有机结合，整体推进田、水、路、林、村一体化的土地综合整治工程，加快城乡统筹发展。主要意见包括以下几点：

（一）工作原则

1. 坚持以人为本。始终把维护农民的合法权益放在首位，把改善农村生产生活条件作为根本出发点。新型农村社区建设和土地整治都要确立农民群众的主体地位，按照方便生产、方便生活、方便居住的基本要求，充分考虑农民长远生计，按群众意愿办事，并接受群众和社会舆论的监督，坚决避免片面追求增加城镇建设用地指标的倾向。

2. 坚持高起点规划。政府统一领导，高水平编制规划，以县为单位把土地整治和社区建设以详规落实在图上、落实在具体区域和地块上，实现村镇规划、新型农村社区规划与土地整治规划有机统一，规划审批与项目审批一致。

3. 坚持高标准建设。以建设高标准基本农田为重点，提高耕地质量，为发展现代农业创造条件；以建设环境优美、节能环保、质量可靠的新型农村社区为核心，全面落实省委、省政府关于加快农村住房建设和危房改造的部署，改善村容村貌和生态环境，提高生活质量。

4. 坚持高水平管理。建立严格的项目责任制和责任追究制，对示范工程的项目、资金和建设进行全程监管，建立规范化的业务流程，分级负责，责任到人。

5. 坚持阳光操作。土地综合整治要依法、规范、有序推进，建成阳光工程、廉洁工程、利民工程，在公开、公平、公正、透明的轨道上健康运行。

（二）政策措施

1. 完善增减挂钩试点，推动农村存量建设用地挖潜。按照土地利用总体规划和县域村镇体系规划的要求，先易后难，明确项目实施重点。根据我省不同区域、不同地形特点，围绕城镇中心社区聚集、整镇集中推进、小流域综合治理、重要交通沿线和重点旅游区环境改善等几种类型，确定增减挂钩项目区域。因地制宜，妥善安排好拆旧区、安置区、建新区的数量、面积和布局。为给农村长远发展留下充足的空间，增减挂钩项目区内节地率原则上不超过 50%，要合理确定建新区、安置区容积率和住宅高度，方便农民生产生活。可在新型农村社区中适当留出部分园地、林地、菜地，便利居民生活、美化社区环境。要合理划定生活区、生产区和服务区等功能区，完善农村教育、医疗、商业、文体等设施。凡以新型农村社区形式安置的必须配套水、电、气、供暖、道路、垃圾和污水处理等基础设施，鼓励采用沼气、秸秆气化、太阳能、浅层地热能等可再生农村新能源供气和供暖。要强化建材下乡，对钢材、散装水泥、玻璃等建材实行直销配送，降低工程造价。要始终把工程质量放在第一位，严格工程监理。增减挂钩指标优先用于农村住宅、农村基础设施和公共服务设施建设，节余指标中留出适当的比例，用于新型农村社区的长远发展；节余指标调剂到城市使用的，应按不低于40%的比例用于经营性用地，提高土地收益，返还投入农村。在符合土地利用总体规划的前提下，积极创造条件，探索节余指标跨行政区域有偿调剂使用。

2. 围绕增减挂钩项目区，科学安排基本农田整理项目片区。土地综合整治要与千亿斤粮食生产能力建设、土壤肥力提升相衔接。在增减挂钩项目涉及到的区域内，按照集中连片、增加耕地数量、提高耕地质量、强化设施配套、建设高标准基本农田的要求，合理划定基本农田整理项目片区，与农田水利建设规划统筹考虑，集中连片进行田、水、路、林、村综合整治，使基本农田整理项目与增减挂钩项目有机融为一体。为确保我省9980万亩基本农田面积不减少、质量有提高、布局总体稳定，项目区内农田要连片成方，有利于农业结构调整，提高耕作层质量，便于机械化耕种，提高劳动生产率；搞好项目区农田水利设施配套建设，积极发展节水灌溉农业，大力推广低压管灌、滴灌、喷（微）灌等新技术；田间道路要提高硬化标准，并相互贯通；合理布设防护林网，改善农业生态环境，但严禁在基本农田内植树造林。通过项目实施做到田成方、林成网、路相通、旱能浇、涝能排，建成一批旱涝保收、高产稳产的基本农田。

3. 精心组织，科学编制土地综合整治规划。以县（市、区）为单位编制好土地综合整治规划，实行“一张图”管理，并与土地利用总体规划、县域村镇体系规划、新农村建设规划、产业发展规划、生态建设与保护规划、水利和交通等规划相衔接，统筹安排好农村生产、生活、生态等用地规模和布局。要切实搞好城镇和新型农村社区的规划设计，引入高素质的设计队伍，推出符合小城镇和农村社区特点、体现乡村文化特色和生活习俗的建筑群。要科学布局新型农村社区，合理确定社区服务半径，避免社区过度集中，耕作半径过大，影响农民生产生活。

4. 整合资金投入，严格资金使用管理，确保发挥效益。按照“渠道不变、集中投入、专账管理、统筹安排、各计其效”的原则，由各级财政部门整合现有土地及各类涉农资金，集约投入、集中使用，避免重复投入和浪费。适应农村居住社区化的趋势，今后涉及农村民生工程资金，应集中投入到整体搬迁和改造的新型农村社区。要严格资金使用和监管，不得截留挪用。新增建设用地土地有偿使用费要用于项目区内的基本农田整理，其中20%可用于新社区基础设施配套建设。从土地出让金中计提用于农业土地开发的资金必须按规定用途投入土地综合整治项目建设。增减挂钩所取得的相关收益，要实行专账管理、专项核算，以县（市、区）为单位进行统筹平衡，全部返还给提供节余指标的农村，用于农民住房和社区基础设施配套。要认真落实强农惠农政策，新型农村社区建设不收取行政事业性收费，服务性收费按应收费用的50%收取。收费项目必须事先列明清单，张榜公布，并作为项目审批的必备要件。各级政府在加大投入力度的同时，要拓宽融资渠道，广泛吸引社会各类资金参与土地综合整治。金融机构要创新农村金融服务，为产业发展、农民建房和农村公共事业提供信贷支持。

5. 健全制度，规范运作，加强土地综合整治全程监管。各地在土地综合整治项目建设过程中，要建立健全各项制度。严格执行项目法人制、招投标制、工程监理制、合同制、公告制、审计制、验收制和绩效考核问责制等制度，做到公开透明，严禁暗箱操作。凡纳入增减挂钩项目区进行改造的村庄，首先要妥善安置好农民生产生活，做到先建后拆，建一批、搬一批、拆一批、复垦一批。对腾退的农村宅基地要同步进行土地复垦，并按有关规定严格进行验收。增减挂钩周转指标要纳入年度计划统一管理并按期归还。要加强资金管理，专项资金按照资金性质和用途单独核算，专款专用，严禁截留、挤占和挪用。强化审计监督，定期进行审计，确保建设质量和资金安全。加强项目动态监管，建立土地综合整治季报制度，按季度定期考核。项目所在地人民政府要严格按规划组织实施，完善管理手段，健全项目台账，提高信息化监管水平。土地综合整治过程中，要锁定控制好项目规模，确保土地整理规模不缩小，增减挂钩规模不扩大。要严禁乱占滥用基本农田，严禁未经批准在农用地上乱建住房，严禁借用增减挂钩政策进行“小产权房”建设，严禁违反项目区规划和超规模用地。凡违反上述规定的，将停止该项目所在地建设用地报批和增减挂钩，并责令整改。

6. 发挥农民主体作用，切实维护农民合法权益。土地综合整治必须充分尊重农民意愿，保证农民的决策权、知情权和参与权，让农民群众全程参与项目的决策、实施、监管和验收。在项目规划、住宅设计、农田整理方案等方面，实行听证制度，做到整治前农民同意，整治中农民参与，整治后农民满意。要慎重对待土地权属调整和利益分配问题，凡涉及土地所有权、使用权、承包经营权等权属调整和利益分配的，要编制土地权属调整方案，取得相关权益人认可后，经县级人民政府批准实施，做到产权清晰、界址清楚、面积准确。村庄整合改建社区，涉及占用国有土地的，依法向产权人颁发国有土地使用证；涉及占用集体土地的，依法向产权人颁发集体土地使用证。土地综合整治要做到积极稳妥、实事求是、先易后难、量力而行，不得强迫命令，不搞“一刀切”，坚决避免强拆强建。

（三）管理机制

1. 加强领导，落实责任。土地综合整治是一项系统性、全局性工作。各级政府要高度重视，切实加强对土地综合整治的统一领导。省政府设立由省政府主要领导任组长的土地综合整治工作领导小组，发展改革、经济和信息化、监察、民政、财政、国土资源、住房城乡建设、交通运输、水利、农业、商务、审计、环保、旅游、地勘等部门负责同志为成员，负责政策制定、项目审批、综合协调与指导，下设土地综合整治领导小组办公室，负责日常工作。各市也要建立相应的工作机制，负责项目选定、计划落实、监督管理和考核等工作；示范项目所在县（市、区）是实施土地综合整治工程的主体，要建立运转高效的领导机构，负责辖区内土地综合整治项目的具体建设管理工作。

2. 严格考核，加强监管。把土地综合整治纳入各级政府年度工作目标责任考核，加强督促检查和考核评价。建立由监察部门牵头，财政、国土资源、住房城乡建设、审计等部门参与的项目监管机制，在招投标、工程建设、资金使用等环节进行监督检查，对项目实施进行全程监督，确保工程建设质量和资金安全。

3. 强化宣传和舆论引导。发挥舆论导向作用，大力宣传土地综合整治的重要意义、目标任务、政策措施和典型经验，扩大社会影响，提高社会认知度，形成有利于推进土地综合整治的良好舆论氛围。

6.1.4 山东省农村土地整治的适宜类型

从图 6.6 可知，山东省开展农村土地整治的适宜程度较高。

优先整治区共有样本县市 52 个，占 47.7%，集中分布在鲁西北、鲁西南、鲁中及胶东半岛等部分地区。项目区农户非农就业率达到 51.3%，人均农村居民点用地面积达 210.9 m^2，大部分农民的生产生活已经脱离农业生产与农村土地，推进农村土地整治的条件相对适宜，适合迁村并居及空废居民点复垦型的农村土地整治模式。

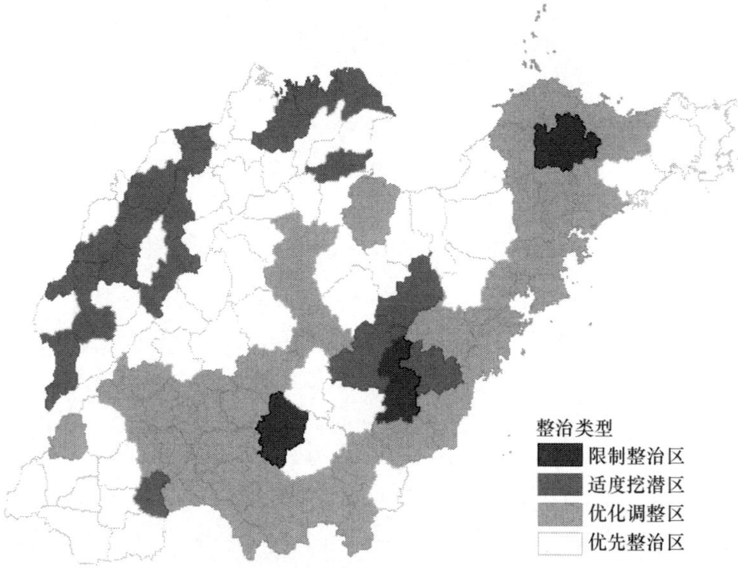

图 6.6　山东省农村土地整治适宜类型的空间分布示意图

优化调整区共有样本县市 38 个，占山东省的 34.9%，分布同样较为集中，包括胶东半岛、鲁西南、鲁南的部分地区。项目区农户非农就业率达到 53.5%，但人均农村居民点用地面积仅 134.2 m^2，适宜以中心村建设为重点，进一步引导土地资源节约与集约利用。

适度挖潜区共有样本县市 16 个，占山东省的 14.7%，主要分布在鲁西北地区，该区域人均农村居民点用地面积达到 228.9 m^2，整治潜力较大，但农户非农就业率仅为 32.4%，当前并不宜大规模推进农村土地整治工作，尤其是大拆大建的整治模式，建议结合各地实际情况，因地制宜加以推进。

限制整治区仅有样本县市 3 个，包括临沂平邑县、日照莒县、烟台栖霞市，3 个县市的农户非农就业率皆在 40%以下，人均农村居民点用地面积低于 150 m^2，当前暂不适宜大规模推进农村土地整治工作。

各大类型的农村土地整治适宜模式见表 6.4。

表 6.4　山东省各大类型的农村土地整治模式

整治类型	适宜区域	主要特点	重点与难点	整治途径
优先整治区	鲁西北、鲁西南、鲁中及胶东半岛等部分地区	农民对农业生产与农村土地的依赖程度较低、农村土地整治潜力较大	①中心村选址与重构规模；②由于整治建设周期长、整治规模大带来的投入问题；③整治新增耕地的有效利用问题	①根据交通条件、中心性、发展基础等因素甄选中心村；②根据农民意愿、耕作半径、基础设施配给临界规模、产业结构相似性等因素，选择合并村庄数量；③建议借鉴重庆市地票交易模式，通过市场机制推进村庄土地整理；④建议借鉴两分两换实验，促进原有承包地及整治新增耕地的合理流转与规模经营，促进农村宅基地有序退出；⑤通过就业、户籍制度创新等途径，促进农民进城落户
优化调整区	胶东半岛、鲁西南、鲁南的部分地区	农民对农业生产与农村土地的依赖程度较低、农村土地利用较为集约	①增地潜力较小，地方整治意愿相对较低；②中心村建设与原有村庄产业培育问题；③就地安置与中心村集中的选择问题	①加强区内中心村建设，利用股权分红、良好的生活条件等经济杠杆，推进农村居民点向中心村和小城镇进一步集中，可借鉴南海土地股份合作制、嘉兴两分两换实验、天津宅基地换房模式；②促进非农企业在中心村及中小城镇集中，以产业空间重构引领农民居住空间重构，有序退出农村集体建设用地；③通过就业、户籍制度创新等途径，促进农民进城落户
适度挖潜区	鲁西北地区	农民对农业生产与农村土地的依赖程度较高，农村空心化较为严重	①如何合理集中，既考虑到当前农民农业生产条件约束，又能避免将来进一步空心化；②整治建设资金来源问题	①建议以小集中、大分散的模式慎重推进农村土地整治工作，即小范围内依托城乡建设用地增减挂钩推进迁村并居，大范围内仍然延续“依田而居”的村庄分布格局；②通过划定村庄边界、划分功能区域、推进村庄闲置废弃宅基地流转、实行多占宅基地有偿使用制度等途径，避免农村空心化进一步发展，促进农村闲置废弃用地有序退出；③整合新农村建设专项资金、政府农业扶持项目等财政支出项目，结合村民自筹资金、社会融资等手段，解决资金来源问题；④可借鉴南张楼村城乡等值化试验
限制整治区	临沂平邑县、日照莒县、烟台栖霞市	农民对农业生产与农村土地的依赖程度较高，农村土地利用较为集约	①推进农村土地整治的条件欠成熟，建议结合危房改造、转移就业等多种形式，推进该区域的农村居民点用地整治工作，整治增地优先还园、还林；②根据市（县）内各乡镇经济发展水平，在乡（镇）一级选择适宜的整治类型，包括优先整治型、优化调整型、适度挖潜型	

6.2　山东省农村土地整治典型模式评价：以 X 社区建设为例

6.2.1　X 社区农村空心化发展及农民整治意愿分析

1. X 社区社会经济发展概况

1）所在乡镇情况[①]

X 社区位于鲁西北传统农区，所在乡镇 K 镇属于省级以上改革发展试点镇。2010 年总人口 63 401 人，地区生产总值 30.64 亿元，三次产业结构为 10∶61∶29，农民人均纯收入为 7424 元（山东省为 6990 元、所在县级市为 7060 元），农村劳动力中非农就业比例达到 71.3%。K 镇属于温带半湿润季风气候，年平均气温 13.1℃，

① 第 6.2 节相关数据如无特别说明，均来源于项目组实地调研、所在县统计年鉴、所在乡镇统计公报及当地土地综合整治项目报告。

≥0℃平均年积温为4477℃，全年平均气温≥10℃的天数为280天，年平均日照时数2655.2小时，全年太阳辐射为124.8 kcal①/cm²，平均无霜期200天，多年平均降水量616 mm，可满足农作物一年两熟的需要。农业基础条件较好，年末常用耕地面积125 076亩，人均耕地1.97亩。土地成方连片程度较高，灌溉水资源相对丰富，主要农作物为小麦、玉米。

2）就业与农业生产情况

以X社区中心村A村为例，A村总人口1077人，距离县城13 km，距离镇中心3.5 km。针对该村16位农户的问卷调研发现，16户家庭共计总人口69人，18~65岁的劳动力共计56人，其中务农31人（55.4%），兼业8人（14.3%），常年外出打工10人（17.9%），学生2人（3.6%），参军、退休等其他人员5人（8.9%），兼业人员全部在本村、本镇与本县级市，常年外出打工人员中在本县级市以外的占50%。承包耕地面积105.2亩，人均耕地面积1.5亩，实际耕作面积112.7亩，存在土地流转现象。

2. X社区农村空心化现象

包括A村在内的X社区普遍存在农村空心化现象（图6.7），对A村所有宗地的调研结果表明：①土地利用结构。A村土地总面积3651.47亩，其中耕地所占比例最大，其次为设施农用地、林地、农村宅基地，公共管理及服务设施用地所占比例最小（表6.5、图6.8，见彩图6.8）。②宅基地利用状态。A村共有宅基地376宗，其中使用309宗、空

图6.7 A村空废住宅与受污染的沟渠

① 1 kcal = 4184J。

表 6.5　A 村土地利用结构

地类		面积/亩	比例/%
耕地		2214.5	60.7
林地		238.6	6.5
工矿用地		14.7	0.4
农村宅基地		234.5	6.4
公共管理及服务设施用地		8.3	0.2
交通运输用地	公路	80.7	2.2
	农村道路	19.0	0.5
	街巷	117.4	3.2
	小计	217.1	6.0
水域	坑塘水面	28.3	0.8
	沟渠	136.7	3.8
	小计	165.1	4.5
其他土地	空闲地	57.6	1.6
	设施农用地	501.1	13.7
	小计	558.8	15.3
总计		3651.5	100.0

注：“空闲地”是指村庄、工矿内部尚未利用的土地；“设施农用地”是指直接用于经营性养殖的畜禽舍、工厂化作物栽培或水产养殖的生产设施用地及其相应附属用地，和农村宅基地以外的晾晒场、打谷场等农业设施用地。

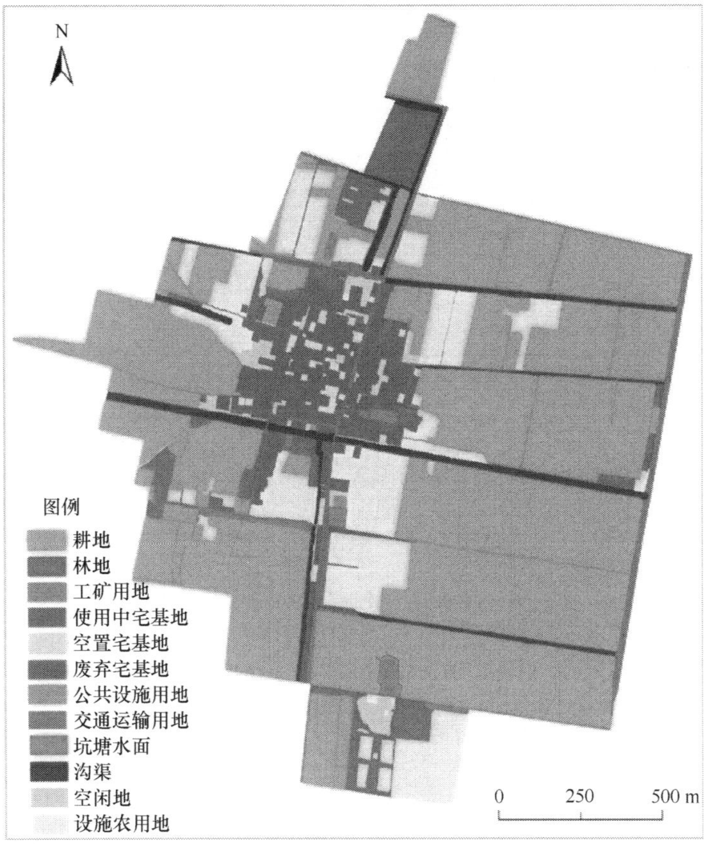

图 6.8　A 村土地利用现状

置 43 宗、废弃 24 宗，分别占总宗数的 82.2%、11.4%、6.4%，空置废弃率为 17.8%；空置、废弃宅基地面积共计 35.3 亩，占宅基地总面积的 15.1%（图 6.9，彩图 6.9）。③宅基地闲置废弃原因：空置废弃的主要原因是一户多宅或另建新住宅（原有住宅未退出），占 80.6%，其他依次为常年在外打工（4.5%）、准备盖新房（4.5%）、迁走或无后等其他原因（10.4%）。④闲废宅基地特征：76.9%的废弃基地在 2000 年以前就处于废弃状态，所有空置的房子都建于 2000 年以前，其中 1980 年以前的占 78.1%。空废房子中的 75.0%为土坯房，明显高于处于使用状态的房子，其土坯房比例仅为 9.1%。⑤其他闲置用地：坑塘水面、空闲地主要是由于长期取土用于宅基地建设，而形成的大小不等、深浅不一的坑塘和低洼地，大部分都垃圾堆积，杂树丛生，处于闲置废弃状态（图 6.7）。

图 6.9　A 村宅基地利用状况

3. X 社区农民村庄整治意愿

A 村受访农户中，有 23.5%的农户不满意现有居住条件，29.4%的农户认为还行（图 6.10）；仅有 6.3%的农户愿意保持宅基地闲置利用状态（图 6.11）。50.0%的农户希望租入耕地（图 6.12），很多农户表示，“种地花不了多少时间，还可以享受 80 块每亩的国家补贴，得留着这块地”，“除了粮食补贴，还有良种补贴，购买农机具补贴”，“现在都是机械了，一年用在农业上的时间，也就 40 天左右”，“如果耕地规模足够大的话，距离并不是问题”，农民整治增地意愿较为强烈，能够接受社区建设可能带来的耕作半径扩大问题（图 6.13）。对于“您是否愿意对村庄进行重新规划，比如，集中建设中心村或公寓式楼房”，受访农户全部持赞成态度，农民整治意愿较为强烈。

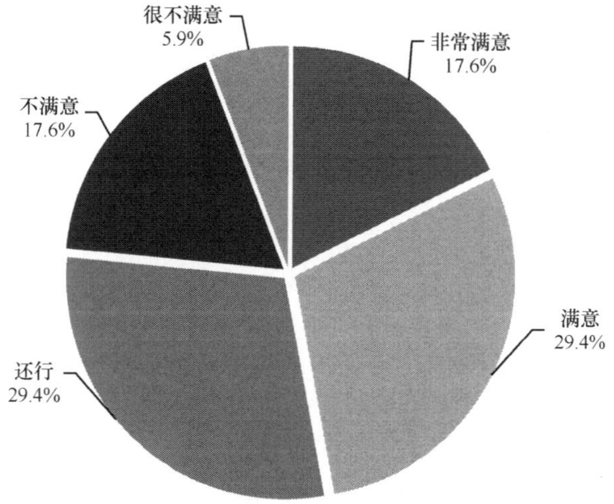

图 6.10　受访农户对现有居住条件的满意程度

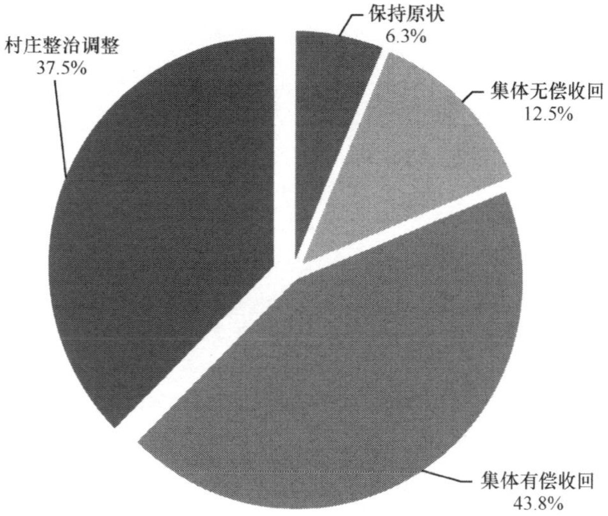

图 6.11　受访农户对闲置宅基地的整治意愿

6.2.2　X 社区建设模式及进展

1. X 社区建设规划

按照第 6.3 节的评价结果，X 社区所在的县级市属于优先整治区。该县自 2009 年起开始启动村庄合并与农村社区建设，将全市 1000 余个村庄合并为 300 多个村（社区），

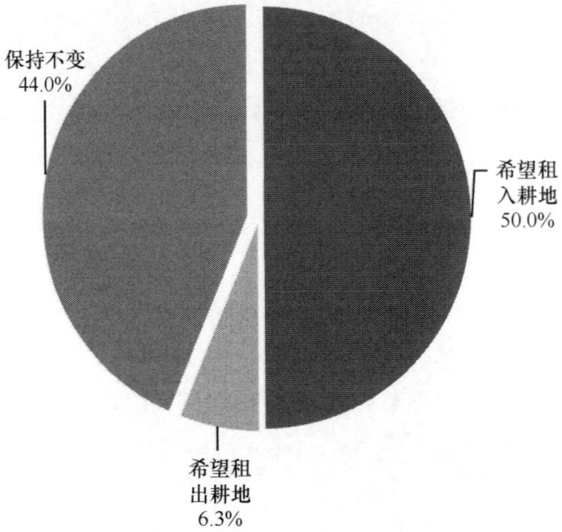

图 6.12　受访农户土地流转意愿

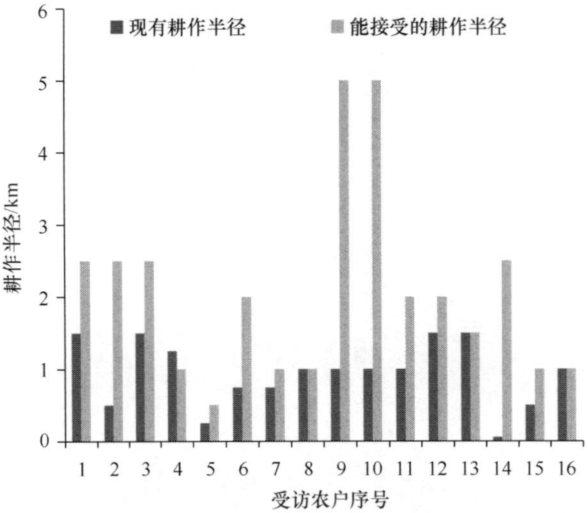

图 6.13　受访农户现有耕作半径与能接受的耕作半径对比

村均人口规模由原来的 425 人增加到 1130 人，各社区都配套建设农事村办工作室、警务室、合作医疗卫生室、计生服务室、文化活动室、浴室、幼儿园、小学、便民服务超市等公共服务设施。X 社区位于该市 2010 年第一批挂钩项目区范围，由居民居住区和农业产业区“双区并建”。

1）复垦整理区土地利用结构调整情况

根据《K 镇土地综合整治项目可行性研究报告（2011—2015 年）》，X 社区挂钩范围包括 A 村及其周边 4 个村，A 村为中心村，挂钩前后的土地利用结构调整情况对比见表 6.6。

2）安置区规划方案

X 社区安置区位于 A 村南，乡级公路以东，安置户数为 595 户，人均建设用地面积 99 m^2，户均宅基地面积 207 m^2，容积率为 0.80（表 6.7）。

表 6.6 X 社区整治前后土地利用结构调整情况

社区名称	拆旧复垦地块位置	规划前		整治后	
		地类	面积/hm^2	地类	面积/hm^2
X 社区	A 村	农村宅基地	15.75	耕地	15.30
				农村道路	0.18
				农田水利用地	0.27
		农村宅基地	7.61	耕地	7.49
				农村道路	0.12
				农田水利用地	0.00
	B 村	农村宅基地	3.28	耕地	3.06
				农村道路	0.09
				农田水利用地	0.13
		农村宅基地	0.43	耕地	0.43
				农村道路	0.00
				农田水利用地	0.00
		农村宅基地	1.60	耕地	1.46
				农村道路	0.06
				农田水利用地	0.08
	C 村	农村宅基地	9.04	耕地	8.23
				农村道路	0.32
				农田水利用地	0.49
	D 村	农村宅基地	6.79	耕地	6.55
				农村道路	0.10
				农田水利用地	0.14
	E 村	农村宅基地	0.60	耕地	0.39
				农村道路	0.08
				农田水利用地	0.13
		农村宅基地	5.79	耕地	5.52
				农村道路	0.11
				农田水利用地	0.16
	小计	—	50.89		

表 6.7 X 社区安置用地方案

序号	项目	面积/m^2	比例/%
1	总规划占地面积	367 816	100
2	住宅用地面积	123 087	33
3	道路用地面积	50 230	14
4	公共绿地面积	103 036	28
5	公建用地面积	53 638	15
6	预留地面积	37 825	10

3）补偿原则、标准与方案

补偿原则包括三点，即客观公正、实事求是，以及保证拆迁所涉及村民的合法权益。

所涉及的拆迁补偿标准参照《山东省物价局、山东省财政厅、山东省国土资源厅关于日照等八市征地地面附着物和青苗补偿标准的批复》（鲁价费发［2006］269 号）要求，并根据所拆迁建筑物的实际情况进行确定，预计每户补偿在 6 万元以上。

具体补偿方案包括：①被拆迁户采取回迁安置办法，根据房屋结构、建筑时间等因素，确定与安置房屋的产权置换比例。②安置房标准。安置房户型由拆迁户自愿选择，但要遵照规划要求，大小户型分批、分排建设。安置房由指挥部按照上级规定的房屋建筑设计技术规范和标准统一组织建设，建设过程中，被拆迁户可组织全程监督。③被拆迁户房屋面积按比例折合后置换新房，不足部分按建新房成本价交钱。④拆迁奖励。自指挥部下达拆迁通知之日起，对在规定日期内将房屋及附属物全部搬迁拆除完毕，并在房屋拆迁保证书上签字的农户给予奖励，在此之后的农户再不给予奖励。新房建设期间，每月每户可给予一定的安家补助费，直到搬入新房为止。⑤凡是回迁安置的被拆迁户，宅基地一律不作补偿。已办理宅基证的空闲宅基地，其地上附属物一律不作补偿。⑥较为困难的农户选择安置新房，无力承担的，指挥部可以协调、帮助解决贷款；孤、寡、五保户等拆迁完毕后，先行临时安置，最后采取建设老年公寓、安排小户型安置房、进入敬老院等方式，统一进行安置，所需费用通过房屋置换折价款、自筹等方式进行解决。⑦村内原有的卫生室、小卖部、幼儿园等服务设施将在社区服务中心内优先安排，不另作补偿。⑧被拆迁户置换新房后，多余面积部分的折价款和不足面积部分应交的购房款，在抓阄安置新居前一次性结清。

4）权属调整

界限的调整：为减轻工作难度，尽可能减少权属调整的面积。主要调整对象为原有权属界限不规整、互相楔入的地段。调整方式为结合新建道路、地块规划，以规划路、沟为界，按照转换或地块置换的方式进行所有权调整，同时起到裁弯取直便于生产，以及明晰产权关系的作用。

农用地承包经营权的调整：村内农用地按照等面积或等价的原则自愿重新进行分配，保证农户分到的农用地与原来的实有面积相等、质量相当，并尽可能实现土地集中。若原承包人放弃农地承包经营权，则可由村集体另行选择农户承包，也可集中承包给经营大户。

土地所有权调整：①插花地调整。相邻两村的插花地可在村界处按等面积或等价值原则重新进行调整，非相邻两村的插花地可在有关部门的组织协调下在几个村之间按等面积或等价原则进行调整。②村与村之间少量不规则的村界之间涉及的土地所有权的调整，按照土地等面积或等价值原则进行调整。

新增耕地分配：新增加耕地的土地所有权仍归属于村集体，由村集体平均分给原承包的各村农民，也可集中承包给经营大户。

安置区用地的调整：拆迁村庄并入中心村占用的土地（含公共设施均摊），相邻村可在村界处进行调整，非相邻村可在有关部门组织协调下在几个村之间进行滚动调整。

2. X 社区建设进展

2010 年，X 社区开始进入实质性建设阶段，实际的建设范围由规划的 5 个行政村扩展为 12 个行政村，规划用地 755 亩，计划安置农民 1498 户、5000 余人，建设模式为二层连体别墅（226m^2/栋）和多层建筑（图 6.14）。社区按计划建成后，可节约土地约 3100

余亩，人均增加耕地 0.6 亩地。目前第一期 135 亩 200 户安置房已经建设完成，购置价格为 15 万元/套。第二期住房正在建设，价格在 15 万到 20 多万不等（图 6.15）。目前共有 344 户农民购买了社区新房。

图 6.14　X 社区已经建成的第一期住房

图 6.15　X 社区正在建设的第二期楼房

按照农村社区与产业园区同建思路，X 社区在发展原有生猪、肉牛、奶牛养殖和蔬菜大棚等优势产业的基础之上，截至 2011 年 4 月，已经引资建设或进一步壮大了 JY 花卉蔬菜育苗示范基地、XD 社区精品农业园、XD 社区生态养鱼基地、LZW 养鱼生态鱼塘、XD 社区奶牛场等 5 个产业园区，正在建设 XD 蛋鸭小区、316 商贸大街，形成了 8 个专业性合作组织。园区内 80%以上的耕地已经流转，农民可以就近打工，工资在 40~80 元/天，土地承包价格为每年 350 kg 小麦（7 月 30 日价格）与 400 kg 玉米（10 月 30 日价格）的价款（图 6.16、图 6.17）。

图 6.16　花卉蔬菜育苗示范基地

图 6.17　已经流转的农业土地

截至 2011 年 11 月，中心村 A 村已经拆迁 70 多户，实际搬迁不足 50%，农民住房拆迁难度较大，部分农民反映，拆迁补偿标准偏低，住房通常按 300~600 元/m^2，养殖等设施用地按 50~200 元/m^2（拆迁补贴由房管局与物价局来确定补偿标准），与新建小楼价格差距较远（图 6.18）。

图 6.18　A 社区房屋拆迁进展缓慢

6.2.3　X 社区模式评价

1. X 社区建设的公平性分析

X 社区建设属于迁村并居型农村土地整治模式，通过整合农村能人资源、产业基础与部门投入，促进了农村的共同进步，如 A 村为养殖专业村，迁村并居后，A 村原支部书记当选新社区支部书记，组织农民广泛开展畜牧养殖经验交流与学习，并制订了社区产业发展规划，养殖户短期内即由 200 户发展到 400 多户，带动了周边农村、农民增收。

X 社区建设规划强调了保护农民合法权益，如根据《K 镇土地综合整治项目可行性研究报告（2011—2015 年）》，整治完成后，村内农用地按等面积或等价原则自愿重新分配土地，保证农户分到的农用地与原来的实有面积相等、质量相当；被拆迁户采取回迁安置办法，根据房屋结构、建筑时间等方面因素，确定与安置房屋的产权置换比例；较为困难的户选择安置新房，无力承担的，指挥部可协调解决贷款；孤、寡、五保户等拆迁完成后，先行临时安置，最后采取建设老年公寓、小户型安置房、入敬老院等方式，统一进行安置；土地承包价格为每年 7 月 30 日 350 kg 小麦与 10 月 30 日 400 kg 玉米的成交价格，土地租金收入根据物价收入适当调整，即为农民与承包商自主协商的结果。

但是，X 社区建设中仍存在有损农民合法权益的情况：①补偿标准问题。根据《K 镇土地综合整治项目可行性研究报告（2011—2015 年）》，农村居民点用地整治共需投入资金 102 468.35 万元，通过挂钩周转指标经营收益、耕地开垦费、新增建设用地有偿使用费共可提取 37 310.77 万元，尚存在资金缺口 65 157.58 万元，需要通过农民自筹、银行贷款等途径加以解决。项目区存在资金缺口，一定程度上造成了开发商（或地方有关部门）有意压缩补偿范围、降低补偿标准、提高新购住房价格等有损农民权益的情况。例如，X 社区原有房屋评估价格普遍低于 10 万元（图 6.19；第二期集中建设小区的房屋价格明显高于第一期；X 社区补偿范围仅包括宅基地附属物，不包括农民宅基地本身。②公共服务供给问题。政府是公共服务的提供者，养老院、幼儿园等基础设施是地方政府应当承担的公共支出，但在 X 社区建设中，老年公寓需要通过房屋置换折价款、自筹等方式进行解决，医疗保险、社会保障等公共服务并未涉及。

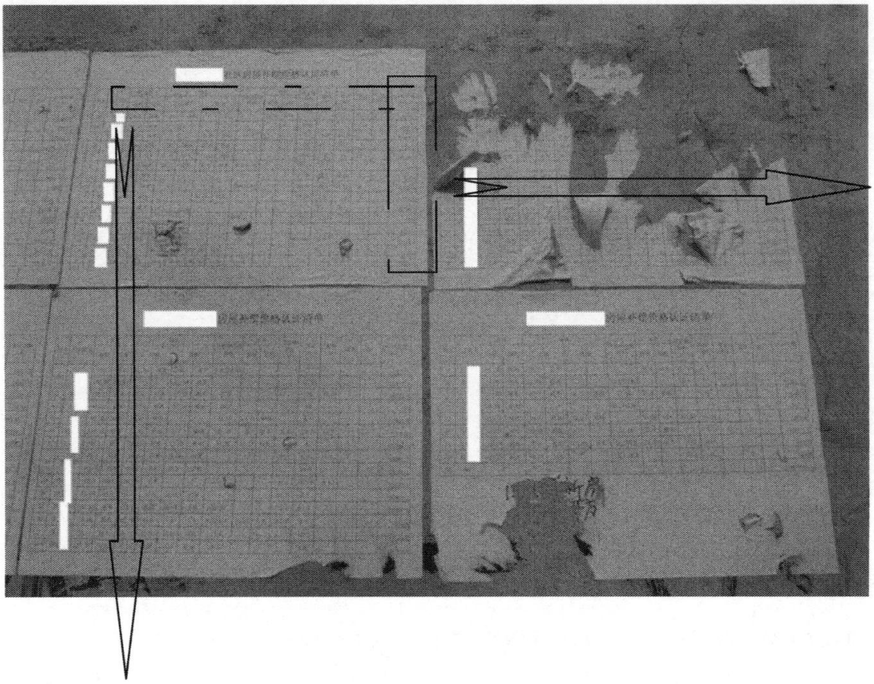

认证价格（元）
46 886.4
64 090.8
89 145.9
76 257
66 588.3
71 442
43 866
52 740.9
50 010.3
21 796.2
6 075
9 931.5
45 743.4
73 577.7
75 025.8

户主姓名	正房		偏房				预制顶过道面积	南屋		简易棚面积/m^2	围墙/m^2	畜舍/m^2	厕所	迎面	认证价格/元
	面积	结构	东偏		西偏			面积	结构						
齐某	79.3	砖木	49	砖木				21.35	砖木				1		46 886.4

图 6.19　X 社区拆迁补偿标准

2. X 社区建设的效率性分析

X 社区建设具有显著的经济效率：①通过村庄合并与农村社区建设，有力地推进了闲置废弃土地的复垦利用。一方面，增加了耕地面积、改善了农业生产条件，直接增加了农民收入；另一方面，通过置换城市建设用地指标，促进了区域社会经济发展，进而提高了政府公共服务能力，间接促进了农业与农村发展。②X 社区领导由 12 个村中最有能力、最有威望的能人担当，可以拓展或放大社会关系网络、产业资源基础等方面的优势，推进社区科学定位、规模发展。例如，X 社区目前共组织建设了五大产业园区、建立了 8 个农民专业合作组织，这些都有助于农业增效、农民增收与农村发展。③通过村庄合并，X 社区人口规模超过了 1500 人，配套建设了农事村办工作室、警务室、合作医疗卫生室、计生服务室、文化活动室、浴室、幼儿园、小学、便民服务超市等基础设施，促进了公共服务资源向农村的积极延伸、有效利用、成本降低和长期运转，提高了资源配置效率（如该社区中的 B 村在 C 村、D 村下游，原来 B 村需占用 C、D 两村的土地来修建水渠，以保障耕地灌溉用地需求，一直未能如愿。村庄合并后，三个村之间的关系很快得到理顺，目前通往 B 村的水渠已经建成）。

3. X 社区建设的总体评价

X 社区通过农田基础设施建设，改善了农业生产条件；通过整治村内闲置废弃用地，增加了农民耕作面积；通过统一建设新型社区，优化了村庄人居环境；通过产业园区建设，增加了农民收入水平；通过集中配套基础设施，提高了公共服务供给效率；通过城乡土地统筹配置，促进了区域统筹发展。总体而言，X 社区建设发生在农民非农就业程度较高、农业经营意愿分化、农村土地闲置浪费严重、城市建设用地压力加剧、城乡统筹力度加大的宏观背景，依赖于产业园区与农村社区的同步建设，对于推进村庄空间重构、实现耕地保护、促进土地流转、加快城乡统筹发展等方面具有重要的借鉴意义，包括村庄合并与选址时考虑村庄产业的相似性和中心村的带动性、村庄空间重构时考虑产业支撑的重要性与社区服务的趋势性、整治增地利用时考虑土地承包流转的必然性与土地流转租金随行就市的必要性等方面。

同时，与当前各地农村土地整治现象较为类似，X 社区建设中仍存在一些有待规范的现实问题，包括农民在拆迁补偿标准等方面的有效参与程度不足，导致农民获得的补偿标准偏低，农民权益受损；农民补偿范围仅限于地上附着物（的其中一部分），农民宅基地、农业耕作半径扩大、农民生活成本上升等方面因素并未在得到合理补偿；社区建设规划不断调整（如，由 X 社区由 5 个村变为 12 个村），反映社区建设规划制定时的欠科学性或社区建设规划执行时的非强制性，等等。这些，都有待科学规范与设计。

6.3　山东省农村土地整治的管控机制设计

农村土地整治是一项涉及面广、实施周期长而区域差异大的综合的系统工程。受整治难易程度、经济发展阶段等多重因素影响，当前各省市农村土地整治侧重于农用地整理、农村居民点整理等农村要素的某一个方面，面向山、水、林、田、路、村的村庄综合整治实践较为滞后，相关政策与机制尚处于探索之中。参考开展相对较早、机制较为完善的土地整理、生态补偿、耕地保护等领域的实践经验（李秉祥和黄泉川，2006；孙新章等，2006；张克旺，2007；瞿忠琼等，2009；谭秋成，2009），从组织管理、利益分配、产权保障三个方面探寻山东省农村土地整治的系统机制，以顺利推进山东省农村土地整治工作，并为国内相关地区提供经验借鉴。

6.3.1　农村土地整治的组织管理机制

1. 农村土地整治的决策程序

农村土地整治包括山、水、林、田、路、村综合整治，涉及多个部门、多个主体与多个领域（图 6.20），需要构建完备、高效、系统的决策程序，以充分考虑并协调处理相关主体的利益诉求和可能矛盾，切实保障农村土地整治工作的顺利开展。

重点是：①充分考虑农村土地整治相关主体的利益诉求特征，切实保障政府主管部门、农村居民、专家学者、其他相关行为主体在农村土地整治规划编制与实施过程中的参与权和决策权。通过建立多元化决策机制，确保行为主体利益不受损失，并调动各方行为主体的农村土地整治积极性。考虑农民的相对弱势地位及农村土地整治影响其切身利益，建议政府及专家学者在规划编制与实施过程中切实考虑农民的整治条件、整治意

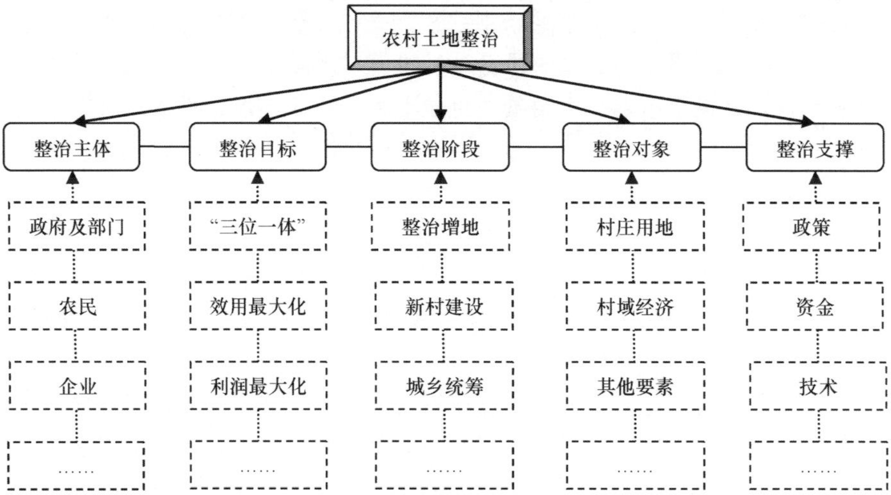

图 6.20　农村土地整治涉及内容

愿、后续需要等方面，特别强调农民的有效参与权与合理决策权。②在整治规划、组织实施、地段协调、政策创新等农村土地整治领域，切实加强山东省各级国土、农业、水利、环保、城乡建设等管理部门的统筹协同与组织协调，建立由政府主导、国土部门牵头、相关部门配合、社会广泛参与的项目管理和运行机制，为农村土地整治提供有力服务，整体增进部门与区域利益。

2. 农村土地整治的优先次序

从农村空心化演进阶段看，“东工西农”格局稳固的山东省，其农村空心化程度存在显著的区域差异，当前尚不宜大范围推进全省农村土地整治工作。基于现状经济实力与农户生计转型的综合考虑，也应率先攻克农村土地整治的重点领域，以切实提高农村土地整治的总体效率。

农村土地整治的优先次序需要经过规范的决策程序与严格的科学论证，亟待政府加强这方面的研究力度。结合山东省省情、以及农村社区建设中存在的一些问题，当前的初步设想是：①在时序上，农村土地整治工作应遵循“农民自愿、权属清晰、改善民生、因地制宜、循序渐进”的总体原则，在农村土地整治阻力较大且农村土地产权制度保持相对稳定的情景下，可以率先推进废弃宅基地、空置宅基地、村庄边角地等地类的整治营林富民工程，在条件成熟时再逐步推进村庄整治系统工程；在村庄整治阻力较小的情境下，农村土地整治大致遵循整治增地、村庄公共服务设施建设、村域产业培育的先后秩序（刘彦随等，2011）。②在区域上，可考虑结合基于农户生计转型的农村土地整治适宜模式研究结论，按照优先整治区、优化调整区、适度挖潜区、限制整治区等四种类型，分别在各个区域甄选条件相对适宜的村庄（空心化程度较高、经济基础较好、村民积极性较高、干部组织能力较强、典型性较明显……），按照各大类型适宜整治模式，因势利导，先行开展农村土地整治建设，其他条件欠佳的地区则适当放缓步伐。通过典型引路、经验提炼，逐步带动周边区域农村土地整治工作。需要说明的是，上述四种类型是基于县域尺度的研究结论，反映该县域总的适宜方向，各乡镇的适宜类型可以/需要结合第 5.2 节的分区思路与研究方法做进一步确定，并做出有针对性的规划，因地制宜，有序推进。③总体上，需要处理当前建设与长远发展的相互关系，这体现在整治时序与整治区域上的综合考量，更体现在整治建设近期与远期、生产与生活等各个方面，满足社区内生发展需求。

3. 农村土地整治的规划保障

科学的农村土地整治规划具有前瞻和指导作用，有助于协调处理当前与长远、局部与全局的关系，确保村庄整治工作的顺利开展，并避免今日的“中心村”成为明日的“空心村”。

目前，山东省农村土地整治规划正处于编制阶段，建议该规划突出考虑以下方面：①在科学预测农村人口和村庄演化趋势的基础上，针对县域村庄的现状分布特征，预测将会自然消亡和生存发展的村庄，大致确定未来 10～20 年内的县域村庄空间格局与城乡布局体系（李兵弟，2006）。据此确定中心村、迁移村与就地改造村，适度超前，确定村庄选址与布局；②按照领导、专家和群众相结合的原则，科学编制农村土地整治规划与实施方案，有机结合规划、建设、管理和具体的整治工作。农村土地整治规划要找准当地农村土地整治工作的重点，贴近农村实际情况和农民生产生活现状，突出农民对整治中最关心、最直接、最急迫解决的热点和难点，抓住农民参与和政府帮扶的结合点，既注重解决当前村庄整治的重点问题，又充分考虑后续的村庄规划与管理需要，突出乡村特色和可持续发展要求（李兵弟，2006）；③编制的农村土地整治规划要经过科学论证、审核与报批，项目立项、规划设计、项目施工、竣工验收、项目运营等各个阶段都应加强与村镇政府、当地群众的深入沟通与合理吸纳，批准后的规划应在村内向群众公示，严格执行（仇保兴，2006）。

4. 农村土地整治的监督管理

农村土地整治是一项长期的工程，是新农村建设的重要内容，是服务于国家耕地保护和粮食安全的重要举措。必须建立起长效的监督与管理机制，避免农村土地整治目标停留在整治增地、村庄环境改善等具体的某一个方面，从而长期有效地推进山东省农村土地整治工作，实现农村土地整治效益的最大化（陈玉福等，2010）。

重点是：①由主管领导负责，由各级政府国土部门牵头，联合发改、农业、水利、环保、城乡建设、财政等相关职能部门，组建专门的组织领导班子。在横向职能部门方面，各部门应从强化职能、提高项目实施效益角度出发，构建权责清晰、奖惩分明的农村土地整治工作计划与绩效考核机制；在纵向行政级别方面，由市（县）政府成立农村土地整治工作领导小组，负责规划编制、方案制订、责任分解、部门协调、资金筹措与安排，并在乡镇设立办公室，具体负责农村土地整治的宣传、指导、检查等工作，根据全市（县）农村土地整治方案，结合本地实际制订具体实施方案，明确工作重点、整治标准和工作进度。②根据农村土地整治规划重组村民委员会，建立村民自治监督小组、新农村建设理事会等自治组织。农村土地整治规划要广泛征求村民的意见；在农村土地整治建设过程中，由村民自治组织进行全程监督，对具体事项进行协商协调；在农村土地整治工程完成后，应强化后续监督与管理，确保村庄整治建设的各项工作落到实处。③构建包括领导、专家、农民在内的社会化农村土地整治监管和评估机构队伍，依托第三方中立机构来评估农村土地整治工作的程序与结果，包括资金使用、补助标准、进度监管、项目验收等多个方面。

6.3.2 农村土地整治的利益分配机制

1. 农村土地整治的土地价值凸显机制

农村土地整治后，腾退出的新增建设用地或复垦后的耕地应当在统筹城乡建设和统筹区域发展中发挥重要的纽带作用，这种作用应当在土地价格中予以体现，成为土地的“纽带价格”。农村土地整治建设新增土地的处置要充分体现此种价值，基本出发点在于充分“显化”农村土地资产，提升农村地域价值。

新增土地如果用于本村的公共基础设施建设，可采用类似于城市土地划拨的方式获得使用权；如果用做农村经营性建设用地，则应在一定范围内采用城市建设用地招、拍、挂的方式有偿使用；如果用于所在区域的公共基础设施建设和项目发展用地，则依照土地征用程序转为国有，土地征用补偿标准的确定应充分体现“纽带价格”（张衔毓等，2009）。

新增土地如果复垦为耕地，其价格认定应采用成本逼近法将耕地整治的成本加入进来。这部分土地虽然用做耕地用途，但实质上却含有所在地区发展建设的“机会成本”，这部分土地在转变建设用地用途为耕地用途以确保国家粮食安全过程中的机会损失，应该在土地价格中得以体现。新增耕地应划入基本农田保护区，统一纳入政府的耕地储备库，由土地管理部门按照最严格的耕地保护制度统一监管，确保其耕地用途长期不变，重点用于粮食和其他战略性农产品的生产。实际操作中可采用“村民打工耕作，村集体经济组织建立农业园区，规模化经营”的模式，此类耕地应该给予更高的补贴以鼓励发展粮食生产。耕地储备库应该在省级层面上建立，新增耕地指标在全省范围内实行招、拍、挂，用于弥补城市化和工业化快速发展区耕地指标的不足。耕地指标转移所得资金应划出一定比例专项用于村庄整治。土地储备机构应在村庄整治建设资金先期占用和新增土地指标转移所得资金后期支付的时序问题上做好协调（张衔毓等，2009）。

2. 农村土地整治的农村地域发展机制

农村土地整治直接关系农民利益、农业生产与农村发展。在市场经济条件下，惟有维护农民主体利益，强化农村“三生”功能（生产、生态、生活），进而构建区域统筹、利益均等、功能互动的长效机制，才能从根本上调动个人与集体的农村土地整治积极性，实现助推新村建设、破解耕地保护难题、统筹城乡发展的农村土地整治深层次目标（刘彦随，2011）。

对于农民而言，农村土地整治应在承认地区、城乡、人群间存在差别的前提下，保障农村居民都享有一定标准之上的基本公共服务，其核心是“底线均等”，包括公共教育、公共卫生、公共文化体育、公共交通等四项基础服务以及生活保障（含养老保险、最低生活保障、五保）、住房保障、就业保障、医疗保障等四项。同时，农村土地整治的分配制度需要突出利益分配的公平性和农户利益的增殖性，在设计利益分配机制时，既要考虑按农民现状宅基地面积进行返还的可行模式，也要兼顾考虑部分农民主体的低收入问题与初始的宅基地面积分配不公平问题，保证宅基地权属人在整理前与整理后权属、利益的相当性和均衡性，确保农村土地整治后农民个体生活福利水平的稳步增加（丁松等，2004），并留成适当的积累，作为农民抵抗风险和促进未来发展的保障资金。

对于农业而言，农村土地整治可以直接增加农业生产用地面积，并可通过归并零散地块、推进农地承包经营权流转，使农地经营逐步走向集约化、集中化与高效化，从而助推农业生产发展。其核心是建立健全产权清晰、主体明确、流转便利、开发经营自主的新型农村土地产权制度，突破农业生产发展的产权瓶颈（高和平和于艳华，2010）。

对于农村而言，农村土地整治建设中要密切关注农村产业发展和农民就业问题，努力挖潜农村特色资源，改造传统农业，培育特色产业，增强农村自身的产业发展能力。将能否优化配置生产要素、改善生产条件、增强产业活力、促进农民就业增收作为判断村庄整治建设成功与否的基本标准（张衍毓等，2009）。其核心是构建统一规划、各方参与、城乡联动、持续帮扶的长效机制（仇保兴，2006），开展“三集中”式的土地整理（即通过迁村并点，逐步使农民住宅向中心村或小城镇集中；通过搬迁改造，使乡镇企业逐步向城镇工业园区集中；通过归并零散地块，使农田逐步走向规模经营）和加大盘活农村存量建设用地力度，进而改善农民生产生活条件、促进产业结构调整、落实规划、推进城镇化以及拉动经济发展，实现农村社会的长期稳定与持续发展。

3. 农村土地整治的第三方利益监督机制

农村土地整治涉及多个部门、多个主体与多个领域。农村土地整治受益一方（通常为企业、政府）可能凭借其政治和经济地位漠视受损者利益（通常为农民），不履行法定补偿责任（谭秋成，2009）；农民主体一方通常人数众多、居住分散，不仅难以组织，而且很难在是否推进农村土地整治、整治建设模式、整治补偿标准等方面达成一致，要么难以维护其在农村土地整治中的合法权益，要么因为集体行动困境而造成农村土地整治工作难以顺利推进或难以实现总体效应最大化。这需要山东省各级政府作为公众利益代表，通过法律和行政管制保护弱势农民群体的利益，更需要引入农村土地整治的第三方利益监督机制，以规范、完善农村土地整治工作。

第三方利益监督机制是指在开始农村土地整治项目前，由山东省政府职能部门出资，聘请相关学科的资深专家或其他专业背景相似、利益不相关的个人与组织，科学评价农村土地整治项目的可行性、拟定农村土地整治项目的具体补偿标准、监督农村土地整治项目的执行情况、评估农村土地整治项目的实施效果，提出切实可行的意见，为政府相关决策提供科学依据。在第三方主体行使利益监督权利时，应注重发布相关意见，切实保障农民、企业等相关主体的知情权、参与权。

6.3.3　农村土地整治的产权保障机制

1. 农村土地整治的产权改革方向

清晰界定农村土地产权，不仅关乎效率，而且有利于社会公平，是关系中国农村发展的头等大事（柯华庆，2010）。我国现行的土地制度是农村土地归集体所有，农户只有承包经营权，没有所有权，土地不能自由转让，也没有自由使用权。相关的制度限制包括：①保护基本农田；②不允许农民自己改变土地用途；③农村集体土地转变为城市建设用地时，要先由政府征用，经一级开发后，再出售给开发商；④限制农村宅基地和居民点用地面积，限制将宅基地出售给本村之外的人（盛洪，2009）。

农村土地的非自由转让和使用上的受限制压低了农村土地价格，使得农民占用耕地而置老屋废弃不用的机会成本大为降低，导致空心村出现、加速扩张。某种程度上，农村土地产权模糊与城乡土地分治已经导致了农村价值的相对塌陷，以城乡同地同价化、农村土地物权化为方向的农村土地制度创新，将成为提升农业产能、促进产业发展的重要突破口（图 6.21，刘彦随等，2011）。

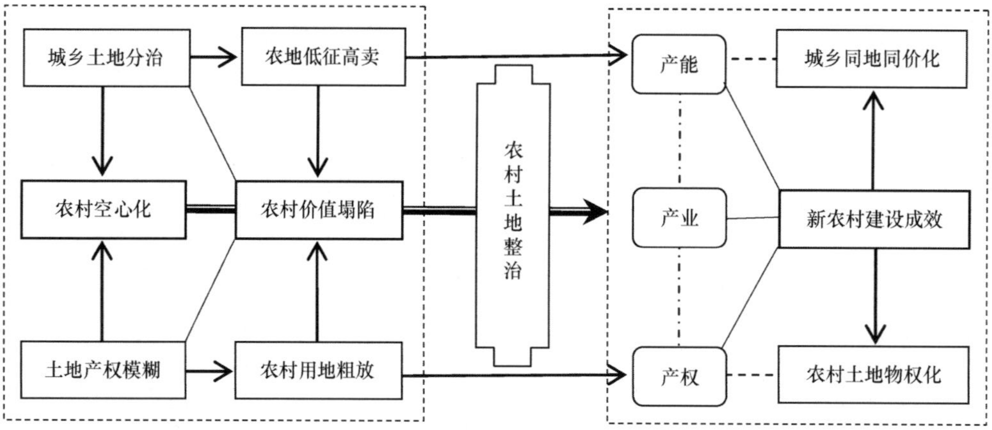

图 6.21　农村土地产权改革方向

资料来源：刘彦随等（2011）。

事实上，如果推进农村土地整治，必然涉及农村土地整治相关利益如何协调与分配的问题，包括各级政府之间以及不同地区政府之间的联动利益如何分配协调、政府和农户的联动利益和联动目标如何达成一致、如何分配协调各级政府与农户之间的联动利益、如何从经济利益上激励农户参加联动等问题。要建立这样一个联动利益分配机制首先就涉及产权的问题，涉及集体土地之间、集体土地与国有土地之间、土地使用者之间的产权调整及利益补偿分配问题。例如，村庄用地整理涉及田块重整、村镇合并、村庄和工矿建设用地复垦等权属置换。如果不明晰产权关系，不仅不利于村庄用地整理工作的开展，给工作带来很大困难，而且会给农村土地整理后留下各种权属纠纷（张克旺，2007；瞿忠琼等，2009）。

因此，农村土地整治应以明晰产权为前提，建立归属清晰、权责明确、保护严格、流转顺畅的现代农村土地产权制度。

2. 农村土地整治的产权改革重点

农村土地产权制度是指任一经济主体对农村土地的关系，以及由于经济主体对土地的关系而引起的不同经济主体之间的所有经济关系的总称，主要包括土地权能制度和土地收益制度，前者主要是指经济主体对土地采取某种行为权利的制度，后者主要是经济主体行使他的这种权利所能得到的收益如何分配的制度（罗叶，2009）。农村土地整治主要涉及农村土地承包经营权、农村宅基地使用权与耕地城占乡补制度，前两者为土地权能制度，后者为土地收益制度。

1）农村土地承包经营权资本化

按照当前法律，农民不仅是农村土地承包经营权或土地使用权的法律主体，也是农村土地所有权主体的组织成员。这从根本上维护了农民的利益，有利于保障社会的稳定与发展。随着山东省农村劳动力快速非农转移，原有的农村就业结构发生显著变化。部分农民已经完全脱离农业生产领域，对农业生产的依赖性趋于降低。因为缺乏完备、高效的农村土地承包经营权流转机制，农业土地要素难以在农业生产主体之间实现快速流转，某种程度上，这已成为阻碍农民增收、农业增效的重要原因，决定农村土地整治能否顺利推进的关键因素。

根据 2009 年新颁布的《物权法》，土地承包经营权是独立于农村土地所有权的特定的用益物权。我国法律规定：用益物权人享有占有、使用和收益的基本权利；用益物权的设立目的是对物的使用和收益；收益权虽然与使用权存在一定联系，但在一定条件完全可以与使用权分开，分属于不同的人。因此，可以在土地承包经营权物权化的基础上，尝试推进农村土地承包经营权资本化，即把农民土地承包经营权作为资本，进入农村土地使用权流转市场，允许农民以各种形式获得土地的资本化收益，以此实现土地资源要素的最优化配置（罗叶，2009）。可资借鉴的经验包括成都的以土地承包经营权换社保模式、重庆的以土地承包经营权入股办股份合作制企业模式，以及“股田制”等相关实践。

2）农村宅基地使用双轨制

农村宅基地使用权是农村居民在依法取得的集体组织所有的宅基地上建造房屋及其附属设施，并对宅基地进行占有、使用和有限制处分的权利，具有“一户一宅”“面积法定”“无偿取得和使用”“限制流转和抵押”等基本特征。由于长期以来农村宅基地的社会福利属性与严格的制度限制，农村宅基地缺乏合理有效的流转途径，闲置废弃宅基地也没有相应的惩罚措施，导致一户多宅和超标占地现象普遍，农村空心化现象日益严重（张克旺，2007），成为阻碍农村土地整治的最大障碍。

随着山东省城乡要素的加速流动，对于已经在城市安居落户的原农民而言，农村宅基地的福利与社会保障功能已经基本丧失；对于存在一户多宅、超标占地的农民，在保障基本的住房需求的同时，主观上也愿意通过买卖、出租、抵押等方式实现土地资产的经济效益最大化；对于初次申请宅基地的农民，宅基地的福利与社会保障功能依然是重点。因此，在农村土地整治实践中，可以区分不同类型农民的宅基地利用需求，以既不增加合法占用宅基地农户的经济负担，又通过政策引导让有条件的农民主动放弃现有的宅基地或申请要求为目标，尝试推进农村宅基地使用的双轨化改革。

具体而言，对于农村土地整治前后皆合法占用宅基地的农民和符合条件的初次申请宅基地的农民，应继续本着“一户一宅、面积限制”的原则，无偿或以较低价格供给限定面积的宅基地，以体现宅基地使用的公平性和福利性；对于超标准、一户多宅、闲置废弃宅基地的农户，应逐步推进有偿使用原则，即采取累进收费法，按照市场规律调控农户人均用地面积，收回闲置废弃宅基地。

在推进农村宅基地使用双轨制的同时，尝试建立宅基地的有偿转让制度、收回补偿制度，凸显宅基地作为土地所应具有的资产功能，并在城乡土地市场上实现有效流转与盘活。

3）城占乡补同地同价化

农村土地整治符合新农村建设促进宅基地集约利用、控制城乡建设用地规模及有效增加耕地面积、落实耕地总量动态平衡的需求，包括"鼓励宅基地向中心村、小城镇集中""提倡相对集中建设公寓式楼房""实行土地置换政策，促进农村土地整理和土地复垦""实施城镇建设用地增加与农村建设用地减少相挂钩政策"在内的相关政策制度，都积极推进农村宅基地整理、置换和复垦工作（刘洋和欧名豪，2008；欧阳安蛟等，2009）。

实践经验表明，农村土地整治只有遵循城乡同地同价原理，并在统筹城乡土地配置格局下推进综合整治，才能实现盘活利用、流转转换和价值增殖目标。大力推进农村土地整治还田还林还园，促进农村建设用地的资本化配置和再利用，既可以解决土地资源有效供给与配置紧缺的难题，也可使农民真正享有其土地增值中应有的收益，不仅合法、合理地分享城市化征用土地的红利，又能够获得农村土地再配置中级差地租带来的利益，实现城乡土地同地同价同权的良性循环。

当前重点是：将土地使用制度改革引向深入，逐步扩大土地有偿使用范围，改变单一的"征地－开发－出让－转让"的市场运作程式，实行包括国有土地租赁、集体土地入市等多样化的土地供给方式。对小城镇土地市场要实行两种产权、一个市场、统一管理的管理模式，即由国有土地使用权和集体土地使用权并存构成小城镇土地市场，对土地利用方式、土地供应数量、土地交易价格和土地交易结果实行统一管理，保障城乡土地同地同价（欧阳安蛟等，2009）。

第 7 章　农村土地整治的总结思考

7.1　本书的主要观点

7.1.1　农户生计转型后的乡村空间重构是基本方向

农户生计多样化与乡村空间异质化是乡村发展的共有规律。我国农业产值占国民经济的比重已由建国初期的半壁江山（50.5%）减少为 2010 年的 10.1%；第一产业就业比例由建国初期的 83.5%锐减至 2010 年的 36.7%；农业经营收入占农民人均纯收入的比例由 1990 年的 66.4%降至 2010 年的 37.7%；乡村人口占总人口的比例由 1978 年的 82.08%减少为 2010 年的 50.1%，城乡人口基本相等。就业非农化、居住城市化、收入非农化、农村空心化，中国城乡进入转型发展的关键阶段，传承了几千年的以农耕半径为基础的散居型村落形态已经走到了十字路口。随着城镇化的进一步推进，农村人口将持续减少，以宅基地闲置、废弃为主要特征的农村空心化问题将会愈演愈烈。面对农民改善自身生产生活条件的真实需求，以及从各级地方政府自发创新农村土地整治模式与运行机制所反映的迫切动力，科学规划并合理推进（而非限制）农村土地整治工作，应是疏解地方需求的治本之策。

事实上：①即便质疑农村土地整治效益的专家学者，也承认随着务农人口的逐步减少，适时推进农村土地集中是合理的、必要的。②基于农户生计转型的农村土地整治合理性分析研究表明，在农户达到非农就业程度拐点之后，推进农村土地整治的条件已经相对成熟。③基于公平与效率的农村土地整治可行性分析研究表明，以城乡建设用地增减挂钩为平台推进农村土地整治可使社会总福利增加，同时又能实现农民与企业的帕累托改进。综上可知，农户生计转型后的乡村空间重构是合理的、必要的、可行的。

7.1.2　相关政策已对农村土地整治可能问题进行规范

我国农村土地政策演变取得了令人瞩目的经济成效，初步形成了以工促农、以城带乡的制度框架。调控目标由注重农业生产与农民增收转向耕地保护、现代农业发展、城乡统筹等综合目标；调控地类由强调农业用地转向农业用地与非农用地并重，尤为重视土地征用、宅基地管理、集体非农建设用地流转等纵深领域；在调控方式上，由侧重调控土地资源本身，转向通过优化城乡统筹背景下的主体行为来实现土地资源的最优配置与利用。农村土地承包经营权确权登记工作稳步推进，土地承包经营权流转机制日趋完善，农村土地使用权逐渐实现长期化、资本化与物权化，为有效推进农业土地流转与现代农业发展奠定了较为坚实的政策基础。同时，要求积极探索集体非农建设用地进入市场的途径和办法，并对城乡建设用地增减挂钩实践中可能出现的建新拆旧规模、农民土地权益保护、农村土地整治适宜性等方面进行了具体规定，是当前农村土地整治的主要政策依据。

具体到农村土地整治工作，《中华人民共和国土地管理法》规定“国家鼓励土地整理”“县、乡（镇）人民政府应当组织农村集体经济组织，按照土地利用总体规划，对田、水、路、林、村综合整治”。农村土地整治包括田、水、路、林、村综合整治，以“因地制宜”“统筹安排”“土地利用规划”为指导依据，以增地稳粮、统筹城乡土地利用结构与布局为主要目标，要求“尊重群众意愿”“严格限定在试点范围”“确保复垦耕地质量”“节约后的土地仍属农民集体所有”“有偿供地所得收益要用于项目区内农村和基础设施建设”“维护集体和农户土地合法权益”。山东省省委省政府强调以人为本、农民自愿，因地制宜、量力而行，统筹规划、规范运作，阳光操作、公开透明，要求把土地综合整治示范区建设与新农村建设、发展农村经济、农村基础设施建设、农村生态文明建设相结合。由此可知，农村土地整治相关政策、法规日趋完善，且对可能出现的违背农民意愿强拆强建、挂钩周转收益分配不均等可能问题进行了严格的规范。

7.1.3　城乡转型进程中农村土地整治仍然存在争议

农村土地整治作为政府合理利用土地资源、扎实推进新农村建设、重构乡村空间统筹城乡发展的重要突破口，已在全国 20 余个省市先行开展，其必要性、可行性、实施途径等领域，仍是当前各界争辩的焦点所在：①赞成一方认为农民整治意愿强烈、农户内部出现分化，适时推进空心村整治和旧村改造的条件已经成熟。典型县域通过农村土地整治可净增耕地 13%~15%，全国可节约耕地上亿亩。事实上，1997~2009 年全国通过土地整治补充了耕地 4500 多万亩，既实现了耕地占补平衡，也改善了农村生产生活条件、推进了新农村建设、拓展了城乡经济发展空间、促进了城乡统筹发展。②质疑一方则强调农民并未完全脱离农业生产，加之农民权利救济设计存在缺陷，村庄合并实现资金、资源、人才等方面的优势互补，最终达到农业发展、农民增收、农村稳定目标，只是美好愿望。强制农民集中居住，必将影响农业生产、增加农民生活成本，大规模推进农村土地整治的条件并不成熟。

从实际情况看，各地业已开展的农村土地整治工作确实在一定程度上取得了新增耕地资源、改善农业生产条件、优化村庄人居环境等积极绩效，同时，也存在片面追求城镇建设用地指标、违背农民意愿强拆强建、挂钩周转指标使用收益分配不规范等严峻问题。在整治区域选择上，容易倾向于选择整治增地潜力较大的区域，而非农民生产生活条件更适宜、更需要整治的区域；在整治方式选择上，容易因为需要获取更多的建设用地指标而压缩农民的生产生活空间，损害农民合法权益。即便相对典型的国内五大实践模式，除了青州南张楼村城乡等值化试验外，各大实践模式的首要目标及创新动力都侧重于新增耕地面积，进而获得一定的建设用地指标，成为争议所在。

7.1.4　农户生计转型与农村土地整治适宜性密切相关

农户生计转型是指农户赖以生存、生活的职业或产业发生根本转变，农民农业生产与农村土地依赖性由强渐弱的演变过程。在微观农户层面，即指农户由纯农户向一兼户、二兼户、三兼户、非农户的渐次转变；在宏观县域层面，即指农户生计多样化，非农就业农户比例逐步增加。基于农户住房更新与新建用地需求，农户住房更新与新建能力的理论解析表明，以非农就业程度表征的农户生计转型和以人均农村居民点用地面积度量的农村土地利用之间存在倒 U 形关系，在农户非农就业达到拐点值之后，推进农村居民点用地整治的条件相对成熟。通过控制资源禀赋、地形等外部因子的影响作用，研究证实了农户生计转型与人均农村居民点用地之间的倒 U 形规律。

全国农户非农就业的拐点值为 38.36%。结合农村居民点粗放利用程度，可将中国县市划分为优先整治区、优化调整区、适度挖潜区与限制整治区等 4 种适宜程度依次降低的农村土地整治类型区。其中，优先整治区与优化调整区主要位于广大的中东部地区，前者人均农村居民点用地面积较大且农民农业生产、农村土地依赖程度较低，可以迁村并居、空废居民点复垦等形式优先推进该区域农村土地整治；后者农户非农就业程度较高而农村用地较为集约，可采取中心村建设推进土地资源持续节约与集约利用的整治模式。适度挖潜区与限制整治区主要分布于东北与西部地区，前者适宜小集中、大分散的村内集约型农村土地整治模式，后者适宜在局部地区结合生态移民、扶贫搬迁、危房改造、转移就业等工程加以推进。

7.1.5　山东省农村土地整治可划分为四种适宜类型

山东省区域差异显著、城乡转型特征明显、农村空心化较为严重，同时，是全国首批推进农村土地整治示范工作的 10 个省市之一。基于土地子系统、人口子系统、经济子系统的综合评价结果，山东省低度空心化、较低空心化、中度空心化、较高空心化、高度空心化县市各有样本 43 个、9 个、17 个、4 个、36 个，其中中度空心化、较高空心化、高度空心化县市比例分别比全国对应比例高 4.1%、1.0%、16.9%，山东省农村空心化程度相对较高。其中，高度农村空心化县市主要分布在胶东半岛、鲁中、鲁北地区，较高农村空心化县市包括莱芜市市辖区、沂源县，临沂市沂南县，聊城市阳谷县，中度空心化县市分布较为零散；低度、较低度空心化县市主要分布于鲁西北、鲁西南以及鲁中部分地区。

根据基于生计转型的中国农村土地整治适宜区域研究结果，山东省农村土地整治可划分为四种适宜类型：①优先整治区共有样本县市 52 个，占 47.7%，集中分布在鲁西北、鲁西南、鲁中及胶东半岛等部分地区。项目区农户非农就业率达到 51.3%，人均农村居民点用地面积达 210.9m^2，大部分农民的生产生活已经脱离农业生产与农村土地，推进农村土地整治的条件相对适宜，适合迁村并居及空废居民点复垦型的农村土地整治模式。②优化调整区共有样本县市 38 个，占山东省的 34.9%，分布同样较为集中，包括胶东半岛、鲁西南、鲁南的部分地区。项目区农户非农就业率达 53.5%，但人均农村居民点用地面积仅 134.2 m^2，适宜以中心村建设为重点，进一步引导土地资源节约与集约利用。③适度挖潜区共有样本县市 16 个，占山东省的 14.7%，主要分布在鲁西北地区，该区域人均农村居民点用地面积达 228.9 m^2，整治潜力较大，但农户非农就业率仅为 32.4%，当前并不宜大规模推进农村土地整治工作，尤其是大拆大建的整治模式，建议结合各地实际情况，因地制宜加以推进。④限制整治区仅有样本县市 3 个，包括临沂平邑县、日照莒县、烟台栖霞市，3 个县市的农户非农就业率皆在 40%以下，人均农村居民点用地面积低于 150 m^2，当前暂不适宜大规模推进农村土地整治工作。

7.1.6　基于山东省 X 社区建设的农村土地整治启示

X 社区位于鲁西北传统农区，所在县级市属于优先整治区。中心村 A 村的实地调研结果表明，纯务农劳动力比例仅为 55.4%，空置、废弃宅基地比例为 17.8%。23.5%的农户不满意现有居住条件，29.4%的农户认为还行；仅有 6.3%的农户愿意保持宅基地闲置利用状态。50%的农户愿意租入耕地，且如有足够的耕地规模，农民能够接受由于“迁村并居”导致的耕作半径扩大问题。自 2010 年以来，X 社区建设已迈入实质性操作阶段，由 12 个行政村整合形成 X 社区，规划用地 755 亩，计划安置农民 1498 户、5000 余人，目前第一期 200 户安置房已经建设完成，第二期住房正在建设。按照农村社区与产业园区同建思路，X 社区在发展原有生猪、肉牛、奶牛养殖和蔬菜大棚等优势产业的基础之上，截至 2011 年 4 月，已经引资建设或进一步壮大了静远花卉蔬菜育苗示范基地等 5 个产业园区，形成了 8 个专业性合作组织。

X 社区通过农田基础设施建设，改善了农业生产条件；通过整治村内闲置废弃用地，增加了农民耕作面积；通过统一建设新型社区，优化了村庄人居环境；通过产业园区建设，增加了农民收入水平；通过集中配套基础设施，提高了公共服务供给效率；通过城乡土地统筹配置，促进了区域统筹发展。总体而言，X 社区建设发生在农民非农就业程度较高、农业经营意愿分化、农村土地闲置浪费严重、城市建设用地压力加剧、城乡统筹力度加大的宏观背景，依赖于产业园区与农村社区的同步建设，对于推进村庄空间重构、实现耕地保护、促进土地流转、加快城乡统筹发展等方面具有重要的借鉴意义，包括村庄合并与选址时考虑村庄产业的相似性和中心村的带动性、村庄空间重构时考虑产业支撑的重要性与社区服务的趋势性、整治增地利用时考虑土地承包流转的必然性与土地流转租金随行就市的必要性等方面。同时，即便在国家农村土地整治相关政策与山东省委省政府文件要求背景下，山东 X 社区仍然存在以下有待规范的现实问题，包括农民在拆迁补偿标准等方面的有效参与程度不足，导致农民获得的补偿标准偏低，农民权益受损；农民补偿范围仅限于地上附着物（的其中一部分），农民宅基地、农业耕作半径扩大、农民生活成本上升等方面因素并未在得到合理补偿；社区建设规划不断调整，反映社区建设规划制订时的欠科学性或社区建设规划执行时的非强制性。这些，都有待深入反思与科学规范。

7.1.7　基于公平与效率的山东省农村土地整治机制

基于文献述评、经验借鉴、理论解析与山东典型模式分析，从公平与效率视角构建了包括组织管理、利益分配、产权保障三个方面的山东省农村土地整治系统机制。其中：①组织管理机制包括决策程序、优先次序、规划保障、监督管理等 4 个方面，主要是指切实保障政府主管部门、农村居民、专家学者、其他相关行为主体在农村土地整治规划编制与实施过程中的参与权和决策权；建立由政府主导、国土部门牵头、相关部门配合、社会广泛参与的项目管理和运行机制；按照“农民自愿、权属清晰、改善民生、因地制宜、循序渐进”原则有序推进农村土地整治工作；编制科学的山东省农村土地整治规划并严格执行；成立领导小组办公室并明确职责义务；健全包括资金使用、补助标准、进度监管、项目验收等多个方面的社会化监督管理队伍。②利益分配机制包括土地价值凸显、农村地域发展与第三方利益监督等 3 个方面，主要是指显化农村土地资产、促进城乡公共服务均等化、保障农民发展权益、助推农业产业发展、促进农村内生发展等方面。③产权保障机制主要是指农村土地整治应以明晰产权为前提，建立归属清晰、权责明确、保护严格、流转顺畅的现代农村土地产权制度，具体包括农村土地承包经营权资本化、农村宅基地使用双轨制、城占乡补同地同价化等方面。

7.2　对农村土地整治工作的建议

7.2.1　建议适当加大农村土地整治力度

2012 年 3 月国务院通过《全国土地整治规划（2011~2015 年）》，未来 5 年内我国将整治农村集体建设用地 30 万 hm^2，仅占农村建设用地中农村居民点面积的 1.8%。研究显示，农村土地整治实践中确实存在违背农民意愿强拆迁建、挂钩周转使用收益分配不公平等现实问题，同时，也不乏有通过农村土地整治实现各方获益的成功案例，如山东省昔日的贫困村庄青州市南张楼村实现了耕地面积净增 40.2%、农民人均纯收入高于山东省平均水平 1.72 倍、村庄人居环境显著改善等显著目标，包括南海土地股份化、天津宅基地换房、嘉兴两分两换实验、重庆地票模式在内的国内实践探索都具有明显的积极意义。农村土地整治适宜性与农户生计转型密切相关，科学规范的农村土地整治能够实现政府、企业、农民等多个行为主体的帕累托改进。我国已经处于快速城镇化与快速工业化发展的“双中期”阶段。随着未来 2 亿多农民工进城定居和农村人口老龄化高峰期的到来，一方面，大规模的城镇建设用地需求将对耕地保护构成强劲压力；另一方面，农村空心化将加速蔓延、加剧发展，直接导致土地资源浪费、乡村产业衰退与人居环境恶化。面对农民改善自身生产生活条件和地方政府推进农村土地整治的强劲动力，通过合理的制度设计、严格的管理执行、有效的农民参与等途径适当加大农村土地整治力度，正视并着力化解实践中存在的各类矛盾，有序推进农村土地整治工作，应是解决问题的可行思路。

7.2.2　建议因地制宜推进农村土地整治

我国东部、中部、西部，近郊区、远郊区、传统农区的农户生计存在明显的阶段性与显著的区域差异性。随着务农人口的逐步减少，乡村地域由“同质同构”逐步转向“异质异构”，部分地区率先适宜于推进农村土地整治工作。按照基于农户生计转型的农村土地整治适宜性评价结论，全国县域层面可以划分为优先整治区、优化调整区、适度挖潜区与限制整治区等4种类型，每种类型都有相对共性的社会经济发展水平、农村土地利用特征与适宜的土地整治模式。同时，以“城乡等值化”“土地股份化”“宅基地换房”“两分两换”“地票交易”为代表的实践探索，结合自身实际情况都制订了具体的农村土地整治措施，每种模式都有其特定的适宜区域。建议在全国层面统筹考虑农村土地整治适宜区域、介入时点、重构规模、可行机制等领域的基础上，各地结合自身实际情况出台农村土地整治相关政策，因地制宜推进农村土地整治工作。

7.2.3　建议严格农村土地整治实施机制

我国农村土地政策初步形成了以工促农、以城带乡的制度框架。包括《中华人民共和国土地管理法》在内的相关法律法规，都明确要求“尊重群众意愿”“严格限定在试点范围”“确保复垦耕地质量”“节约后的土地仍属农民集体所有”“有偿供地所得收益要用于项目区内农村和基础设施建设”“维护集体和农户土地合法权益”。在案例省山东省，以《山东省人民政府关于加强土地综合整治推进城乡统筹发展的意见》为代表的相关政策明确要求以人为本、高起点规范、阳光操作，并在完善增减挂钩试点、科学编制土地综合整治规划、加强土地综合整治全程监管等方面进行了具体规定。相关政策法规已对可能出现的违背农民意愿强拆强建、挂钩周转收益分配不均等可能问题进行了严格的规范，实际的情况，农村土地整治损害农民权益的现象仍时有发生。究其原因，一是政策滞后于实践，二是政策科学性有待斟酌，三是政策没有得到严格执行。因而，需要创新、完善、细化农村土地政策，更需建立严格的评估、监督与奖惩机制，确保科学推进农村土地整治工作。

7.2.4　建议创新农村土地整治相关政策

在理论层面，前瞻性地开展中国农村人口转移的过程与格局模拟，创新针对农村土地整治的重大理论研究，构建包括农村土地整治时点诊断、建设标准、决策机制、收益分配等在内的理论体系；在经验层面，深入借鉴国际上应对此类问题的成功经验，并适时总结重庆地票、天津宅基地换房、嘉兴两分两换等经验模式对于全国土地政策创新的潜在意义，适应城乡转型发展规律探索提炼农村土地整治途径与方向；在实践层面，从不同区域实际出发，制订农村土地整治的战略规划与区域性指导细则，统筹协调与土地整治有关的整治时序、试点区域、宅基地置换、新房建设、土地再分配、农民生活就业等各个具体环节；在制度层面，探究农村土地整治与城乡统筹、产业发展、新农村建设、耕地保护之间的契合点，探索以激励为主导的宅基地退出机制、兼顾公平与效率的农村集体土地制度、权责对等的财税体制、注重民生的政绩考核体制、强化公众参与的决策机制、城乡一体的规划与公共服务配套机制等相关制度安排，可使相关法律法规与会议精神落到实处。

7.3　尚需继续加强研究的领域

7.3.1　关于农村土地整治公平与效率

理论解析表明，农村土地整治能够实现资源配置的帕累托改进，农户生计特征及其整治意愿是决定农村土地整适宜性与时序性的核心所在。本书基于生计转型视角来判断农村土地整治适宜程度并据此划分整治类型，相关案例解析与研究结论皆围绕资源配置公平性与效率性而展开，这有助于落实国务院、国土资源部要求严格控制城乡建设用地增减挂钩试点规模与范围、充分尊重农民意愿、维护农民合法权益等相关会议精神，为各地把握好农村空心化演进节律，出台农村土地整治系列措施提供科学依据。关于农村土地整治实际效益测算、补偿置换机制构建、补偿标准制定等领域的实证、定量，仍需进一步开展研究。

7.3.2　关于农村土地整治适宜区域

本书多数研究均是基于县域尺度，需要说明的是，我国县级行政区的区内差异仍然较为显著，地方决策部门需要（可）结合非农就业程度、地形等因素，类似判定县市内部农村土地整治的适宜区域。鉴于农村土地利用同时受到非农就业以外其他因素的影响，一方面，现实的非农就业拐点应是一个相对狭窄的数值区间，非农就业程度位于拐点值附近的县市，可结合县域特征进一步判断所归属的农村土地整治类型及其适宜的农村土地整治模式；另一方面，结合人均农村居民点用地与资源禀赋、农民收入水平、城镇化率、地形等控制变量的相互关系，同步推进助推农村人口有效转移、强化农村土地规划与管理等其他措施，可望提高农村土地整治政策效果（例如，改革依据人均耕地面积确定宅基地用地标准的土地管理政策，可根本改变耕地资源越丰裕，人均农村居民点用地面积越大的现状）。农户生计与农村土地利用处于动态演变过程，研究农户生计与农村土地利用之间的关系，据此完善农村土地整治的区域类型，尚需开展。

7.3.3　关于农村土地整治政策体系

农村土地整治是合理利用土地资源、扎实推进新农村建设、重构乡村空间统筹城乡发展的重要平台，农村土地整治工作不仅涉及农村废弃与闲置宅基地的盘活利用问题，更涉及到城乡空间重构、农村社区管理、户籍制度改革、土地使用权流转、农民就业转移、土地增值收益分配等多个方面。本书基于主要研究结论，提出适当加大农村土地整治力度、因地制宜推进农村土地整治工作、严格规范农村土地整治实施机制、有效创新农村土地整治相关政策。其核心方向，是创新、完善、细化农村土地政策，切实提高相关政策的时效性与科学性，并经由严格的评估、监督与奖惩机制，来科学推进农村土地整治工作。围绕这一方向的具体政策设计，仍需进一步开展。

参 考 文 献

艾利思. 2006. 农民经济学: 农民家庭农业和农村发展. 胡景北译. 上海: 上海人民出版社.

曹正汉. 2007. 土地集体所有制: 均平易、济困难——一个特殊村庄案例的一般意义. 社会学研究, 22(3): 18-38.

陈会广, 欧名豪, 张潇琳. 2009. 被征地农民及其社会保障: 文献评论与今后公共政策选择. 中国土地科学, 23(2): 75-80.

陈美球, 吴次芳. 1999. 论乡村城镇化与农村居民点用地整理. 经济地理, (6): 97-100.

陈锡文, 贺雪峰, 邓瑾. 2010-10-13. 消灭村庄？中国新城市化之忧. 南方周末.

陈锡文, 赵阳, 罗丹. 2008. 中国农村改革30年回顾与展望. 北京: 人民出版社.

陈小卉. 2007. 当前我国乡村空间特征与重构要点. 规划师, 23(8): 79-82.

陈晓毅. 2010. 城市化、工业化与城乡收入差距: 基于SVAR模型的研究. 经济经纬, (6): 21-24.

陈秧分. 2013. 中国农村土地政策创新需求与优化途径: 基于近年统计数据与文献资料的思考. 广东土地科学, (3): 37-43.

陈秧分, 何琼峰. 2016. 城镇化、工业化与城乡收入差距的耦合特征及其影响因素. 经济问题探索, (10): 113-120.

陈秧分, 刘彦随, 李裕瑞. 2010. 基于农户生产决策视角的耕地保护经济补偿标准测算. 中国土地科学, 24(4): 4-8.

陈秧分, 刘彦随, 杨忍. 2012. 基于生计转型的中国农村居民点用地整治适宜区域. 地理学报, 67(3): 420-427.

陈秧分, 刘彦随. 2011. 农村土地整治的观点辨析与路径选择. 中国土地科学, (8): 110-114.

陈玉福, 孙虎, 刘彦随. 2010. 中国典型农区空心村综合整治模式. 地理学报, 65(6): 727-735.

陈钊, 陆铭. 2008. 从分割到融合: 城乡经济增长与社会和谐的政治经济学. 经济研究, (1): 21-32.

程宇. 2013. 还权赋能: 农地产权改革路径选择: 以佛山市南海区土地股份合作制为例. 湖北经济学院学报, (3): 48-53.

程连生, 冯文勇, 蒋立宏. 2001. 太原盆地东南部农村聚落空心化机理分析. 地理学报, 56(4): 437-446.

程世勇. 2010. “地票”交易: 模式演进和体制内要素组合的优化. 学术月刊, (5): 70-77.

崔宝敏. 2010. 天津市“以宅基地换房”的农村集体建设用地流转新模式. 中国土地科学, 24(5): 37-40.

崔丽娟. 2010. 天津“宅基地换房”与重庆“双交换”模式比较与借鉴. 天津经济, (3): 45-50.

党国英. 2010. 如何看“迁村并居”热潮. 人民论坛, (8): 6.

丁松, 罗昀, 黄贤金, 等. 2004. 我国土地整理产业化发展的基本策略. 经济地理, 24(4): 528-572.

丁志伟, 张改素, 王发曾. 2013. 中原经济区“三化‘协调的内在机理与定量分析. 地理科学, 33(4): 402-409.

董祚继, 谢海霞, 徐小黎. 2010. 先完善试点再有序推进: 重庆市开展地票交易试点工作的情况及思考. 中国土地, (9): 8-11.

杜能. 1997. 孤立国同农业和国民经济的关系. 吴衡康译. 北京: 商务印书馆.

范少言. 1994. 乡村聚落空间结构的演变机制. 西北大学学报(自然科学版), 24(4): 295-298.

范少言, 陈宗兴. 1999. 试论乡村聚落空间结构的研究内容. 经济地理, 15(2): 44-47.

方芳, 周国胜. 2011. 农村土地使用制度创新实践的思考: 以浙江省嘉兴市“两分两换”为例. 农业经济问题, (4): 32-35.

冯丽. 2008. 城市化背景下的“空心村”现象及调控机制探讨. 理论界, (2): 174-175.

付学坤. 2005. 农村工业化进程中传统农业的转型及其规律研究. 理论探讨, (3): 36-38.

高燕, 叶艳姝. 2004. 农村居民点用地整理的影响因素分析及模式选择. 农村经济, (3): 23-25.

高和平, 于艳华. 2010. 内蒙古村镇损毁土地界定及复垦整理技术探析. 内蒙古师范大学学报(自然科学汉文版), 39(1): 71-75.
高鸿业. 2006. 西方经济学. 北京: 中国人民大学出版社.
辜胜阻, 刘传江, 钟水映. 1998. 中国自下而上的城镇化发展研究. 中国人口科学, (3): 1-10.
谷晓坤, 陈百明, 代兵. 2007. 经济发达区农村居民点整理驱动力与模式: 以浙江省嵊州市为例. 自然资源学报, 22(5): 701-708.
管驰明, 李昌峰, 熊国平. 2008. 江阴市新农村建设中村庄调整规划研究. 中国土地科学, 28(2): 62-68.
郭军华. 2009. 中国城市化对城乡收入差距的影响: 基于东、中、西部面板数据的实证研究. 经济问题探索, (12): 1-7.
国家统计局. 2015. 2014 年全国农民工监测调查报告. http://www.stats.gov.cn/tjsj/zxfb/201504/ t20150429_797821. html [2015-4-29]
国家统计局. 2016. 2015 年全国农民工监测调查报告. http://www.stats.gov.cn/tjsj/zxfb/201604/t20160428_1349713. html [2016-4-28]
国家土地督察上海局. 2009. 让农民真正得实惠: 浙江省嘉兴市开展农村“两分两换”改革试点的调查. 国土资源通讯, (14): 45-48.
韩俊, 马晓河, 李兵弟. 2010-10-17. 城镇化难题: 农民如何变市民. 光明日报.
何邕健, 马健, 刘洋, 等. 2011. 天津小城镇建设的“华明模式”评析. 城市问题, (1): 52-56.
贺雪峰. 2009-11-24. 中国土地制度向何处去. 中国选举与治理网.
洪巧俊. 2008-02-19. 村庄合并应考虑肩挑背驮现实. 江南都市报.
侯大伟, 邓华宁, 杨玉华, 等. 2010. 警惕新一轮城镇化浪潮中农民主体地位缺失. 半月谈, (3): 16-28.
扈映, 米红. 2010. 经济发展与农村土地制度创新: 浙江省嘉兴市“两分两换”实验的观察与思考. 农业经济问题, (2): 70-76.
黄宗智. 1982. 长江三角洲小农家庭与乡村发展. 北京: 中华书局.
姜广辉, 张凤荣, 孔祥斌. 2009. 北京山区农村居民点整理用地转换方向模拟. 农业工程学报, 25(2): 214-221.
蒋省三, 刘守英, 李青. 2010. 中国土地政策改革, 政策演进与地方实施. 上海: 上海三联书店.
金虎斌. 2012. 工业化、城镇化和农业现代化协调发展实证研究: 以中原经济区为例. 创新, 6(5): 59-63.
金明丽, 张凤荣, 孟媛, 等. 2008. 山区农村居民点还耕可行性研究: 以北京市门头沟区为例. 中国土地科学, 22(5): 11-15.
金其铭. 1989. 中国农村聚落地理. 南京: 江苏科学技术出版社.
柯华庆. 2010-1-26. 农村土地产权的“三有”性与改革方向. 法律经济学网.
郎海如. 2010. 农村居民点整理模式综述. 农村经济与科技, 21(8): 53-54.
雷振东. 2009. 整合与重构: 关中乡村聚落转型研究. 南京: 东南大学出版社.
李培. 2007. 社会主义新农村建设的模式探究: 以“城乡等值化试验”为例. 财经问题研究, (5): 83-88.
李兵弟. 2006. 通过村庄整治改善农村人居环境. 小城镇建设, (3): 11-13.
李秉祥, 黄泉川. 2006. 我国环境保护投融资机制创新研究. 中国社会科学院研究生院学报, (4): 111-114.
李承嘉. 2005. 行动者网络理论应用于乡村发展之研究: 以九份聚落 1895—1945 年发展为例. 地理学报(台湾), 39: 1-20.
李君, 李小建. 2008. 国内外农村居民点区位研究评述. 人文地理, 23(4): 23-27.
李卫详. 2008. 农村土地整理. 北京: 中国社会出版社.
李宪印. 2011. 城市化、经济增长与城乡收入差距. 农业技术经济, (8): 50-57.
李小建. 2009. 农户地理论. 北京: 科学出版社.
李新玲. 2012-11-23. 农村学校撤并何去何从. 中国青年报.
李学军, 李飞. 2010. 嘉兴模式: 平衡的魅力. 中国土地, (1): 38-40.
李裕瑞, 刘彦随, 龙花楼. 2010. 中国农村人口与农村居民点用地的时空变化. 自然资源学报, 25(10):

1629-1638.
李增刚. 2015. 以城乡等值化实现就地城镇: 山东青州南张楼村的案例研究. 理论学刊, (8): 110-115.
李增元. 2009. 乡村社会整合模式变迁: 动因与演进逻辑: 基于社会整合理论的分析框架. 理论与改革, (6): 34-37.
刘奇. 2007. 农村社会转型与“三农”政策取向. 中国农村经济, (4): 4-11.
刘仙桃, 郑新奇, 李道兵. 2009. 基于 Voronoi 图的农村居民点空间分布特征及其影响因素研究: 以北京市昌平区为例. 生态与农村环境学报, 25(2): 30-33.
刘洋, 欧名豪. 2008. 推进农村居民点整理的机制创新途径初探, 南京农业大学学报(社会科学版), 8(1): 55-59.
刘勇, 吴次芳, 杨志荣. 2008. 中国农村居民点整理研究进展与展望. 中国土地科学, 22(3): 68-73.
刘彦随. 2008. 中国新农村建设创新理念与模式研究进展. 地理研究, 27(2): 479-480.
刘彦随. 2010-11-12. 农村土地整治要让农民受益. 人民日报.
刘彦随. 2011. 科学推进中国农村土地整治战略. 中国土地科学, 25(4): 3-8.
刘彦随, 刘玉. 2010. 中国农村空心化问题研究的进展与展望. 地理研究, 29(1): 35-42.
刘彦随, 刘玉, 翟荣新. 2009. 中国农村空心化的地理学研究与整治实践. 地理学报, 64(10): 1193-1202.
刘彦随, 龙花楼, 陈玉福, 等. 2011. 中国乡村发展研究报告: 农村空心化及其整治策略. 北京: 科学出版社.
龙花楼. 2003. 区域土地利用转型与土地整理. 地理科学进展, 22(2): 133-140.
龙花楼. 2013. 论土地整治与乡村空间重构. 地理学报, 68(8): 1019-1028.
龙花楼, 李裕瑞, 刘彦随. 2009. 中国空心化村庄演化特征及其动力机制. 地理学报, 64(10): 1203-1213.
卢祖丹, 赵定涛, 黄细兵. 2009. 建设用地置换的经济效益热点地区评定——基于安徽省的实证分析. 中国工业经济, (7): 16-25.
陆铭, 陈钊. 2004. 城市化, 城市倾向的经济政策与城乡收入差距. 经济研究, (6): 50-58.
陆文林. 2009-09-08. 换出一片新天地 实现城乡大融合: 嘉兴大力实施两分两换 推进新市镇新社区建设. 浙江日报.
陆希刚. 2008. 从农村居民意愿看“迁村并点”中的利益博弈. 国际经济评论, (2): 45-48.
路乾. 2016-01-16. 地票交易: 一举多得的中国实践创举. 财经综合报道.
罗叶. 2009. 论中国特色农村土地产权制度: 兼论农民土地承包经营权从物权化向资本化的转移. 当代经济研究, (6): 39-43.
马健. 2008. 创新与困局 南海模式: 对南海土地股份合作制发展状况的调查. 农村工作通讯, (7): 16-17.
马克思·昆斯. 1990. 联邦德国乡村空间的新规划. 唐卫红译. 武汉测绘科技大学学报, 15(4): 18-20.
梅尼埃. 1999. 法国地理学思想史. 蔡宗夏译. 北京: 商务印书馆.
欧阳安蛟, 蔡锋铭, 陈立定. 2009. 农村宅基地退出机制建立探讨, 中国土地科学, 23(10): 26-30.
朴振焕. 2005. 韩国新村运动: 20 世纪 70 年代韩国农村现代化之路. 北京: 中国农业出版社.
蒲方合. 2009. 宅基地使用权置换中的利益平衡机制研究. 经济体制改革, (4): 92-96.
钱丽, 陈忠卫, 肖仁桥. 2012. 中国区域工业化、城镇化与农业现代化耦合协调度及其影响因素研究. 经济问题探索, (11): 10-17.
乔家君. 2008. 中国乡村地域经济论. 北京: 科学出版社.
瞿忠琼, 欧名豪, 刘琼, 等. 2009. 农村居民点整理区域联动机制的原则与实现途径: 以江苏省为例. 农业现代化研究, 30(6): 111-114.
仇保兴. 2006. 我国农村村庄整治的意义、误区与对策. 城市发展研究, 13(1): 1-6, 17.
盛洪. 2009-02-04. 土地产权自由交易是节约土地的有效制度: 论土地产权交易制度改革. 中评网.
石忆邵. 1992. 乡村地理学发展的回顾与展望. 地理学报, 47(1): 80-88.
石忆邵. 2007. 国内外村镇体系研究述要. 国际城市规划, 22(4): 84-88.
舒尔茨. 2006. 改造传统农业. 北京: 商务印书馆.

宋伟, 陈百明, 杨红, 等. 2008. 我国农村宅基地资源现状分析. 中国农业资源与区划, 29(3): 1-3.
宋伟, 张凤荣. 2008. 土地利用规划中“迁村并点”的公众参与. 资源科学, 30(11): 1694-1698.
孙进国. 2010. 重庆地票交易的发展历程、现实制约和制度完善. http: //www. zfwlxt. com/ seachdemo/ html/20101109151629505118332133. html
孙新章, 谢高地, 张其仔, 等. 2006. 中国生态补偿的实践及其政策取向. 资源科学, 28(4): 25-30.
谭秋成. 2009. 关于生态补偿标准和机制. 中国人口·资源与环境, 19(6): 1-6.
谭永忠, 吴次芳, 王庆日, 等. 2005. “耕地总量动态平衡”政策驱动下中国的耕地变化及其生态环境效应. 自然资源学报, (5): 727-734.
陶然, 汪晖. 2010. 中国尚未完成之转型中的土地制度改革: 挑战与出路. 国际经济评论, (2): 93-123.
天津市发展和改革委员会调查组. 2011. 一样的土地, 不一样的生活: 天津市东丽区华明镇探索宅基地换房纪实. 小城镇建设, (6): 33-36.
涂重航. 2010-11-02. 20 余省市撤村圈地发土地财, 失地农民“被上楼”. 新京报.
涂人猛. 1993. 内源式乡村发展理论的渊源及发展. 经济评论, (4): 21-25.
王哲. 2014. 土改探索之二: 重庆“地票”创新. 中国报道, (2): 20-21.
王成新, 姚士谋, 陈彩虹. 2005. 中国农村聚落空心化问题实证研究. 地理科学, 25(3): 257-262.
王春超. 2009. 中国农户就业决策行为的发生机制——基于农户家庭调查的理论与实证. 管理世界, (7): 93-102.
王法辉. 江世国, 2009. 基于 GIS 的数量方法与应用. 藤俊华译. 北京: 商务印书馆.
王富更. 2006. 村庄规划若干问题探讨. 城市规划学刊, (3): 106-109.
王海兰. 2005. 农村“空心村”的形成原因及解决对策探析. 农村经济, (9): 21-22.
王建玲. 2006. 农村居民点用地整理的几种模式探讨. 山东国土资源, 22(10): 43-44.
王婧, 方创琳, 王振波. 2011. 我国当前城乡建设用地置换的实践探索及问题剖析, 自然资源学报, 26(9): 1453-1466.
王子敏. 2011. 我国城市化与城乡收入差距关系再检验. 经济地理, 31(8): 1289-1293.
温铁军. 2006. 新农村建设理论探索. 北京: 文津出版社.
翁贞林. 2008. 农户理论与应用研究进展与述评. 农业经济问题, (8): 93-100.
吴次芳. 2009. 农村土地整治的问题指向、国际经验和现实选择. 四川改革, (8): 11-16.
吴得文, 樊绯, 刘源, 等. 2010. 村镇住区选址评价探讨. 热带地理, 30(4): 407-502.
吴海洋. 2009. 农村土地整治拉动内需的初步分析和加强监管的几点思考. 四川改革, (8): 9-11.
吴秋余. 2012-03-20. 空心化农村如何“养活中国”. 人民日报.
吴旭鹏, 金晓霞, 刘秀华, 等. 2010. 生计多样性对农村居民点布局的影响: 以丰都县为例. 西南农业大学学报(社会科学版), 8(5): 13-17.
兀晶, 卢海霞. 2015. 城镇化、城市偏向对城乡收入差距的影响: 基于中国 28 个省级面板数据的实证研究. 经济问题, (9): 29-33.
邢谷锐, 徐逸伦, 郑颖. 2007. 城市化进程中乡村聚落空间演变的类型与特征. 经济地理, 27(6): 932-935.
徐勇, 邓大才. 2006. 社会化小农: 解释当今农户的一种视角. 学术月刊, (7): 5-12.
徐绍史. 2009. 深入开展农村土地整治, 搭建新农村建设和城乡统筹发展新平台. 国土资源通讯, (8): 6-8.
徐珍源, 蔡赟, 孔祥智. 2009. 改革 30 年来中国农地制度变迁、评价及展望. 中共济南市委党校学报, (1): 10-14.
薛力. 2001. 城市化背景下的“空心村”现象及其对策探讨: 以江苏省为例. 城市规划, (6): 8-13.
闫庆武, 卞正富. 2008. 基于 GIS-SDA 的居民点空间分布研究. 地理与地理信息科学, 24(3): 57-61.
阎建忠, 吴莹莹, 张镱锂, 等. 2009. 青藏高原东部样带农牧民生计的多样化. 地理学报, 64(2): 221-223.
杨一介. 2007. 农村宅基地制度面临的问题. 中国农村观察, (5): 32-37.

叶齐茂. 2008. 发达国家乡村建设考察与政策研究. 北京: 中国建筑工业出版社.
叶艳妹, 吴次芳. 1998. 我国农村居民点用地整理的潜力、运作模式与政策选择. 农业经济问题, (10): 54-57.
郁枫. 2006. 空间重构与社会转型: 对中部地区五镇变迁的调查与探析. 北京: 清华大学博士学位论文.
郁建兴, 高翔. 2009. 农业农村发展中的政府与市场、社会: 一个分析框架. 中国社会科学, (6): 89-103.
袁祥生. 2007. 一个农民的德国情怀: 土地整理农村发展项目纪实. 北京: 中国文联出版社.
郧文聚, 杨红. 2010. 农村土地整治新思考. 中国土地, (Z1): 69-71.
张富刚, 刘彦随. 2008. 中国区域农村发展动力机制及其发展模式. 地理学报, 63(2): 115-122.
张红星, 桑铁柱. 2010. 农民利益保护与交易机制的改进: 来自天津宅基地换房模式的经验. 农业经济问题, (5): 10-16.
张环宙, 黄超超, 周永广. 2007. 内生式发展模式研究综述. 浙江大学学报(人文社会科学版), 37(2): 61-68.
张菊梅, 张子龙. 2007. 学术界关于农村发展模式的研究综述. 辽宁行政学院学报, 9(12): 17-19.
张克旺. 2007. 试论农地整理与农村土地使用制度改革. 乡镇经济, (5): 53-56.
张小林. 1999. 乡村空间系统及其演变研究: 以苏南为例. 南京: 南京师范大学出版社.
张兴华. 2013. 中国农村剩余劳动力的重新估算. 中国农村经济, (8): 49-54.
张秀智, 丁锐. 2009. 经济欠发达与偏远农村地区宅基地退出机制分析: 案例研究. 中国农村观察, (6): 23-32.
张衍毓, 刘彦随, 王业侨. 2009. 统筹城乡视角下村庄整治建设的模式与途径: 以三亚市为例. 地理科学进展, 28(6): 977-983.
张祎娴, 王仲谷. 2008. 上海郊区宅基地置换试点的探讨. 城乡建设, (7): 67-68.
张远索, 王锡锌. 2010-11-03. 农民"被上楼"被指易滋生腐败亟待规范. 法制晚报.
章铮. 2013-11-21. 重庆地票交易的得失. 第一财经日报.
章政. 2005. 农村土地产权制度创新模式的探索. 中国农村经济, (2): 73-75.
赵之枫. 2001. 城市化加速时期村庄集聚及规划建设研究. 北京: 清华大学博士学位论文.
郑风田. 2000. 制度变迁与中国农民经济行为. 北京: 中国农业出版社.
郑风田. 2010. 迁村并居五种不良倾向剖析. 人民论坛, (10): 50-51.
郑凌志. 2009. 统筹城乡发展中农村土地制度改革几个问题的思考. 四川改革, (7): 40-44.
郑伟元. 2008. 统筹城乡土地利用的初步研究. 中国土地科学, 22(6): 4-10.
郑雄飞. 2010. 完善土地流转制度研究: 国内"土地换保障"的研究述评. 中国土地科学, 24(2): 76-80.
中央党校访德代表团. 2006. 德国土地整理和乡村革新的经验及其启示. 科学社会主义, (1): 112-114.
《中国土地》编辑部. 2010. 不能错失良机, 也不要操之过急: 农村土地整治座谈会专家发言摘登. 中国土地, (8): 32-36.
钟太洋, 黄贤金. 2007. 农户层面土地利用变化研究综述. 自然资源学报, 22(3): 341-352.
周虎城. 2010-09-01. 不能用土地换社保来摒弃政府责任. 南方日报.
周婧, 杨庆媛, 信桂新, 等. 2010. 贫困山区农户兼业行为及其居民点用地形态. 地理研究, 29(10): 1767-1779.
周振, 孔祥智. 2015. 中国"四化"协调发展格局及其影响因素研究: 基于农业现代化视角. 中国软科学, (10): 9-26.
周立群, 张红星. 2011. 农村土地制度变迁的经验研究: 从"宅基地换房"到"地票"交易所. 理论参考, (8): 16-19.
朱雪欣, 王红梅, 袁秀杰, 等. 2010. 基于 GIS 的农村居民点区位评价与空间格局优化. 农业工程学报, 21(6): 326-333.
邹勇文, 汤慧. 2006. 中国式"巴伐利亚试验"的实践及对新农村建设的启示. 江西社会科学, (10): 151-154.

左大康. 1990. 现代地理学辞典. 北京: 商务印书馆.
Ashley C, Maxwell S. 2001. Rethinking rural development. Development Policy Review, 19(4): 395-425.
Benthem R J. 1993. Changing the countryside by land consolidation. Biological Conservation, 1(3): 209-212.
Bernadette O R, Morrisseya J, Foleya W, et al. 2009. The relationship between settlement population size and sustainable development measured by two sustainability metrics. Environmental Impact Assessment Review, 29(3): 169-178.
Bienen H. 1984. Urbanization and third world stability. World Development, 12(7), 661-691.
Bradstock A. 2006. Land reform and livelihoods in South Africa's Northern Cape Province. Land Use Policy, 23(3): 247-259.
Burton R, Wilson G A, 2006. Injecting social psychology theory into conceptualisations of agricultural agency: towards a post-productivist farmer self-identity? Journal of Rural Studies, 22(1): 95-115.
Chan K W. 2009. The Chinese Hukou System at 50. Eurasian Geography and Economics, 50(2), 197-221.
Chen M X, Liu W D, Tao X L. 2013a. Evolution and assessment on China's urbanization 1960-2010: Under-urbanization or over-urbanization? Habitat International, 38(2): 25-33.
Chen Y F, Liu Y S, Xu K S. 2010. Characteristics and mechanism of agricultural transformation of typical rural areas in Eastern China: A case study of Yucheng city, Shandong province. Chinese Geographical Science, 20(6): 545-553.
Chen Y F, Wang J Y, Liu Y S, et al. 2013b. Regional suitability for settling rural migrants in urban China. Journal of Geographical Sciences, 23(6): 1136-1152.
Chen Y, Démurger S, Fournier M. 2005. Earnings differentials and ownership structure in Chinese enterprises. Economic Development and Cultural Change, 53(4): 933-958.
Cloke P J. 1985. Whither rural studies? Journal of Rural Studies, 1(1): 1-9.
Cloke P J. 1995. Country backwater to virtual village? Rural studies and the cultural turn. Journal of Rural Studies, 11(4): 367-375.
Deadman P, Brown P D, Gimblett R H. 1993. Modelling rural residential settlement patterns with cellular automata. Journal of Environmental Management, 37(2): 147-160.
Démurger S. 2010. Editorial-Rural migrants: On the fringe of the city, a bridge to the countryside. China Perspectives, (4), 2-3.
Ellis E C, Neerchal N, Peng K, et al. 2009. Estimating long-term changes in China's village landscapes. Ecosystems, 12(2): 279-297.
Fan C C. 2008a. China on the move: Migration, the state, and the Household. Routledge, London.
Fan C C. 2008b. Migration, hukou, and the city. In: Yusuf S, Saich T. China Urbanizes: Consequences, Strategies, and Policies. World Bank Publications, Washington, 65-90.
Fang Y G, Liu J S. 2008. Cultural landscape evolution of traditional agricultural villages in North China: Case of Qianzhai Village in Shandong Province. Chinese Geographical Science, 18(4): 308-315.
Gorsuch R L. 1990. Common factor analysis versus component analysis: Some well and little known facts. Multivariate Behavioral Research, 25: 33-39.
Hall C, Mcvittie A, Moran D. 2004. What does the public want from agriculture and the countryside? A review of evidence and methods. Journal of Rural Studies, 20(2): 211-225.
Harris N. 1990. Urbanisation, economic development and policy in developing countries. Habitat International, 14(4), 3-42.
Holden S, Shiferaw B, Pender J. 2004. Non-farm income, household welfare, and sustainable land management in a less-favored area in the Ethiopian highlands. Food Policy, 29: 369-392.
Holmes J. 2008. Impulses towards a multifunctional transition in rural Australia: interpreting regional dynamics in landscapes, lifestyles and livelihoods. Landscape Research, 33(2): 211-223.
Huang Q H, Li M C, Chen Z J, et al. , 2011. Land consolidation: An approach for sustainable development in rural China. Ambio, 40(1): 93-95.
Ishemo A, Semple H, Thomas-Hope E. 2006. Population mobility and the survival of small farming in the Rio Grande Valley, Jamaica. Geographical Journal, 172(4): 318-330.
Janvry A D, Sadoulet E. 2005. Achieving success in rural development: toward implementation of an integral

approach. Agricultural Economics, 32(1): 75-89.
Jorgensen D W. 1967. Surplus agricultural labor and the development of a dual economy. Oxford Economy Papers, 19(3): 288-312.
Kilkenny M. 2004. Geography, agriculture, and rural development. Paper presented at The Agricultural Economics Society 78th Annual Conference, London.
Knickel K, Renting H. 2000. Methodological and conceptual issues in the study of multifunctionality and rural development. Sociologia Ruralis, 40(4): 512-528.
Knight J, Gunatilaka R. 2010. Great expectations? The subjective well-being of rural-urban migrants in China. World Development, 38(1), 113-124.
Lanchih P. 2008. Redefining rural collectives in China: Land conversion and the emergence of rural shareholding co-operatives. Urban Studies, 45(8): 1603-1623.
Leandro V C. 2009. The MST and the EZLN's struggle for land: New forms of peasant rebellions. Journal of Agrarian Change, 9(3), 365-391.
Lewis W A. 1954. Economy development with unlimited supplies of labor. The Manchester School of Economic and Social Studies, 22(2): 139-191.
Li B Q. 2006. Floating population or urban citizens? Status, social provision and circumstances of rural–urban migrants in China. Social Policy & Administration, 40(2), 174-195.
Li L M, Li S M, Chen Y F. 2010. Better city, better life, but for whom? The hukou and resident card system and the consequential citizenship stratification in Shanghai. City, Culture and Society, 1(3), 145-154.
Li Y R, Liu Y S, Long H L, et al. 2014. Community-based rural residential land consolidation and allocation can help to revitalize hollowed villages in traditional agricultural areas of China: Evidence from Dancheng County, Henan Province. Land Use Policy, 39: 188-198.
Liu Y S, Fang F, Li Y H. 2014. Key issues of land use in China and implications for policy making. Land Use Policy, 40: 6-12.
Liu Y S, Liu Y, Chen Y F, et al. 2010. The process and driving forces of rural hollowing in China under rapid urbanization. Journal of Geographical Sciences, 20(6): 876-888.
Liu Y S, Yang R, Li Y H. 2013. Potential of land consolidation of hollowed villages under different urbanization scenarios in China. Journal of Geographical Sciences, 23(3): 503-512.
Liu Y, Li Z G, Breitung W. 2012. The social networks of new-generation migrants in China's urbanized villages: A case study of Guangzhou. Habitat International, 36(1), 192-200.
Long H L, Li Y R, Liu Y S, et al. 2012. Accelerated restructuring in rural China fueled by "increasing vs. decreasing balance" land-use policy for dealing with hollowed villages. Land Use Policy, 29(1): 11-22.
Long H L, Liu Y S, Wu X Q, et al. 2009a. Spatio-temporal dynamic patterns of farmland and rural settlements in Su-Xi-Chang region: Implications for building a new countryside in coastal China. Land Use Policy, 26(2), 322-333.
Long H L, Zou J, Liu Y S. 2009b. Differentiation of rural development driven by industrialization and urbanization in eastern coastal China. Habitat International, 33(4): 454-462.
Lowe P, Murdoch J, Ward N. 1995. Networks in rural development beyond exogenous and endogenous models. In: Ploeg J D van der, Dijk G van. Beyond modernisation; The impact of endogenous rural development. Van Gorcum, Assen, 87-105.
Marsden T. 1998. New rural territories: regulating the differentiated rural spaces. Journal of Rural Studies, 14(1): 107-117.
Massey D S. 1990. Social structure, household strategies, and the cumulative causation of migration. Population Index, 56(1), 3-26.
McCusker B, Carr E R. 2006. The co-production of livelihoods and land use change: Case studies from South Africa and Ghana. Geoforum, 37(5): 790-804.
Miranda D, Crecente R, Flor A M. 2006. Land consolidation in inland rural Galicia, N. W. Spain, since 1950: An example of the formulation and use of questions, criteria and indicators for evaluation of rural development policies. Land Use Policy, 23: 511-520.
Monkkonen E H. 1990. America becomes urban: The development of U. S. cities & towns, 1780-1980.

University of California Press, Berkeley.
Mosk C. 2001. Japanese industrial history: Technology, urbanization, and economic growth. M. E. Sharpe, New York.
Murdoch J. 2000. Networks: A new paradigm of rural development. Journal of Rural Studies, 16(4): 407-419.
Niroula G S, Thapa G B. 2005. Impacts and causes of land fragmentation, and lessons learned from land consolidation in South Asia. Land Use Policy, 22(4): 358-372.
Noe E, Alrøe H F, Langvad A M S. 2008. A polyocular framework for research on multifunctional farming and rural development. Sociologia Ruralis, 48(1): 1-15.
Northam R M. 1975. Urban Geography. John Wiley & Sons Inc, New York.
Palmer E. 1988. Planned relocation of severely depopulated rural settlements: A case study from Japan. Journal of Rural Studies, 4(1): 21-34.
Pašakarnis G, Maliene V. 2010. Towards sustainable rural development in Central and Eastern Europe: Applying land consolidation. Land Use Policy, 27(2): 545-549.
Picchi A. 1994. The relations between central and context for endogenous development. In: Ploeg J D van der, Long A. Born from within; Practice and perspectives of endogenous rural development. Van Gorcum, Assen, 195-203.
Ploeg J D V D, Renting H, Brunori G, et al. 2000. Rural development: From practices and policies towards theory. Sociologia Ruralis, 40(4): 391-408.
Rana M M P. 2011. Urbanization and sustainability: challenges and strategies for sustainable urban development in Bangladesh. Environment, Development and Sustainability, 13(1): 237-256.
Ray C. 1998. Culture, intellectual property and territorial rural development. Sociologia Ruralis, 38(1): 3-20.
Rigg J. 2006. Land, farming, livelihoods, and poverty: Rethinking the links in the Rural South. World Development, 34(1): 180-202.
Rozelle S, Boisvert R N. 1995. Control in a dynamic village economy: the reforms and unbalanced development in China's rural economy. Journal of Development Economics, 46(2): 233-252.
Rudel T K. 2006. After the labor migrants leave: the search for sustainable development in a sending region of the Ecuadorian Amazon. Word Development, 34(5): 838-851.
Samuelson P, Nordhaus W. 2011. Microeconomics(17th ed.). McGraw Hill/Irwin.
Sharp J S, Agnitsch K, Ryan V, et al. 2002. Social infrastructure and community economic development strategies: the case of self-development and industrial recruitment in rural Iowa. Journal of Rural Studies, 18(4): 405-417.
Singh K. 1999. Rural development, principles, policies and management. Sage, New Delhi, Thousand Oaks, K Gorlach, London.
Slee B. 1994. Theoretical aspects of the study of endogenous development. In: Ploeg J D van der, Long A. Born from within; Practice and perspectives of endogenous rural development. Van Gorcum, Assen, 184-194.
Smithers J, Joseph A E, Armstrong M. 2005. Across the divide: Reconciling farm and town views of agriculture–community linkages. Journal of Rural Studies, 21(3): 281-295.
Sonis M, Grossman D. 1984. Rank-size rule for rural settlements. Socio-Economic Planning Science, 18(6): 373-380.
Tao R, Xu Z G. 2007. Urbanization, rural land system and social security for migrants in China. Journal of Development Studies, 43(7): 1301-1320.
Terluin I J. 2003. Differences in economic development in rural regions of advanced countries: An overview and critical analysis of theories. Journal of Rural Studies, 19(3): 327–344.
Tian G, Yang Z, Zhang Y. 2007. The spatio-temporal dynamic pattern of rural residential land in China in the 1990s: Using Landsat TM images and GIS. Environmental Management, 40(5): 803-813.
Tiffen M. 2003. Transition in Sub-Saharan Africa: Agriculture, urbanization and income growth. World Development, 31(8), 1343-1366.
Vergara C L. 2011. Land, protest, and politics: The landless movement and the struggle for agrarian reform in Brazil. Journal of Agrarian Change, 11(1): 129-132.

Ward N, Jackson P, Russell P, et al. 2008. Productivism, post-productivism and European agricultural reform: The case of sugar. Sociologia Ruralis, 48(2): 118-132.

White E M, Morzillo A T, Alig R J. 2009. Past and projected rural land conversion in the US at state, regional, and national levels. Landscape and Urban Planning, 89(1-2): 37-48.

Wilson O J. 1995. Rural restructuring and agriculture-rural economy linkages: A New Zealand Study. Journal of Rural Studies, 11(4): 417-431.

Xu W, Tan K C. 2001. Impact of reform and economic restructuring on rural systems in China: A case study of Yuhang, Zhejiang. Journal of Rural Studies, 18(1): 65-81.

Xu X G, Hou L S, Lin H P, et al. 2006. Zoning of sustainable agricultural development in China. Agricultural Systems, 87(1): 38-62.

Yue Z S, Li S Z, Feldman M W, et al. 2011. Floating choices: A generational perspective on intentions of rural - urban migrants in China. Environment and Planning A, 42(3), 545-562.

Zhan S H. 2010. What determines migrant workers' life chances in contemporary China? Hukou, social exclusion and the market. Modern China, 37(3), 243-285.

Zhao P J, Howden-Chapman P. 2010. Social inequalities in mobility: the impact of the hukou system on migrants' job accessibility and commuting costs in Beijing. International Development Planning Review, 32(3-4), 363-384.

Zheng S Q, Long F J, Fan C C, et al. 2009. Urban villages in China: A 2008 survey of migrant settlements in Beijing. Eurasian Geography and Economics, 50(4): 425-446.

附　　录

1. 新农村建设宅基地利用情况入户调查表

时间：20__年___月___日　　山东省________县（市）________乡（镇）________村　　村编号：______号

编号	户主姓名	年龄	权属： 1. 申请 2. 继承 3. 购买	类别		建成年份	房屋类型	户人口总数	常住人数	人均在家居住月数	面积	备注
					1. 使用中	建成年份	房屋类型	户人口总数	常住人数	人均在家居住月数		
					2. 空置	建成年份	房屋类型	户人口总数	空置原因：1. 迁走；2. 常年在外打工；3. 一户多宅；4. 将来盖房；5.其他（注明）			
					3. 废弃	废弃年份			废弃原因：1. 迁走；2. 无后；3. 另建新住宅；4. 其他（注明）			

填表说明：（1）“使用中”指处于利用状态的宅基地，包括已批正建的宅基地；“空置”指房屋保存完好，连续两年居住天数不足一个月的宅基地；“废弃”指建过房屋但无地上盖物或已无法居住的宅基地。（2）“房屋类型”中分别用 1、2、3 代表土坯房、砖瓦房、钢混房。

2."新农村建设村庄整治与规划"问卷调查（村干部填写）

时间：20__年___月___日　地点：山东省_______县（市）______乡（镇）______村
您的年龄 ______　　　　　您的受教育程度______

一、被调查村基本情况

1. 本村距离县城______里；本村距离乡镇政府驻地______里。

2. 本村总人口______人，农业人口______人，总户数______户；劳动力（16-60岁）总数______人，其中，常年村外就业（一年及以上）劳动力______人。

3. 2008年村人均纯收入为______元/人；村民主要收入来源（请在对应的选项下打√，下同）：

A. 农业　B. 以农业为主兼业　C. 以非农产业为主兼业　D. 非农产业

4. 本村村民来自政府的政策性补贴项目及金额是：

A. 粮食直补（_____元/亩）B. 医保（_____元/人）C. 社保（_____元/人）D. 其他（_____元/__）

5. 村里是否拥有以下设施（可多选）：

A. 小学　B. 卫生室　C. 公共文化娱乐设施　D. 自来水管道　E. 太阳能或其他新能源　F. 超市　G. 公交

6. 村农业生产水资源的保障程度：

A. 能够满足需求　B. 基本满足需求　C. 不足

二、被调查村土地利用情况

①本村宅基地共计_____宗，其中，已经无法居住的宅子___宗，可居住但1年以上无人居住的宅子____宗。

②近五年本村村民取得的宅基地，主要占用了下列哪些土地？

A. 老宅基地　B. 村内空地　C. 耕地　D. 其他农用地　E. 其他（请注明）_____

③本村有两处或以上宅基地的户数有______户，"一户多宅"现象主要是什么原因造成的？（可多选）

A. 祖上传下来的　　　　　B. 为子女将来结婚准备而申请的宅基地
C. 原有宅基地不够用，另建新住宅　　D. 原有宅基地不够用，购买别人房屋

④本村村民之间宅基地流转的主要形式为？

A. 租赁　B. 买卖　C. 其他（请填写）______

⑤对于闲置的宅基地，现在村里是如何处理的？

A. 收回　B. 无人管理　C. 其他（请填写）______

⑥对于闲置的宅基地，您认为应该如何处理？

A. 保持原状　B. 村集体无偿收回　C. 村集体收回并给予补贴
D. 其他（请填写）___________

⑦您觉得本村建房高峰期是在什么时候？什么时候开始出现宅基地闲置的？什么原因导致了这种现象？有没有出现人口大量外出就业？全家外迁占多大比例？

⑧村庄人口大量外迁，您觉得对本村发展有什么影响？（农业生产、经济、服务设施、就业、乡土文化等）您对此有何设想与建议？您希望未来的村庄应该是什么样的？（产业、村庄形态、建筑形式、村庄规模、人民生活等）

⑨您认为宅基地闲置现象有什么负面影响（土地利用、社会公平、基础设施建设等）？如果进行集中整治，您觉得最大的困难是什么（村民哪些方面的阻力？资金等）？您认为比较好的整治方案是什么（包括村民住房安置、住房设计、补偿方案、就业安排、基础设施建设等）？您对完善宅基地利用与管理有何建议？

新农村建设惠民利民，衷心感谢您的合作！

3. "新农村建设村庄整治与规划"问卷调查（农户填写）

时间：20___年___月___日　　地点：山东省_____县（市）____乡（镇）_____村

农户编号：______号

一、家庭成员情况（家庭成员指共同居住或与家庭联系密切的子女，不包括已经分家的子女）

家庭人口数：___人；家庭劳动力：___人

与户主的关系	年龄	文化程度 不识字=1，小学=2，初中=3，高中=4，中专=5，大专及以上=6	目前职业状况 务农=1，半工半农=2，外出打工=3，学生=4，其他=5	主要从业地区 本村=1，本乡镇=2，本县=3，本省=4，外省=5	2008年在家居住月数
户主					

二、家庭经济状况（请根据您的实际情况填写或在对应的选项下打√，下同）

1. 2008年家庭农业经营收入___元；非农经营收入____元；打工收入____元；租金、分红____元；其他收入________元。共计____元。

2. 2008年生活消费支出______元；生产性支出______元。共计支出______元。

3. 2008年家庭收支盈余______元，亩均耕地净收入______元。

4. 您家的主要经营项目是：

A. 种植业　B. 养殖业　C. 加工业　D. 商贸业　E. 其他

5. 2008年家庭在外务工人员中，有没有提前返乡的？　A. 没有　B. 有（____人）

如果有，2009年劳动力就业情况是？

A. 外出打工　B. 就近务工　C. 在家务农

三、土地利用情况与农户意愿

6. 2008年家庭承包的耕地面积________亩，实际耕作的耕地面积________亩，您家土地流转的意愿：

A. 希望租入耕地　　B. 希望租出耕地　　C. 保持不变　　D. 随便都行

7. 您自家承包的耕地距离您居住地有_______里，您希望最远不超过_______里？

8. 您希望的农业规模经营情况是：

A. 建立专业合作组织　B. 购置大型农机具　　C. 耕地适度规模经营

D. 生产服务社会化（由政府、行业协会等提供产前、产中、产后服务）

9. 宅基地利用基本情况（不包括已分家的子女或父母所拥有的宅基地）

建成年份	宅基地面积/m^2				居住房数量/间	生产房数量/间
	总计	其中：居住房面积	其中：生产房面积	其中：院子面积		

10. 若是自家建房，在建当年属于：
A. 新辟宅基地上建成　B. 旧宅基地上翻新重建　C. 旧宅基地上改扩建
11. 若是新宅基地建房，建房所用宅基地用地来源是？
A. 耕地　B. 村内划定宅基地　C. 他人闲置宅基地　D. 村内空地　E. 其他农用地
12. 您家拥有几处宅基地（不包括已经分家的子女或父母所拥有的宅基地）？
A. 1　B. 2　C. ≥3
如果您家拥有两处或以上宅基地，其原因是：________________
A. 祖上传下来的　B. 为子女将来结婚准备而申请的宅基地
C. 原有宅基地不够用，另建新住宅　D. 原有宅基地不够用，购买别人房屋
13. 您家有没有房屋处于无人居住状态？如果有，房屋空置原因是：
A. 无法居住　B. 居住条件太差　C. 子女升学就业迁走　D. 父母过世
E. 不定期出租　F 其他：___
14. 2008 年您家宅基地的主要用途是什么？（可多选）
A. 居住　B. 养牲畜　C. 出租　D. 开办家庭工厂　E. 其他（请注明）________
15. 您对现在的住房条件感到：
A. 很不满意　B. 不满意　C. 还行　D. 满意　E. 非常满意
16. 您认为宅基地所有权属于：　A. 国家　B. 集体　C. 个人
17. 您是否知道国家宅基地管理政策中有"一户一宅"的规定？
A. 知道　B. 不知道
18. 您认为村里闲置的宅基地应该怎样处理？
A. 保持原状　B. 村集体无偿收回　C. 村集体收回并给予户主补偿
D. 其他（请填写）________
19. 如果村里对闲置的宅基地予以集中整理，您希望整理后土地的用途是？
A. 整理成耕地　B. 建新房用地　C. 整理成农村生产用地（养殖用地、产业园区用地等）　D. 出租　E. 其他（请填写）___________
20. 您是否赞成对村庄进行整治：A. 赞成　B. 不赞成　C. 无所谓
21. 如果对村庄进行集中整治，您希望：
A. 转让现有宅基地，到城镇居住就业　B. 邻近村庄合并为中心村集中居住
C. 保持现状不变，新建房屋充分利用现有闲散用地　D. 其他（请填写）________
22. 如果不赞成对村庄进行集中整治，您主要担心：
A. 担心补偿不够　B. 担心生活习惯改变　C. 担心生活水平下降
D. 农业生产不方便　E. 其他
23. 对于今后村民建房，您有何建议：

____

____

____

新农村建设惠民利民，衷心感谢您的合作！

彩　图

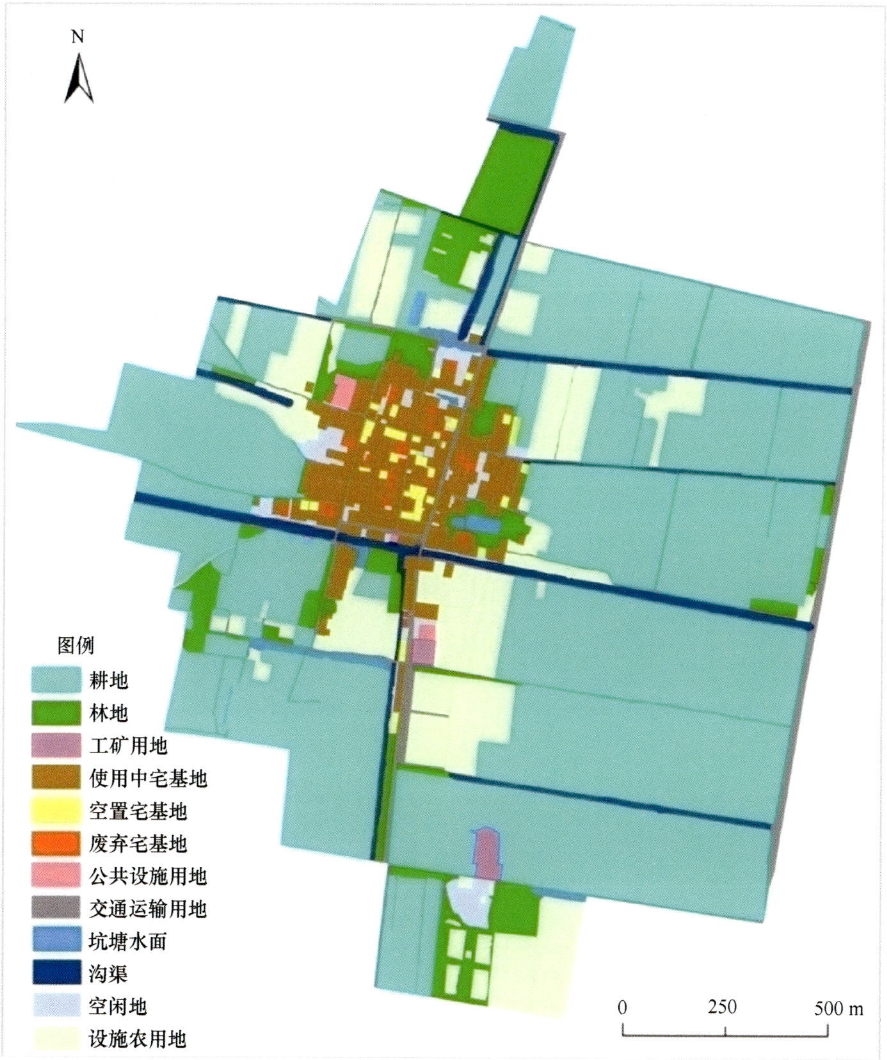

图 6.8　A 村土地利用现状

图 6.9　A 村宅基地利用状况